中国职业技术教育学会
智慧文旅职业教育专业委员会推荐用书

专家指导委员会主任／韩玉灵
总主编／闫向军　魏　凯
顾问／朱承强

酒店管理与数字化运营系列教材

FANDIAN XINXI XITONG：OPERA CAOZUO SHIWU

饭店信息系统：OPERA操作实务（第2版）

主　编　沙绍举　孙　鹏　孙　健
副主编　章勇刚　周高华　武真奕

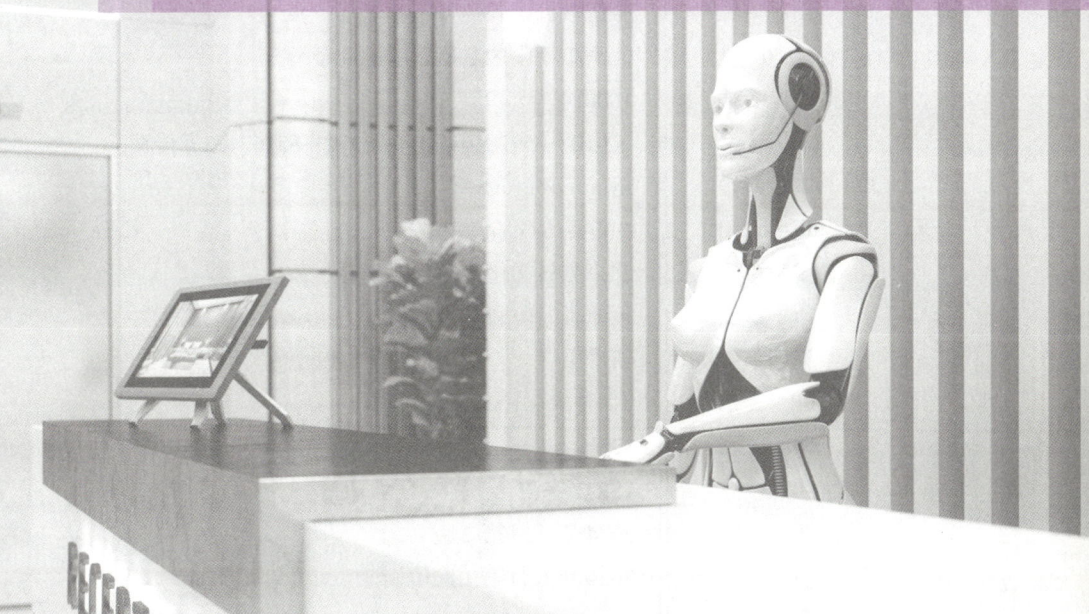

北京·旅游教育出版社

立体化教学资源

图书在版编目（CIP）数据

饭店信息系统：OPERA操作实务 / 沙绍举，孙鹏，孙健主编. -- 2版. -- 北京：旅游教育出版社，2024.6
酒店管理与数字化运营系列教材
ISBN 978-7-5637-4724-5

Ⅰ. ①饭… Ⅱ. ①沙… ②孙… ③孙… Ⅲ. ①饭店—商业管理—管理信息系统—教材 Ⅳ. ①F719.2-39

中国国家版本馆CIP数据核字(2024)第107784号

酒店管理与数字化运营系列教材

饭店信息系统：OPERA操作实务（第2版）

沙绍举　孙　鹏　孙　健　主编
章勇刚　周高华　武真奕　副主编

总　策　划	丁海秀
执行策划	黄明秋　陈卫伟
责任编辑	陈卫伟
出版单位	旅游教育出版社
地　　址	北京市朝阳区定福庄南里1号
邮　　编	100024
发行电话	（010）65778403　65728372　65767462（传真）
本社网址	www.tepcb.com
E - mail	tepfx@163.com
排版单位	北京旅教文化传播有限公司
印刷单位	天津雅泽印刷有限公司
经销单位	新华书店
开　　本	710毫米×1000毫米　1/16
印　　张	12.75
字　　数	189千字
版　　次	2024年6月第2版
印　　次	2024年6月第1次印刷
定　　价	49.80元

（图书如有装订差错请与发行部联系）

酒店管理与数字化运营系列教材专家指导委员会、顾问、编委会

专家指导委员会

主　任：韩玉灵

委　员：杜兰晓　康　年　卓德保　丁海秀

顾　问

顾　问：朱承强

编委会

总主编：闫向军　魏　凯

委　员（按姓氏笔画顺序排列）：

于小桐	马婷婷	王　方	王　琪	王　静	王玉娟	王海燕	王瀚君	
尹　萍	孔亚楠	左　蕾	石　磊	叶耀玲	田万顷	冯召伟	冯英梅	
邢琦娜	朱培锋	刘　伟	刘　岳	刘　峰	刘　萍	刘　鎏	刘兵燕	
刘居超	刘晓杰	闫雪梅	孙　健	孙　鹏	孙　赫	孙立新	牟　青	
纪　亮	杜奇明	李　伟	李　真	李文英	李岑虎	李雨琪	李佳龙	
李素馨	李爱军	李海英	李姬贤	杨杏园	邱　天	何梦华	辛　冰	
汪　婷	汪惠萍	沙绍举	宋晓燕	张　文	张　琳	张　越	张　晶	
张　强	张　媛	张立俭	张伟玉	张敏敏	张斐斐	张皓闵	张婷婷	
张懿卓	陈　颖	陈永燕	陈增红	邵　雯	武真奕	尚晓攀	金　玉	
周　彦	周高华	郑月月	柳花鹏	侯兴起	姜录录	秦　娜	袁　博	
柴　佳	倪欣欣	徐　倩	栾鹤龙	高　宁	唐志国	鹿　敏	章勇刚	
蒋术良	韩　静	韩爱霞	路　飞	路　伟	鲍　喆	解姣姣	綦恩周	
蔡丽伟								

《饭店信息系统：OPERA 操作实务》编委会

主　编：沙绍举　孙　鹏　孙　健

副主编：章勇刚　周高华　武真奕

编　委：汪惠萍　张皓闵　何梦华

总序 PREFACE

  2021年3月，教育部印发了《职业教育专业目录（2021年）》，将高职"酒店管理专业"更名为"酒店管理与数字化运营专业"，这是旅游职业教育呼应旅游业特别是酒店业数字化时代的标志。酒店业与信息化、数字化、智能化融合已是大势所趋，网络预订、短视频营销、直播带货、网络点评、会员系统、云PMS、移动支付、人脸识别、餐饮POS收银、网络团购、成本控制、在线点单等基本普及，信息技术和信息系统成为酒店企业日常经营的基础工具与竞争利器。中国酒店业已经从以产品和服务为中心进入了以客户为中心的时代，数字化成为酒店业发展命脉所在，同样成为酒店管理与数字化运营专业的必修内容。

  在这样的形势下，原有的高职酒店管理专业课程和教学内容留什么、改什么，数字化运营是什么、做什么，酒店管理与数字化运营专业如何建设、如何发展、如何培养人才，成为高度聚焦、深度研究的课题。在专业建设的众多课题中，我们以教材建设作为适应专业变革的突破口，有组织、有计划地进行"酒店管理与数字化运营专业"的教材建设。根据前期积累的教育教学与专业建设经验，在旅游教育出版社的大力支持下，我们组织专家团队开展"酒店管理与数字化运营系列教材"的编写与出版工作。

  2020年初，也是在"酒店管理专业"正式更名之前，作为有着30多年酒店管理专业办学经验的老牌旅游院校，山东旅游职业学院已深切感到酒店管理专业应该加强形势研判、抓住机遇、赢得主动，从与专业建设密切相关的教材和课程建设入手，积极开展相关工作。学院组织包括星级酒店、连锁酒店、连锁餐饮公司、物业公司在内的 22 位企业总监级别以上的管理人员、酒店管理专业教学专家与学院酒店管理专业的教师共同召开专业建设研讨会，形成了全国首套酒店管理与数字化运营专业的人才培养方案、课程建设方案、教材建设方案。这套方案的课程设置与当前教育部主导的高等职业学校酒店管理与数字化运营专业教学标准的课程设置是高度吻合的，为我们牵头组织"酒店管理与数字化运营系列教材"的编写奠定了良好的基础。

2021 年 7 月，山东旅游职业学院与旅游教育出版社共同邀请覆盖全国院校和酒店行业企业的专家团队召开研讨会，启动教材编写工作。编写专家团队分别来自济南大学、山东青年政治学院、浙江旅游职业学院、青岛酒店管理职业技术学院、郑州旅游职业学院、黑龙江旅游职业技术学院、广州番禺职业技术学院、济南职业学院、青岛职业技术学院、北京财贸职业学院、黑龙江工程学院、平顶山职业技术学院、安徽职业技术学院、烟台工贸学校、顺德职业技术学院、洛阳科技职业学院、湖南商务职业技术学院、安徽广播影视职业技术学院、贵州职业技术学院等 20 多所院校。全套教材的编写注重校企合作与数字化升级。我们还邀请北京歌华开元大酒店、山东舜和酒店集团、山东南郊集团、山东大厦、济南鲁能贵和洲际酒店、杭州绿云软件股份有限公司、杭州柏悦酒店、北京云迹科技股份有限公司、广州蓝豆软件科技有限公司近 10 家行业企业的专家参与此项工作。在多方共同努力下，历时 1 年多的时间，教材已于 2022 年 8 月陆续出版。

本套教材既可作为中高职旅游类专业教学用书，也可作为职业本科旅游类专业教学参考用书，同时可作为工具书供从事旅游服务与管理的企事业单位专业人员借鉴与参考。

由于本教材是酒店管理与数字化运营专业更名后的新教材，加之酒店行业数字化转型日新月异，教材编写中难免还存在缺陷与不足，恳请读者指正，我们将在再版过程中予以完善与修正。

总主编：闫向军

2022 年 8 月

修订前言
REVISED FOREWORD

  为全面贯彻落实党的二十大精神、习近平新时代中国特色社会主义思想和党的教育方针，培养德智体美劳全面发展的社会主义建设者和接班人，我们按照教育部酒店管理与数字化运营专业简介和教学标准，参照《职业教育提质培优行动计划（2020—2023 年）》和《职业院校教材管理办法》对《饭店信息系统：OPERA 操作实务》进行了修订。

  本教材的主要内容包括绪论、档案创建、预订受理、前台接待、收银操作、房务管理、夜间审计。本次修订旨在进一步完善饭店信息系统课程的基础理论和基本技术，更新相关知识，以期为学生的全面发展提供有力支撑。

  概括起来，第 2 版教材主要从以下 3 个方面进行了修订。

一、思政内容的深度融入

  本教材强调立德树人任务，突出思想政治教育。此次修订，我们在适当位置融入了党的二十大精神，注重培养学生的工匠精神，激励他们成为新时代的能工巧匠、大国工匠。

二、项目内容的更新与完善

  在每个项目中，对【学习目标】进行了细化，明确分为知识目标、能力目标和素质目标。同时，对【项目训练】进行全面升级，客观题和主观题都可通过扫描二维码在线作答，使学习更便捷。

三、任务内容的修订与提升

第一，增加了【任务导入】，以案例、问题等形式引导学生进入学习情境，激发他们的学习兴趣。

第二，对【任务知识】进行了全面的修订，增加了新知识点。例如，在项目四中增加了"升级销售""更换房间""固定消费"等操作要点；在项目六增加了"查询大/小维修房清单"和"大/小维修房设置"的具体操作要点等内容。

第三，在每个任务后，设计了【任务实操】，旨在考察学生的实际操作能力。

另外，每个任务后还新增了【任务评价表】，帮助学生检查对该任务知识点的掌握情况，以便及时查漏补缺。任务评价表扫码即可获取。

此次修订广泛听取了行业专家和职业教育同人的意见，确保了教材内容的科学性、前瞻性和实用性。我们诚挚地希望广大读者继续提出宝贵意见和建议，以便我们及时修订。

编者

2024 年 5 月

任务评价表

目录 CONTENTS

项目一　绪论 ··· 1
　　任务一　饭店信息系统概述 ··· 3
　　任务二　Opera PMS 概述 ··· 13

项目二　档案创建 ··· 29
　　任务一　客史档案基础 ··· 31
　　任务二　客史档案介绍 ··· 35

项目三　预订受理 ··· 59
　　任务一　散客预订 ··· 61
　　任务二　公司预订 ··· 74
　　任务三　团队预订 ··· 84
　　任务四　更改和取消预订 ··· 99

项目四　前台接待 ··· 105
　　任务一　登记入住 ··· 107
　　任务二　在店客人服务 ··· 125

项目五 收银操作 ································ 135
任务一 账单处理 ································ 137
任务二 结账离店 ································ 145

项目六 房务管理 ································ 151
任务一 客房服务 ································ 153
任务二 大/小维修房 ······························ 167
任务三 客房历史及出租率表 ······················· 173

项目七 夜间审计 ································ 179
任务一 夜审准备 ································ 181
任务二 常用报表 ································ 187

参考文献 ······································· 192

二维码教学辅助资源列表

序号	章节	名称	资源类型	所在页码
项目一				
1	任务二	微课 1-2-1：Opera 系统简介	视频	13
2	任务二	微课 1-2-2：常用快捷键操作	视频	15
3	项目训练	随堂练习	文本	28
项目二				
4	任务二	微课 2-2-1：散客档案	视频	35
5	任务二	微课 2-2-2：旅行社档案	视频	57
6	项目训练	随堂练习	文本	58
项目三				
7	任务一	微课 3-1-1：散客预订	视频	61
8	任务二	微课 3-2-1：为公司创建应收账号和价格代码	视频	75
9	任务三	微课 3-3-1：团队预订	视频	84
10	任务四	微课 3-4-1：更改和取消预订	视频	99
11	项目训练	随堂练习	文本	104
项目四				
12	任务一	微课 4-1-1：散客入住	视频	107
13	任务一	微课 4-1-2：分享入住	视频	122
14	任务二	微课 4-2-1：在店客人	视频	125
15	任务二	微课 4-2-2：仓储管理	视频	129
16	项目训练	随堂练习	文本	134

续表

序号	章节	名称	资源类型	所在页码
项目五				
17	任务一	微课 5-1-1：收银	视频	137
18	任务二	微课 5-2-1：结账离店：余额大于 0 时	视频	146
19	任务二	微课 5-2-2：结账离店：余额小于 0 时	视频	147
20	项目训练	随堂练习	文本	150
项目六				
21	任务一	微课 6-1-1：房态管理	视频	153
22	任务二	微课 6-2-1：大/小维修房	视频	167
23	项目训练	随堂练习	文本	178
项目七				
24	任务一	微课 7-1-1：关账	视频	182
25	任务一	微课 7-1-2：夜审	视频	182
26	项目训练	随堂练习	文本	195

项目一 绪论

项目导读

　　Opera 是 Oracle（甲骨文）公司在 Micros-Fidelio 系统的基础上开发的最新产品，包含了前台管理系统（PMS）、销售与宴会管理系统（Sales & Catering）、物业业主管理系统（OVOS）、中央预订系统（CRS）、中央客户信息管理系统（OCIS）和收益管理系统（RMS）等。前台管理系统（PMS）是其核心，可以根据不同饭店的不同运营方式所带来的多样性需求合理设置系统，以贴合饭店的实际运作。除单体饭店外，前台管理系统（PMS）还提供多饭店模式，即通过一个共享的数据库，向多个饭店提供数据存取，甚至它们相互访问。

饭店信息系统：OPERA 操作实务

学习目标

知识目标	1. 了解饭店信息系统的特征 2. 了解饭店信息系统有哪些功能 3. 了解饭店信息系统发展历史
能力目标	1. 能够了解目前饭店信息系统的作用 2. 能够鉴别不同饭店信息系统的优缺点 3. 能够根据不同饭店的实际情况选择合适的饭店信息系统
素质目标	1. 培养学生爱岗敬业、热情服务的精神 2. 刻苦学习，熟练掌握饭店信息系统操作能力

思维导图

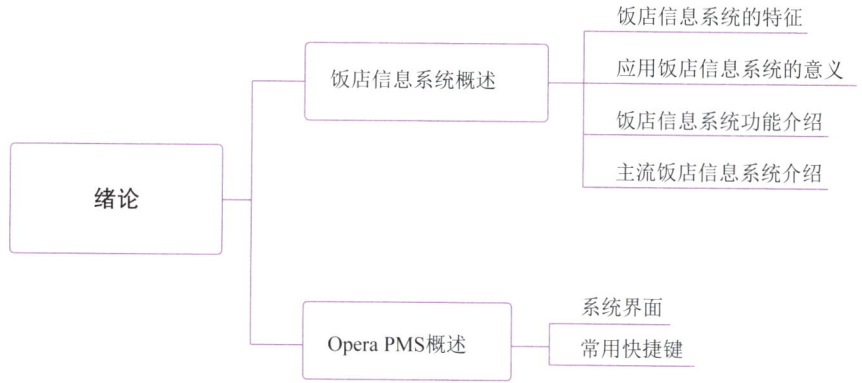

任务一 饭店信息系统概述

任务导入

走访本地 3~4 家饭店，包括星级饭店、主题饭店及商务饭店等，了解这些饭店是否使用了信息系统以及所使用的信息系统的名称。

任务知识

饭店信息系统是管理信息系统的一个重要分支，其主要功能是实现计算机管理系统在饭店运营中的具体运用，是在充分把握饭店手工信息处理流程的基础上，进行信息采集、归类、整理，集中统一地管理饭店信息及其流向的工具、软件，为饭店经营管理和正确决策提供帮助和参考。

饭店客房收入的两个基本要素是房间的出租率（Occupancy）和价格（Rate）。房间占用的管理，就是前台管理的基本任务。收入的最大化是通过制定最优化的价格管理来实现的。销售部门和管理层会通过制定收入预算和任务定额分配工作目标，然后将分析结果以价格和政策的形式体现在经营过程中。然而，出租率和房价永远是一对解不开的冤家：房价过高，出租率必然下降；出租率人为提高，必然会压低房价。如何在两者之间达到平衡，谋求利润最大化，便成为新的诉求。于是产生了第三个要素：RevPAR。RevPAR是 Revenue Per Available Room 的缩写，即每间出租的客房能带来的平均售价。RevPAR 虽然是一个统计性的指标，但是能将出租率和房价水平整合在一个数量中加以体现。这就产生了一个新的学科：效益管理（Yield Management）或收益管理（Revenue Management）。好的饭店都会配备专业的销售与宴会系统（Sales & Catering System）和效益管理系统（Yield Management System）。这些专业的系统，都以饭店信息系统作为基础平台，从中获取所需要的基础数据。综上所述，饭店信息系统是饭店的核心工具和基础数据提供平台。

一、饭店信息系统的特征

饭店信息系统是为饭店经营管理服务的辅助管理工具，是饭店科学管理

的重要管理手段，具有辅助性、开放性、层次性、反馈性的特征。

1. 辅助性

饭店经营管理的主体是人，计算机只是数据处理的辅助工具。饭店信息系统通过对饭店各种相关信息进行收集、处理和传递，最终为管理人员的战略决策和日常管理提供信息支持，辅助饭店进行正确决策，以达到实现饭店收入最大化的管理目的。通过该系统的辅助管理，使饭店经营更科学，日常事务处理更有序、更规范、更准确。

2. 开放性

饭店信息系统的开放性体现在它是一个具有信息输入、输出功能的开放式系统。系统的输入功能体现在对各种票据、账单、报表等原始信息的采集和录入；输出功能体现在经过技术处理的各种报表、汇总表等有用信息的显示和使用。通过对信息的输入和输出，饭店不仅能对经营环境进行分析并适应环境，而且能在一定范围和程度上改造环境，从而积极营造有利于自身发展的环境。

3. 层次性

现代饭店具有明显的等级层次，可以划分为基础业务管理、中层经营管理和高层决策管理。作为饭店经营管理的信息化工具，饭店信息系统与之相对应也可以分为基层、中层和高层3个层次。其中，基层子系统主要是录入和管理一些基础数据，以提高饭店的工作效率和服务质量；中层子系统主要管理综合数据，以提高管理效率和管理精确度；高层子系统主要根据系统输出的结果信息进行饭店发展战略决策，以提高饭店的经营管理效益，包括饭店营销策略制定、发展战略规划形成、成本控制决策等。

4. 反馈性

饭店信息系统是对饭店的具体业务信息进行综合控制。而饭店的经营环境处于不断变化中，必须根据饭店信息系统输出的结果信息并结合外界的信息，及时调整内部处理方式或扩充相应处理功能，从而保证系统输出的结果更加精确和实用。

二、应用饭店信息系统的意义

1. 提高饭店的管理效益和经济效益

应用饭店信息系统，可以节省大量的人力、物力，增加饭店的服务项目，提高饭店的服务档次，减少管理上的漏洞，从整体上提高饭店的经济效益。例如，完善的预订功能可以防止有空房漏租或满房重订的情况出现，可随时提供准确的房间使用和预订情况，从而提高客房出租率；散客费用的直接记账，可以有效防止逃账现象；完善的分析功能可用于帮助市场销售，如确定宣传的重点区域和掌握价格的浮动等；通过正确控制房价、散客优惠，减少管理漏洞，提高客房收入。

2. 提高饭店的服务质量

计算机处理信息的速度很快，可以大大减少散客入住、结账的等候时间，提高服务质量。快速的散客信息查询手段，使查询者得到了满意的答复。餐费、电话费、洗衣费等费用的一次性结账，不仅方便了宾客，也提高了饭店的管理水平。回头客自动识别、黑名单客人自动报警、VIP客人识别等都有利于改善饭店的形象。清晰准确的账单、票据、表格，使客人得到高档次的享受。完善的预订系统，使客人的入住得到充分保证。完善的档案管理，使客人的个性化要求得到很好地满足。利用计算机保存大量的宾客历史资料，通过统计分析，可对常客或消费金额达到一定数量的宾客自动给予折扣；也可对客人的消费特点进行分析，总结客人在生活方面的要求和特点，研究如何为客人提供更合适的个性化服务，如安排房间、提供就餐等，甚至细致到给客人送什么类型的报纸杂志、生日礼品等。

3. 提高饭店的工作效率

计算机管理可以大大提高运作的速度和准确性，如计算机的自动夜间稽查功能结束了手工报表的历史，计算机资料的正确保存避免了抄写客人名单的低效工作，严格的数据检查避免了手工操作疏忽而造成的错误，并使票据的传送、登记、整理、复核等一系列劳动的繁重程度大为减轻。

4. 完善饭店内部管理体制

科学、正规、系统的饭店软件在饭店管理体系中发挥着强有力的稳定作用，可明显减少员工及管理人员流动对饭店的不利影响。系统提供的多种安全级别设置，保证各类数据不被无权过问的人查阅和操作。每天的审核制度、各种费用的优惠控制、应收账款的管理、员工工作量的考核、员工操作过程的跟踪，这些功能的实现都可以加强饭店的管理工作。

5. 全面了解营业情况，提高饭店决策水平

饭店信息系统既能提供完备的历史数据，又能提供各种分析模式，使管理人员便捷地完成复杂的统计分析工作，从而加强对饭店运营的内部控制，提高管理人员的控制决策水平。

三、饭店信息系统功能介绍

饭店信息系统是对饭店各部门信息管理工作的计算机化。它的主要功能模块有预订、接待、收银、客房管理、夜审、信息系统维护等。每个功能模块都和宾客直接相关。

1. 预订功能

预订是客人与酒店接触的第一步（见图1-1-1），根据预订客人情况分为散客预订和团队预订，其主要目的是提高酒店的开房率，为客人预留房间，并提供良好的服务。手工操作预订是一件很困难的事情，因为客人需要的房间类型在所预订期限内是否有，需要很长时间才能确认，要保证其准确性就更不容易了。大量的文字档案需要人工进行统计，如果酒店有房间500间、8种房型，每天的工作量可想而知。所以手工预订一般只能做到提前1个月，而采用计算机进行预订可以提前1年以上。团队预订相对散客预订要复杂得多，如果是会议团队，客人的抵离日期、房型和房价也有所不同，必须考虑周到。

图1-1-1 网上预订酒店

具体来说，预订功能有：

（1）散客预订

涉及散客预订单的输入、修改、取消及查询。如果能根据档案预订，这对回头客非常有效，也有利于档案发挥作用。

（2）团队预订

涉及团队订单输入、修改、删除，团队预留房分配、显示，团队付款方式显示，团队成员批预订。

（3）预订报表

涉及预抵散客报表、预订散客列表、预抵团队报表、出租率报表、散客来源报表。

（4）预分房

为即将抵店的客人安排房间。

2. 接待功能

接待的目标是以最快的速度为客人开房。以散客为例，如果客人有预订，其有关信息已经存储于计算机系统中，酒店可以在散客抵达之前做好各种服务工作，如入住登记表、客房钥匙、VIP散客的鲜花及水果的摆放，把应到散客列表、各种散客的特殊要求列表等传递到相关服务部门；散客到达后，接待员只需要在预订单上补充散客信息如身份证号码等就可以了。而上门散客（Walk Ins）需要输入的内容就更多，散客的全部信息都要在接待时输入，所以不少酒店为了不让散客等候时间过长，明确规定接待散客不得超过3分钟，设计接待功能模块就是要为此提供充分的保证。

（1）散客入住登记

已预订散客登记，包括预订多个房间的散客接待、共享散客接待、提前到达散客接待。办理完入住登记后，对散客信息和入住散客信息进行修改；无预订散客直接登记；如果客房全部预订完，建议散客去别的酒店，系统仍保留该散客预订信息，并记录该散客联系方式，以备他重新返回和查询；删除超时预订；入住散客信息查询；到期散客续住，系统会自动地修改入住信息；根据档案登记。

（2）团队入住登记

团队办理入住时，系统自动登记一个已预订的团队（团队成员也必须先预订），对尚未分房的成员可以手工分房或系统自动分房；按预留房批登记，系统根据当日的预留房减去当日已经分配的房间作为可以入住的房数，并根据每间房需开的账号数自动生成账号，以后就可以批量修改每个成员的姓名、入住日期、离开日期、房号等信息了；团队成员信息快速修改，所有预计当日抵达的预订成员自动登记后，再进行成员的个别修改；无预订团队入住登记；在店团队查询；返回团队重新入住，即一个团队暂时结账退房，一段时间后又返回酒店入住，此时只需要更换一个团队账号，对成员重新分配房间，再做一些小的修改后即可快速入住。

（3）各种报表

当日抵店客人报表，包括散客和团队成员；当日预订、接待散客报表；在住散客报表；可用房报表；当日 VIP 接待报表；当日回头客报表；特殊要求报表；员工当前工作情况报表。

3. 收银功能

前台收银与接待一样，直接面对宾客服务。收银功能主要是处理宾客账务，有的酒店还进行应收账款的管理工作，具体有：

（1）账单处理

客账的输入、调整和冲账；各种付款方式的处理；散客结账退房；挂账处理；提前结账处理；优惠处理；预订金及押金处理；团队结账及团队成员私人账单处理；应收账务处理等。

（2）常用报表

查询并打印各种报表。

4. 客房管理功能

客房管理由房务部门负责，主要任务是在系统里实时反映每个房间的实时状态，包括明确房间是不是空闲房、出租房、干净房、脏房等信息及其组合状态，如空净房、空脏房、在住净房、在住脏房等，以便前台预订员、接待员分配房间；同时包括一些特定房间的设置，如参观房转作其他用途。客房管理通过客房部员工工号登入修改，前台员工一般无此操作权限。客房管理的主要功能有：

（1）房态管理

在饭店信息系统中，采用前台与客房部共同维护房态的方式：前台控制客房的占用与否，客房部更改其清洁、脏、等待维修和停用等房态设置，同时根据进入房间时看到的房间占用与否信息与前台核对。很多酒店在淡季时会关闭一些楼层，房态更改为停用状态，以节省能源和成本。其他一些特定房间的设置也由客房部来操作完成。

（2）客房服务员管理

涉及客房部员工清扫任务分配、统计功能。

（3）优先打扫客房管理

前台列入的优先打扫房间，客房部安排员工优先打扫。

（4）客房档案管理

涉及客房历史入住记录查询、客房维修记录查询、客房内部物品管理等。

5. 夜审功能

夜审功能是酒店经营的一个核心部分，与预订、接待、收银共同组成最基本的前台操作信息管理系统。其主要功能有：

（1）交接班

分为总台交接班和非总台交接班两部分，并提供查账报表功能。

（2）酒店账务处理

将酒店中未用计算机管理的各营业点的营业数据输入酒店专用账户中。

（3）过房费

每天一次，在在住散客的账目上自动添加当天的房租费用。在实际过房费之前，提供预过房费功能，打印预审报表供核对。

（4）营业报表

对当天的收入进行分类统计，打印各种报表数据。

6. 信息系统维护功能

信息系统维护包括以下基本功能：

（1）系统初始化

初始化整个系统，在系统安装时使用。

（2）使用情况

查阅操作员错误关机记录，监视系统的运行情况，维护各种代码，如国家代码、地区代码、住店缘由、优惠缘由、换房处理、费用代码、付款方式、计费参数等。

（3）客房配置

增加、修改、显示、删除房间信息，房价信息和房类信息等。

（4）数据备份与系统维护

服务器数据自动备份、硬盘数据备份、夜审数据备份，当系统出现故障时用于修复整个系统，维护数据的完整性和一致性。

四、主流饭店信息系统介绍

前台业务是饭店业最先实现信息化的部分，是饭店信息系统最重要的组成部分，其主要功能包括客户管理、客房管理、收银与财务管理、预订与入住管理、离店管理、夜审管理和系统维护管理等。下面介绍一些国内外的主流饭店信息系统。

（一）国外饭店信息系统

1. Opera 饭店信息系统

Opera 饭店信息系统是美国 Oracle 公司在 Micros-Fidelio 系统的基础上开

发的最新版本饭店信息系统。作为企业软件解决方案，Opera饭店信息系统包括前台管理系统、销售与宴会管理系统、物业业主管理系统、工程管理系统、中央预订系统、中央客户信息管理系统和收益管理系统。其中，前台管理系统是其核心部分，可以根据不同饭店的不同运营方式所带来的需求多样化合理地进行设置，以贴合饭店的实际运作。除单体饭店模式外，前台管理系统还提供多饭店模式，通过一个共享的数据库，向多个饭店提供数据存取，甚至它们可以相互访问。除针对饭店集团和高星级饭店的Opera饭店信息系统外，美国Micros公司还开发了精简版本的Opera Express，以适合中小型饭店的商业运营，节约使用成本。目前，Opera饭店信息系统已成为国际饭店业和国内高档饭店青睐的主流软件之一。

2. Fidelio饭店信息系统

Fidelio饭店信息系统于1987年10月在德国慕尼黑创立，成立4年后成为欧洲领先的饭店软件产品，成立6年后成为世界饭店信息系统供应商首选。后来，该软件被美国Micros System Inc.公司收购。目前，Fidelio饭店信息系统已经在全球16 000家饭店、豪华游轮和度假别墅中使用，在国内四星级以上饭店市场占有40%左右的份额，是外资饭店或外方管理的饭店采用量最大的软件之一。1995年，Micros公司在香港成立了Fidelio Software中国有限公司，专门开发代理中国大陆市场，1996年在北京注册了办事处，1997年在上海注册了办事处，1998年成立上海分公司。2003年7月，Micros公司与北京中长石基信息技术股份有限公司（简称石基公司）签订中国内地市场（不包括香港、澳门、台湾）独家技术许可协议，石基公司全面代理Opera和Fidelio饭店信息系统在中国的全部销售和售后服务。

3. HIS饭店信息系统

饭店业资讯系统有限公司（Hotel Information Systems Co.，简称HIS）成立于1977年，总部位于美国洛杉矶，目前是美国上市公司MAI Systems Corporation的全资公司。全盛时期的HIS饭店信息系统在全世界80多个国家和地区的4000多家饭店使用，如中国北京的王府饭店、中国大饭店、长城饭店、上海的锦江饭店、华亭饭店、希尔顿饭店、广州花园饭店、浙江世界贸易中心等。在香港，采用HIS饭店信息系统的高星级饭店鼎盛时占全香港饭店的75%左右。HIS饭店信息系统采用标准多用户系统，主机采用IBM公司的AS400小型机，数据库采用DB2，一般用于高星级饭店。

（二）国内饭店信息系统

1. 西湖软件

1993 年 6 月，杭州西湖软件有限公司成立，研发了西湖软件（FOXHIS 系统），成为最大的国产饭店信息系统公司。2006 年 12 月 Opera 和 Fidelio 饭店信息系统代理商——石基公司全资收购西湖软件。

2. 绿云软件

杭州绿云软件股份有限公司创建于 2010 年，是中国云 PMS 技术的开创者。作为大住宿业数字生态服务商，绿云专注于酒店、大住宿、大文旅行业信息化平台的研发、运维和营销服务。绿云是甲骨文（Oracle）公司的合作伙伴，授权分销、实施和支持 Oracle Hospitality 解决方案。绿云 PMS、Oracle Hospitality（Opera PMS）、数据平台、电商平台是绿云的四大核心业务，已成功开发前台数字化、客房数字化、餐饮数字化、财务数字化、营销数字化、连锁酒店集团数字化、文旅综合体数字化等一系列数字化解决方案。截至目前已签约酒店数达 25 000 家。

3. 千里马饭店系统

千里马饭店系统最初由广东劳业电脑系统开发公司创立，于 1993 年推出 DOS 版本，1998 年推出 Windows 版本（采用 C/S 结构，用 VB 开发，采用 Windows NT/2000 平台，使用 SQL Server 数据库）。到目前为止有 300 家左右的饭店用户，主要分布在广东、湖北、湖南、四川等地。广东劳业电脑系统开发公司于 1998 年被香港万达电脑系统有限公司收购，改名为广州万迅电脑软件有限公司。

4. 泰能软件

1993 年，清华大学博士倪源滨创办泰能公司，1994 年推出 Windows 版本的饭店前台系统，1999 年推出饭店管理系统 THIXS 2000。2006 年公司重组，更名为北京泰能软件有限公司，同年整合上海沪泰信息科技有限公司。2017 年，泰能 Delta 饭店管理信息系统 V2008 上市。

> **拓展阅读**
>
> 乐易住是国内首家无人智慧酒店品牌，将互联网平台思维、大数据云服务及尖端智能设备完美对接到酒店的运营和管理中，打造全程无人值守入住模式和全方位智能感应住宿体验。与许多传统酒店不同，步入乐易住酒店几乎不见工作人员，所有的服务由智能设备与机器人配合完

成。比如，办理入住时，通过自助登记终端30秒"刷脸"入住，免去漫长等待时间。在客房门禁上，乐易住并没有房卡，宾客通过智能门锁，输入密码或手机远程开锁，减少携带房卡的麻烦，而远程开锁是目前市场上少有的便捷体验。

值得一提的是，乐易住无人智慧酒店将"用科技服务生活"理念贯穿整个入住过程。进入客房后，灯光、电视自动开启，空调智能设定为适宜温度，窗帘缓缓打开，为宾客带来更为便捷的住宿体验。为了弥补线下社交场景的缺失，乐易住在手机APP上增加了社交功能，宾客可在乐友中寻找共同兴趣爱好者进行交流，也可在乐圈中分享景点攻略，符合时下年轻一族的使用需求。如果在入住过程中需要"加借物"，只需要一个电话，智能机器人便会将所需的物品送上门。

任务实操

在下表中完成 P3 的【任务导入】。

序号	饭店名称	饭店种类	饭店星级	饭店信息系统名称
1				
2				
3				
4				

任务二 Opera PMS 概述

任务导入

打开电脑，选择 Opera 系统进入端口，尝试是否可以登录系统？正确输入账号和密码，登录系统，观察 Opera 系统主界面，界面上有哪些功能按键？

任务知识

一、系统界面

（一）Opera 系统登录

系统登录有严格的用户权限要求，用户名（User Name）以及密码（Password）在 Opera 系统中可以进行设置。Opera 的密码要求必须是数字与字母的组合，且不能少于 7 位。

用户权限指的是允许或限制用户在 Opera PMS 中可执行的任务范围。在酒店，前台、财务、房务、销售等不同部门的员工工作职责和权限是不同的，因此，不同部门员工在 PMS 中的每个模块可用权限也有很大差异。在 Opera 设置界面，可对每个部门的员工操作权限进行设置。当酒店需要调整时，也可以由酒店的 IT 部门使用系统设置功能进行修改。

微课 1-2-1
Opera 系统简介

从计算机桌面上点击 IE 图标，在左上角的 Opera Login 中输入用户名和密码后，在 Schema 数据库中选择相应的数据库，按下回车键，进入功能选择界面。Opera 丰富的功能适用于酒店不同的业务需求，每一个功能模块都可以独立成一个系统，每个功能模块之间又有着紧密的关联。本书仅对 Opera PMS 进行介绍（见图 1-2-1 及图 1-2-2）。

（二）Opera PMS 系统主界面

点击 PMS 进入 Opera 系统主界面，界面由"Reservations"（预订）、"Front Desk"（前台）、"Cashiering"（收银）、"Rooms Management"（房务管理）、

"AR"（应收账户）、"Commissions"（佣金管理）、"End Of Day"（夜审）、"Miscellaneous"（杂项）、"Setup"（设置）、"Back Office Interface"（第三方端口）和"Help"（在线帮助）等十几个下拉式菜单组成。和下拉式菜单相对应的，下面有十几个图标式菜单（见图1-2-3）。

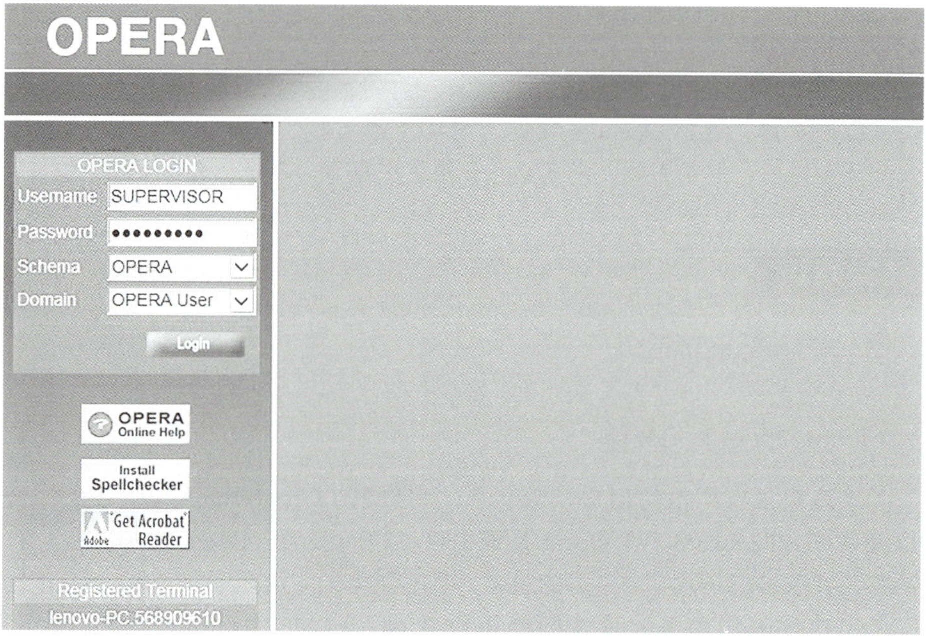

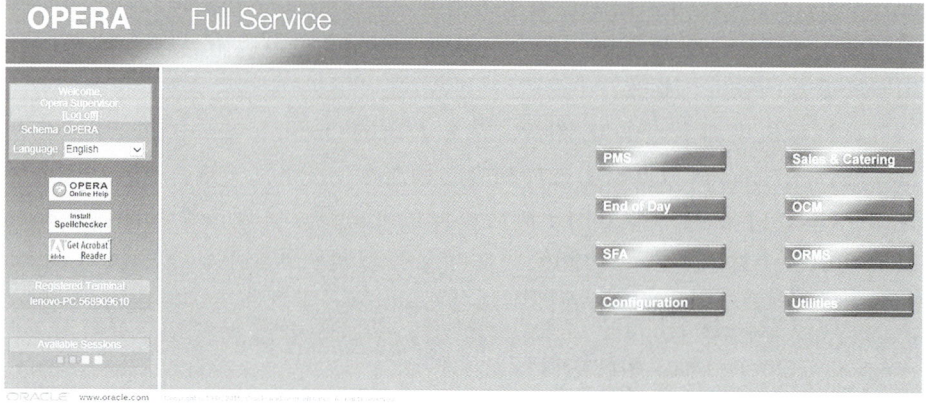

图 1-2-1　Opera 登录界面

图 1-2-2　Opera Full Service 界面

图 1-2-3　Opera PMS 界面

（三）Opera PMS 菜单打开方法

（1）鼠标左键单击顶部菜单栏，并在下拉式菜单中选择。

（2）鼠标左键单击横向图标式菜单，然后会在左边出现该菜单下的对应子菜单图标，用鼠标左键单击所要操作的图标。

（3）使用快捷键，Alt+下划线上的英文字母。

二、常用快捷键

快捷键利用不同功能键的组合，可以快速调用一些常用功能。在实际工作中，饭店员工会频繁使用该方法，以提高工作效率。可在 Miscellaneous 菜单列表中选择 Show Quick Keys，即可打开快捷键控制面板（见图 1-2-4）。

微课 1-2-2　常用快捷操作键

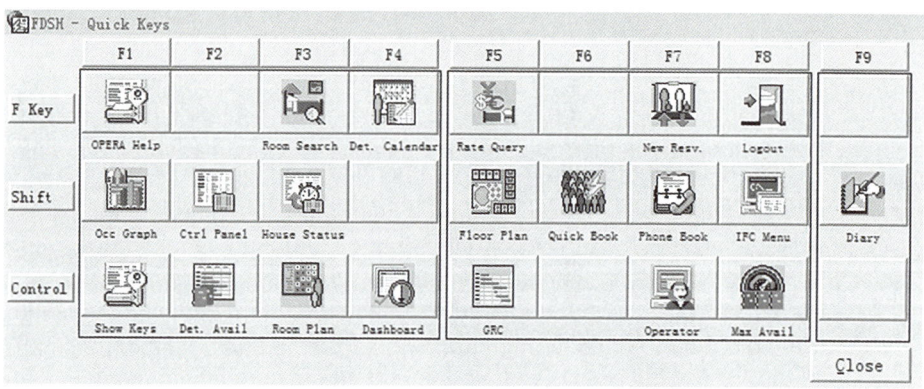

图 1-2-4 快捷操作键控制面板界面

（1）F1：Help（在线帮助）

（2）Shift+F1：Occ. Graph（出租率表）界面（见图 1-2-5）

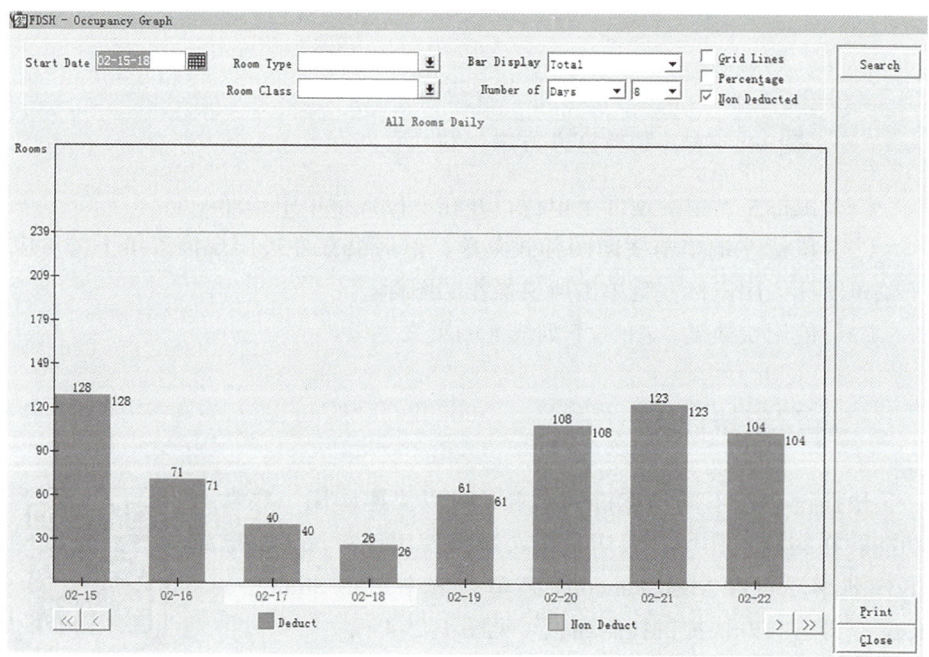

图 1-2-5 Occ. Graph（出租率表）界面

Start Date：开始日期

Room Type：房间类型

Room Class：房间分类

Bar Display：图视

Number of Days：天数

Grid Lines：格线

Percentage：比率

Non Deducted：未确认的预订

Deduct：已确认的预订

（3）Ctrl+F1：Show Keys（快捷键说明）

（4）Shift+F2：Control Panel（控制面板）（见图 1-2-6）

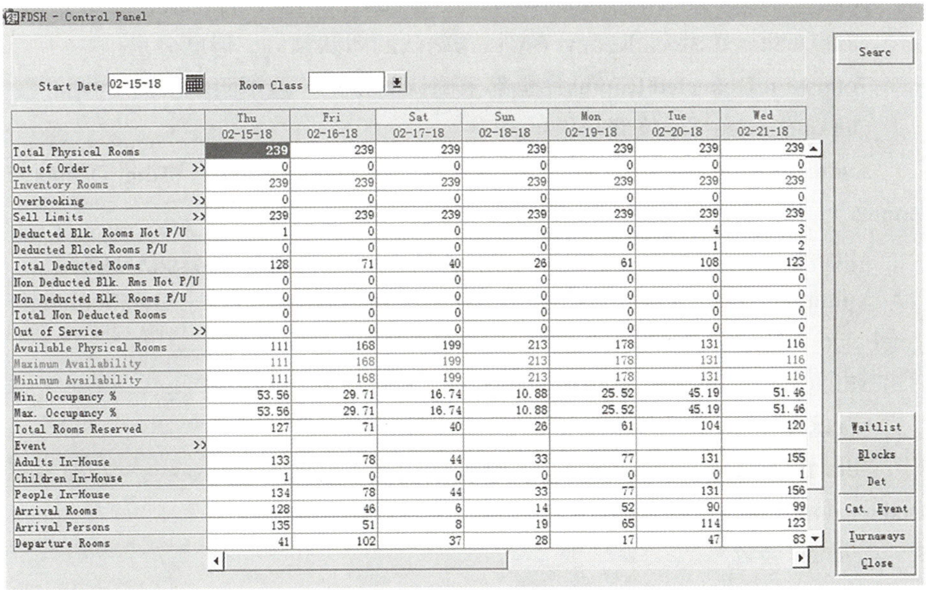

	Thu 02-15-18	Fri 02-16-18	Sat 02-17-18	Sun 02-18-18	Mon 02-19-18	Tue 02-20-18	Wed 02-21-18
Total Physical Rooms	239	239	239	239	239	239	239
Out of Order >>	0	0	0	0	0	0	0
Inventory Rooms	239	239	239	239	239	239	239
Overbooking >>	0	0	0	0	0	0	0
Sell Limits >>	239	239	239	239	239	239	239
Deducted Blk. Rooms Not P/U	1	0	0	0	0	4	3
Deducted Block Rooms P/U	0	0	0	0	0	1	2
Total Deducted Rooms	128	71	40	26	61	108	123
Non Deducted Blk. Rms Not P/U	0	0	0	0	0	0	0
Non Deducted Blk. Rooms P/U	0	0	0	0	0	0	0
Total Non Deducted Rooms	0	0	0	0	0	0	0
Out of Service >>	0	0	0	0	0	0	0
Available Physical Rooms	111	168	199	213	178	131	116
Maximum Availability	111	168	199	213	178	131	116
Minimum Availability	111	168	199	213	178	131	116
Min. Occupancy %	53.56	29.71	16.74	10.88	25.52	45.19	51.46
Max. Occupancy %	53.56	29.71	16.74	10.88	25.52	45.19	51.46
Total Rooms Reserved	127	71	40	26	61	104	120
Event >>							
Adults In-House	133	78	44	33	77	131	155
Children In-House	1	0	0	0	0	0	1
People In-House	134	78	44	33	77	131	156
Arrival Rooms	128	46	6	14	52	90	99
Arrival Persons	135	51	8	19	65	114	123
Departure Rooms	41	102	37	28	17	47	83

图 1-2-6　Control Panel（控制面板）界面

Search：查询

Waitlist：候补预订

Blocks：团队

Details：详情

Cat. Event：宴会会议

Turnaways：婉拒

Total Physical Rooms：全部房间

Out of Order（OOO）：大维修房

Inventory Rooms：饭店当前实际可卖房（Total Physical Rooms – Out of Order）

Overbooking：饭店当前可以超预订的房间数

Sell Limits：销售限制，饭店可卖房数（Total Physical Rooms + Overbooking）

Deducted Block Rooms Not P/U：当前全部已确认的团队预订数，但还没分房（Pick up）

Deducted Block Rooms P/U：当前全部已确认团队预订数，已分房

Total Deducted Rooms：全部已经确认的预订，包括在店的客人及已确认的当天预订

Non Deducted Block Rooms Not P/U：未确认的团队预订，没有分房

Non Deducted Block Rooms P/U：未确认的团队预订，但已分房

Total Non Deducted Rooms：全部未确认的预订，包括团队及前台预订

Out of Service：小维修房

Available Physical Rooms：当前可卖房（Inventory Rooms – Total Deducted Rooms）

Maximum Availability：最大可卖房（Hotel Availability + Overbooking）

Minimum Availability：最小可卖房（Hotel Availability + Overbooking – Total Non Deducted Rooms）

Min. Occupancy %：最小出租率

Max Occupancy %：最大出租率

Total Rooms Reserved：当日实际预订数（Total Deducted Rooms + Total Non Deducted Rooms）

Event：会议

Adults In-House：当日全部在店成人数

Children In-House：当日在店儿童数

People In-House：当日在店客人数

Arrival Rooms：预抵房间数

Arrival Persons：预抵人数

Departure Rooms：预离房间数

Departure Persons：预离人数

Room Type Overbooking：是否可以超额预订

Day Rooms/Persons：日用房房数／人数

Waitlist Rooms/Persons：候补预订房间／人数

（5）Ctrl+F2：Det. Avail.（显示每个房型在将来每天的可卖房情况）（见图 1–2–7）

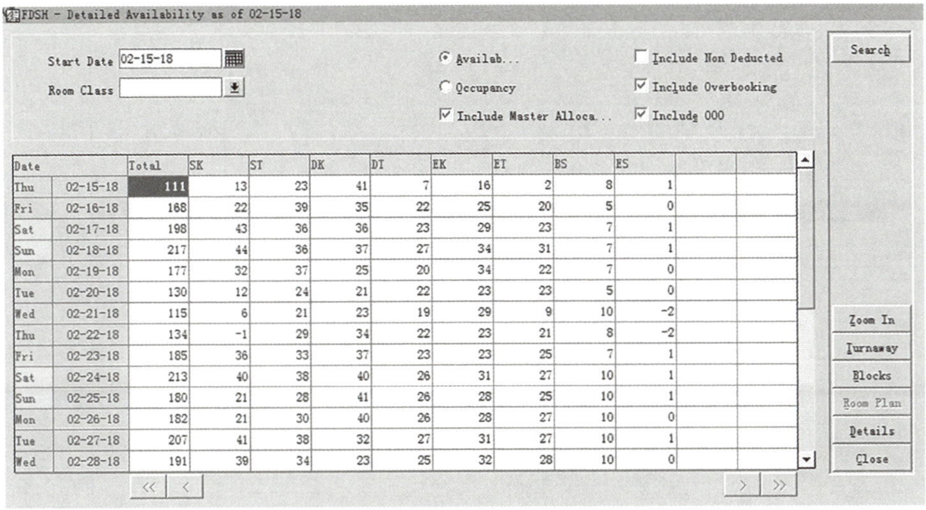

Date		Total	SK	ST	DK	DT	EK	ET	BS	ES
Thu	02-15-18	111	13	23	41	7	16	2	8	1
Fri	02-16-18	168	22	39	35	22	25	20	5	0
Sat	02-17-18	198	43	36	36	23	29	23	7	1
Sun	02-18-18	217	44	36	37	27	34	31	7	1
Mon	02-19-18	177	32	37	25	20	34	22	7	0
Tue	02-20-18	130	12	24	21	22	23	23	5	0
Wed	02-21-18	115	6	21	23	19	29	9	10	-2
Thu	02-22-18	134	-1	29	34	22	23	21	8	-2
Fri	02-23-18	185	36	33	37	23	23	25	7	1
Sat	02-24-18	213	40	38	40	26	31	27	10	1
Sun	02-25-18	180	21	28	41	26	28	25	10	1
Mon	02-26-18	182	21	30	40	26	28	27	10	0
Tue	02-27-18	207	41	38	32	27	31	27	10	1
Wed	02-28-18	191	39	34	23	25	32	28	10	0

图 1-2-7　Det. Avail.（显示每个房型在将来每天的可卖房情况）界面

Availability：可卖房

Occupancy：已占房

Include Master Allocations：包含团队假房

Include Non Deducted：包含未确认的预订

Include Overbooking：包含超额预订房间数

Include OOO：包含大维修房

Zoom In：分类明细

Room Plan：房间图

（6）F3：Room Search（可卖房查询）（见图 1–2–8）

Features：房间特点

Floor：楼层

Specials：特别之处

Smoking：吸烟房

Due Out：预离

Checked Out：已退房

Vacant：空房

Clean：干净房

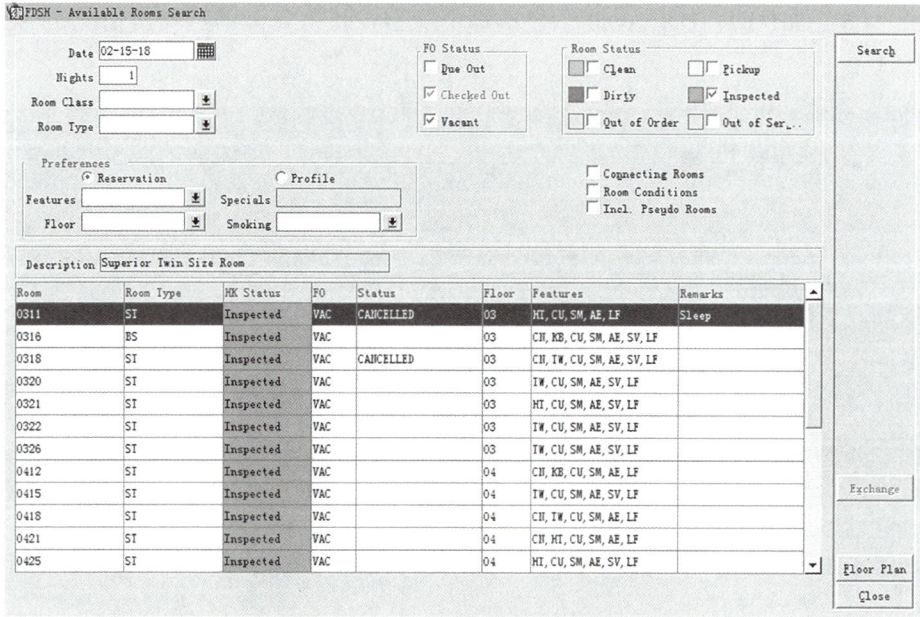

图 1-2-8　Room Search（可卖房查询）界面

　　Dirty：脏房

　　Pickup：需要简单整理的房间

　　Inspected：已检查房

　　Connecting Rooms：连通房

　　Room Conditions：特殊用途

　　Incl. Pseudo Rooms：包括假房

　　Floor Plan：楼层图

（7）Shift+F3：House Status（房态）（见图 1-2-9）

　　Total Physical Rooms：全部房间

　　Total Rooms to Sell：可卖房数

　　Stayovers：在店过夜客人（注：不是今天到也不是今天走）

　　Departures Expected：预离

　　Departures Actual：实际离店

　　Arrivals Expected：预抵

　　Arr. Exp. Made Today：当天做的预订数量（将来的也含当天的）

　　Arrivals Actual：实际到店

　　Extended Stays：续住

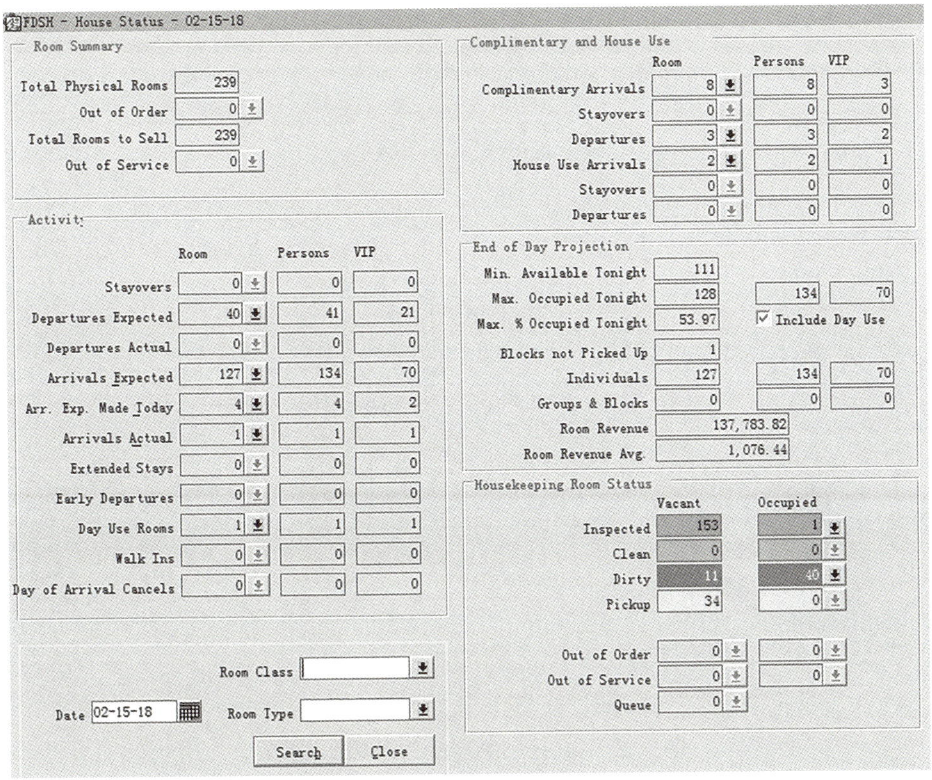

图 1-2-9 House Status（房态）界面

Day Use Rooms：日用房（当天来，当天走）

Walk Ins：无预订散客；上门散客

Day of Arrival Cancels：已取消的当天预订数

Complimentary Arrivals：预抵免费房（针对外部客人）

House Use Arrivals：预抵自用房（针对内部员工）

Min. Available Tonight：当夜最少可用房

Max. Occupied Tonight：最多住房，包括未确认预订房间数

Max. % Occupied Tonight：最大出租率，包含日用房

Blocks not Picked Up：团队中未被分配的房间（正常应保证为零）

Room Revenue：客房收入

Room Revenue Avg.：平均客房收入

Queue：待清洁

（8）Ctrl+F3：Room Plan（房间图）（见图1-2-10）

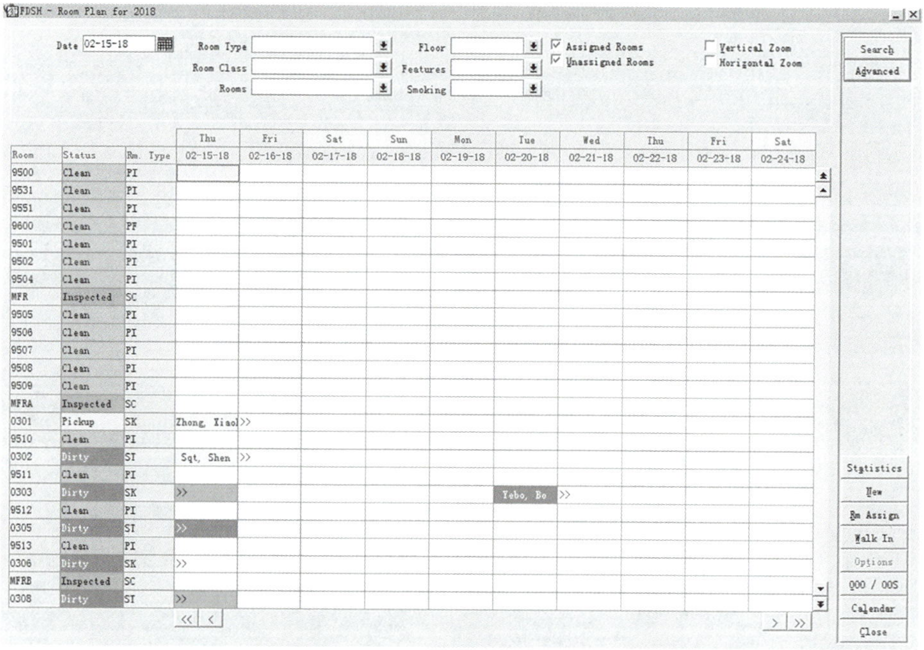

图1-2-10　Room Plan（房间图）界面

  Assigned Rooms：已派工房间

  Vertical Zoom：垂直缩放

  Horigontal Zoom：水平缩放

  Statistics：统计

  Room Assign：分房

  Calendar：日历

（9）F4：Det. Calendar（日出明细）

（10）Ctrl+F4：Dashboard（操控界面）（见图1-2-11）

  View Reservation：查看预订

  Reinstate：恢复预订

  Reservation Options：预订选项

  Balance：余额

  Payment：付款方式

图 1-2-11 Dashboard（操控界面）

（11）F5：Rate Query（价格查询）（见图 1-2-12）

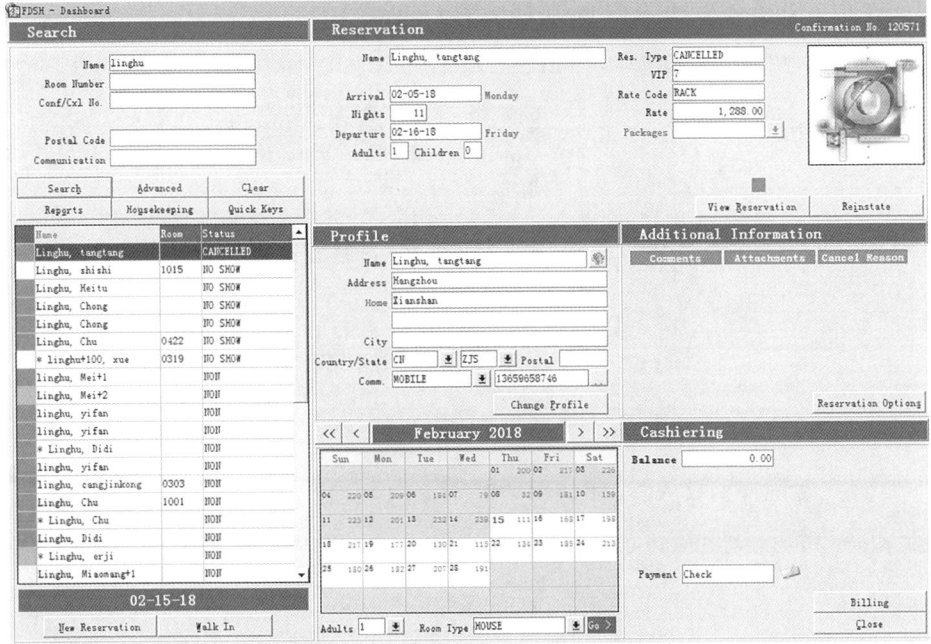

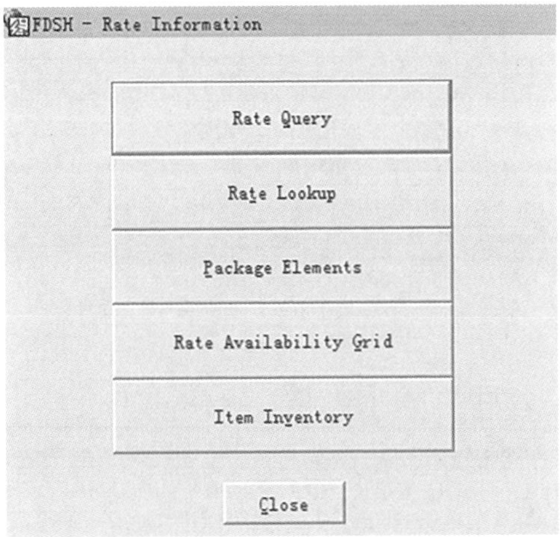

图 1-2-12 Rate Query（价格查询）界面

（12）Shift+F5：Floor Plan（楼层图）(见图 1-2-13)

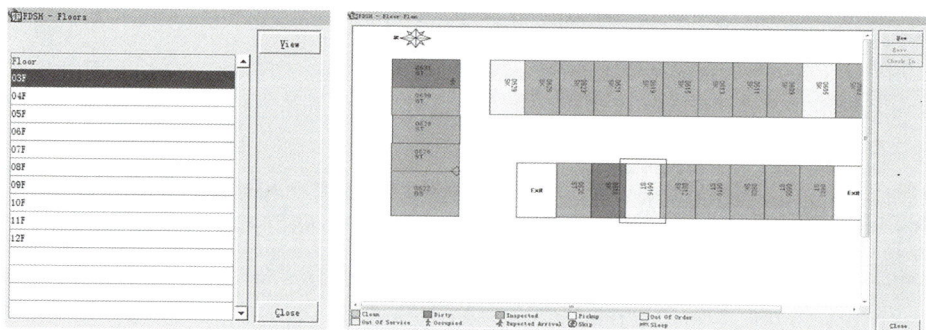

图 1-2-13　Floor Plan（楼层图）界面

（13）Ctrl+F5：GRC（团队房控）(见图 1-2-14)

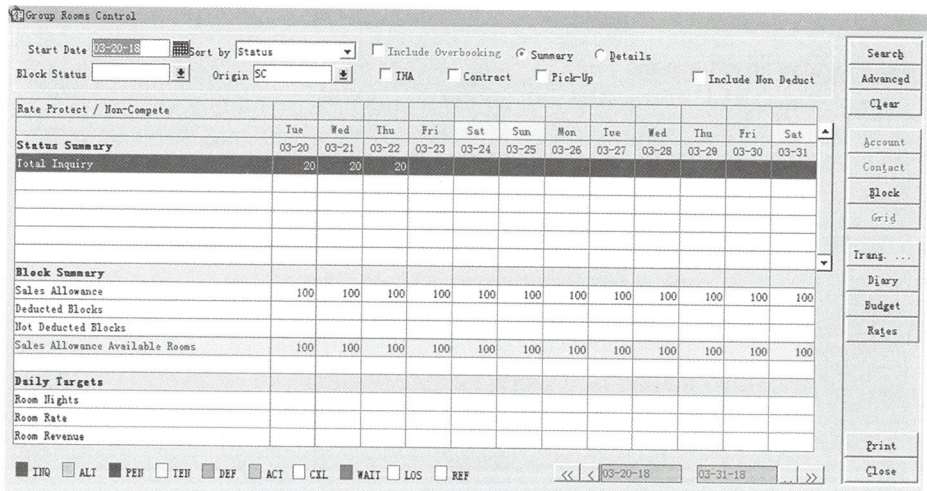

图 1-2-14　GRC（团队房控）界面

Account：公司

Contact：联系人

Grid：占房

Trans. Av.（Transient Availability）：团散预测

Diary：场地日志

Budget：预算

Daily Targets：每日目标

INQ（Inquiry）：询价，Non Deduct（不扣减可卖房）
PEN（Pending）：发出合同，Non Deduct（不扣减可卖房）
TEN（Tentative）：收到合同，Deduct（扣减可卖房）
DEF（Definite）：发团单，Deduct（扣减可卖房）
ACT（Actual）：团队入住，Deduct（扣减可卖房）
CXL（Cancel）：团队取消，Deduct（扣减可卖房）

（14）Shift+F6：Quick Book（团队预订新建）

（15）F7：New Resv.（新建散客预订）

（16）Shift+F7：Phone Book（电话簿）（见图1-2-15）

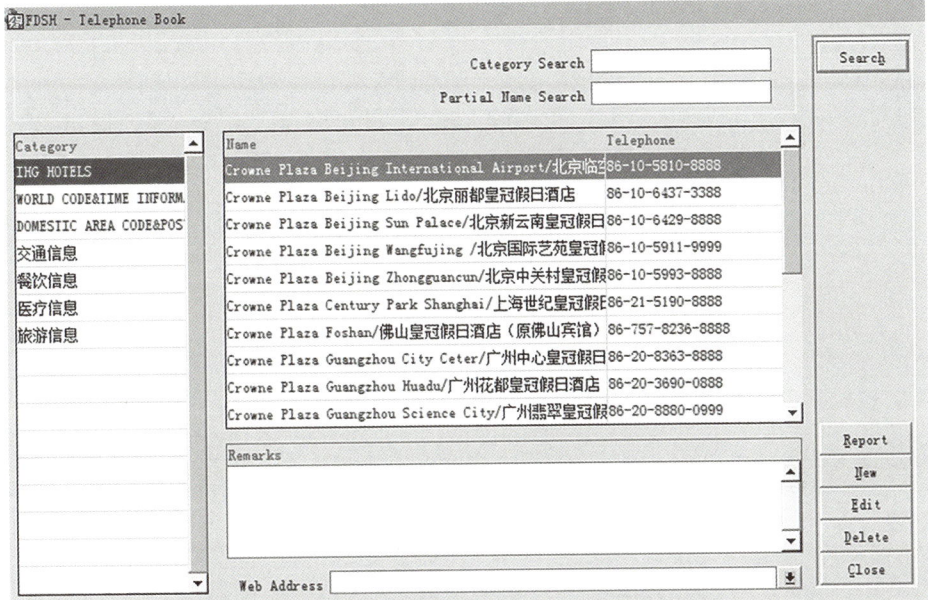

图 1-2-15　Phone Book（电话簿）界面

（17）Ctrl+F7：Operator（总机接线员）（见图1-2-16）

（18）F8：Logout（用户切换）

（19）Shift+F8：IFC Menu（与其他系统连接的程序）（接口程序）

（20）Ctrl+F8：Maximum Availability（最大可卖房数）（见图1-2-17）

饭店信息系统：OPERA 操作实务

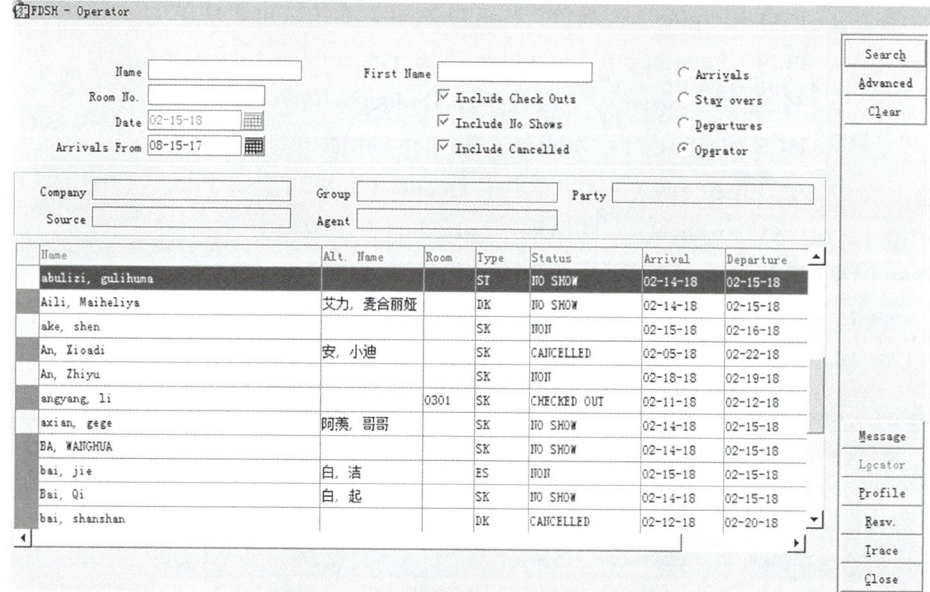

图 1-2-16　Operator（总机接线员）界面

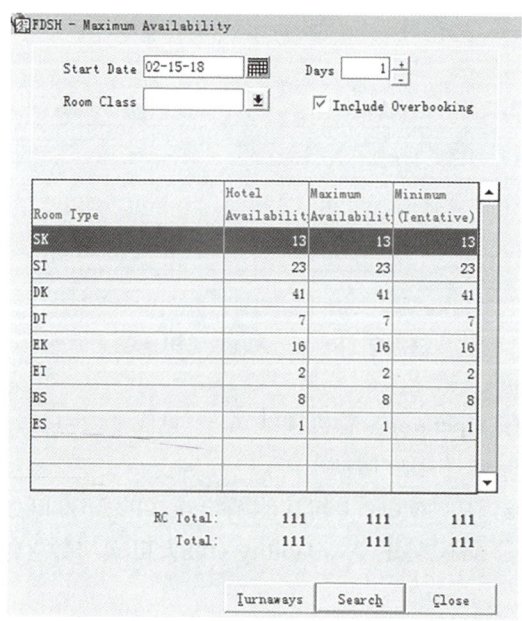

图 1-2-17　Maximum Availability（最大可卖房数）界面

Start Date：开始日期

Days：天数

Room Class：房间分类

Include Overbooking：包含超额预订

RC Total：房类合计

Turnaways：婉拒，无法接待

（21）Shift+F9：Diary（宴会日志）（见图1-2-18及图1-2-19）

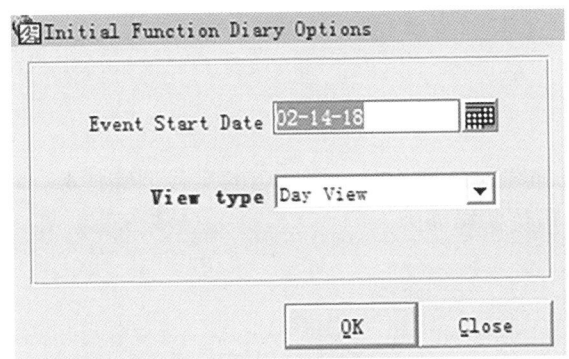

图1-2-18　Diary（宴会日志）开始时间设置界面

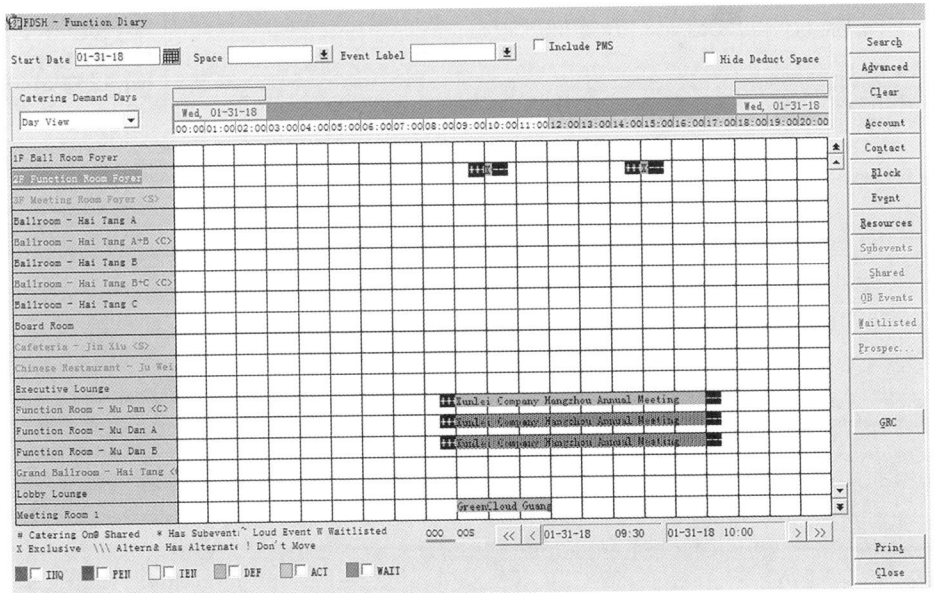

图1-2-19　Diary（宴会日志）界面

Event Start Date：宴会开始日期
View Type：显示类型
Account：公司
Contact：联系人
Resources：资源
Subevents：子会议
OB Events：超额预订会议
GRC：团队房控

设计一个查询客人是第几次入住酒店的实践训练任务，检测学生对知识点的掌握情况，锻炼实操能力。

项目训练

练一练

扫描右侧的二维码，开始做题吧。

随堂练习

项目二 档案创建

项目导读

　　Opera PMS 中的档案资料（Profiles）是整个 Opera 系统工作的基础，也是 Opera 系统中大多数数据的来源。有了一个信息丰富的档案，酒店就能从中了解客人的个性化需求，并在此基础上进行"一对一"的亲情化服务，从而真正做到"以客人为中心"，赢得客人的"忠诚"。本项目分别介绍了散客档案、公司档案和旅行社档案的创建方法。本项目的学习有助于理解 Opera PMS 系统中建立档案的必要性、档案的概念、分类以及操作方法等。

饭店信息系统：OPERA 操作实务

学习目标

知识目标	1. 了解建立客史档案的必要性 2. 了解客史档案的分类
能力目标	1. 能够查询客史档案 2. 能够创建常用客史档案
素质目标	1. 通过客史档案了解客人的个性化需求，提升服务水平和服务意识 2. 培养学生的数字化思维和操作能力，以适应饭店业的现代化发展

思维导图

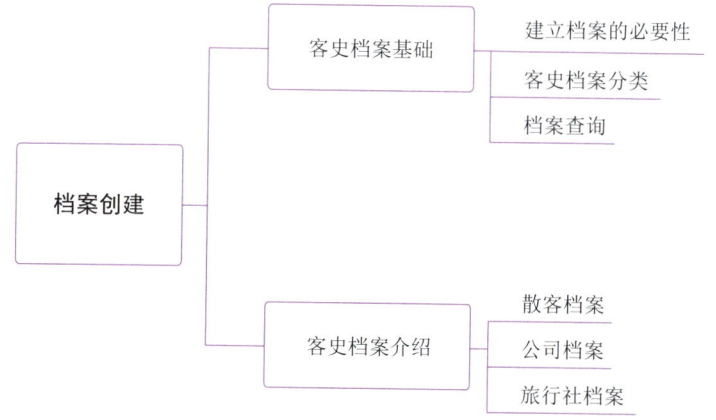

任务一　客史档案基础

任务导入

对系统使用者来说，了解档案的概念很重要。Opera PMS 中的档案资料（Profiles）是 Opera 系统中大多数数据的来源，是整个 Opera 系统工作的基础。Opera PMS 提供客户资料记录功能，全面记录和统计客户、商务合作伙伴、联系人、集团、旅行社等各类信息以及信息来源等资料。客户资料包括地址、电话、会员信息、会员申请、住店历史信息及收入详情分析、客户喜好以及其他相关数据，使预订及其他操作的完成更快捷、更精确。

任务知识

一、建立档案的必要性

档案是描述某类客户对象所有特征的数据集，包含基本的不变信息和动态收集的可变信息。不变信息主要是一段时期内或永久性相对固定的基本资料，如性别、国籍、居住地、兴趣、合约价格、护照或人像照片等；可变信息主要是客史（History）和未来住店（Future）资料。

客史档案是酒店最重要的信息资料。酒店的区位、投资规模、设施设备数量及规模这些有形资产固然重要，但这些资产的用途是服务客人，酒店在立项做商业规划（如定位为商务酒店或休闲度假型酒店）时，就已经对自己要服务的客源群体有了基本的定位。因此，客户资料虽然是无形资产但它是酒店运营的基础。在信息社会，服务业的竞争更多地体现为信息资源的竞争。一家酒店，只要掌握了客户资源，并有效地经营客户入口，就可以通过招商引资获得投资和迅速发展的机会；反之，仅有投资、设施设备，缺乏客户资源，受制于其他渠道，投资就发挥不了应有的作用。

建立数量众多的客史档案及以此为依托而建立的客史资料，是酒店运营管理的前提，是推行精益管理、提升个性化服务水平的关键因素。

酒店需要通过客史档案的建立和客户资料的积累，建立客户画像，从而知道自己的客源群体来自何方及他们的属性如何。为了建立客户画像，需要从多个维度给每个客户建立多达上百个标签。简单的标签如性别、年龄、喜好等；复杂的标签如参加过酒店的什么活动，在哪里、什么时候搜索过酒店的相关信息，对酒店的什么产品感兴趣，是否打开并阅读过酒店发给他的促销邮件等。客户资料是酒店经营数据库的基础，对客户资料分析和挖掘的结果直接影响酒店的广告投放策略、价格定位策略、产品定制策略等，甚至影响品牌策略和新店的选址、装修风格等。

二、客史档案分类

Opera 的操作流程是以档案为中心设计的，如要在系统中做一个订单就必须先建立一个客人档案，订单只是在这个客人档案中记录的一次预订行为，就像生活中我们每个人都有一份自己的档案，档案不仅记录了你的姓名、籍贯、生日等基本信息，同时还会记录你的学习经历、工作经历，并且随着时间的推移一条一条地增加。订单就如同你档案中的学习和工作经历一样记录着客人的预订经历。无论客人做过多少次预订、住过多少次店，在 Opera 系统中都只有一个档案。

在 Reservation 界面中点击 Profile，出现 Profile Search（客史档案查询）的对话框。

Opera PMS 中的 Profile 总共有六大类档案，即散客（Individual）档案、公司（Company）档案、旅行社（Travel Agent）档案、预订源（Source）档案、团体（Group）档案和联系人（Contact）档案（见图 2-1-1）。

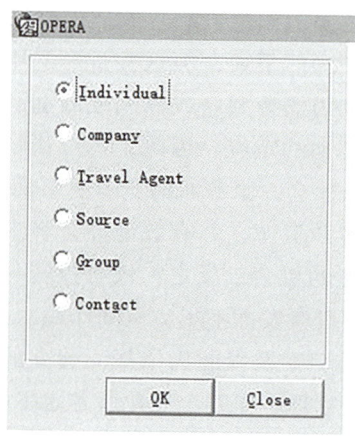

图 2-1-1　客史档案分类界面

三、档案查询

客史档案的重要性在前面已经进行了阐述,那么客史档案的唯一性则是客户档案质量的最重要的保证。试想一下,如果同一个客人在系统中存在着多个档案,客人的预订记录、消费记录被分别存储在不同的档案中,甚至由于每个档案更新不一致导致客人的基本资料、喜好等都不同,这不但给客服工作带来了极大的麻烦,影响一线员工对客人的识别能力,而且会对客户资料的分析产生负面影响。从信息管理的角度分析,减少重复档案同样是数据治理工作的重要考核指标。

档案的查询与新建是保证客户档案唯一性的第一道屏障。虽然重复档案不可完全避免,而且可以通过后续整理和合并的工作进行弥补,但会增加酒店时间和人员成本的极大消耗和浪费。所以在最初建立档案时必须严格把关,尽量避免重复档案的产生。

在新建档案之前,一定要先查询现有档案,确认每位客人只有一个档案。点击预订(Reservation)按钮后,点击左边一列中的档案(Profiles)按钮,出现档案查询界面(Profile Search)(见图 2-1-2)。

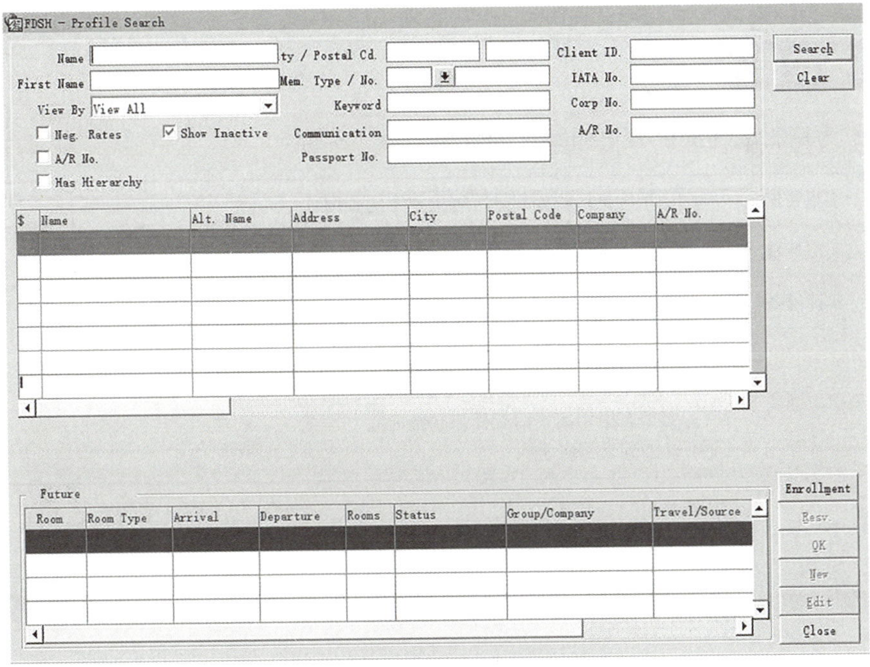

图 2-1-2 档案查询界面

在View by字段下拉箭头出现Profile类型；在Name字段输入"%"可以将所有同类型的Profile全部搜索出来；在Name字段里输入姓的首字母后按Search，相同首字母的Profile全部会被搜索出来，这是最普通的查找Profile方法。同样的，你也可以通过以下的方法查找：

Name：姓氏

First Name：名字

City：城市

Postal Code：邮编

Mem. Type：会员类别

Mem. No.：会员编号

Keyword：关键字

Communication：联系方式

Passport No.：护照编号

Client ID：客户ID编号

IATA No.：国际航空运输协会编码

Corp No.：合同编号

A/R No.：应收账户编号

任务实操

为抵店散客提供客史档案查询服务。

实训目的	掌握散客抵店时如何进行客史档案的查询
实训环境	前厅实训室
实训准备	前厅环境，Opera PMS 操作系统及相关表格
模拟训练要求	1. 学生4~6人一组，分组进行操作 2. 1人扮演前台接待员，其他人扮演客人，之后轮流互换角色练习 3. 参照客史档案查询流程和操作规范 4. 注意对客服务礼仪

# 任务二 客史档案介绍

任务导入

一天,李明来到饭店前台办理入住手续。前台接待员小玲热情地向李先生问好,并询问了他的基本信息,如姓名、联系方式、入住日期和离店日期等。小玲根据客史档案录入模板,将这些信息一一录入系统。在录入过程中,她特别注意信息的准确性和完整性,确保没有遗漏或错误。当李先生提到自己有一些特殊需求时,小玲立即在客史档案中进行了标注。李先生表示他对房间的位置和安静度有较高要求,希望入住一个远离电梯和安全楼梯的房间。小玲将这些需求详细记录在档案中,并告知相关部门以便安排合适的房间。录入完成后,小玲再次核对了客史档案,确保所有信息都准确无误。她向李先生展示了档案中的信息,并询问是否有需要补充或更正的地方。李先生对档案的完整性表示满意,并对小玲的细致服务给予了高度评价。

任务知识

一、散客档案

新建散客档案时一定要注意,一位散客只有一个对应档案。当一位散客对应多个档案时,会造成多种不良影响。其一,会使散客信息分散,影响酒店的统计数据。假设一位散客入住酒店10次以上,如对应同一份档案,即可将其作为常客对待;如这些入住信息分散在不同的档案中,则其仍被认定为一般散客。其二,不利于为散客提供个性化服务,如某位散客第一次住店时就要求安静房,但是接下来每次住店时都要重复明确同样的要求,散客会觉得很不耐烦,从而不愿意再次入住这家酒店。其三,对系统来说,由于生成了许多不必要的档案资料,形成大量垃圾数据,会造成系统运行速度变慢,这也降低了服务员在前台服务散客的效率,容易给散客留下不好的印象。

微课 2-2-1
散客档案

（一）散客档案（Individual Profile）界面

在 Profile Search（档案查询）界面右下角点击"New"（新建）按钮，选择"Individual"（散客），出现散客档案界面（见图2-2-1）。

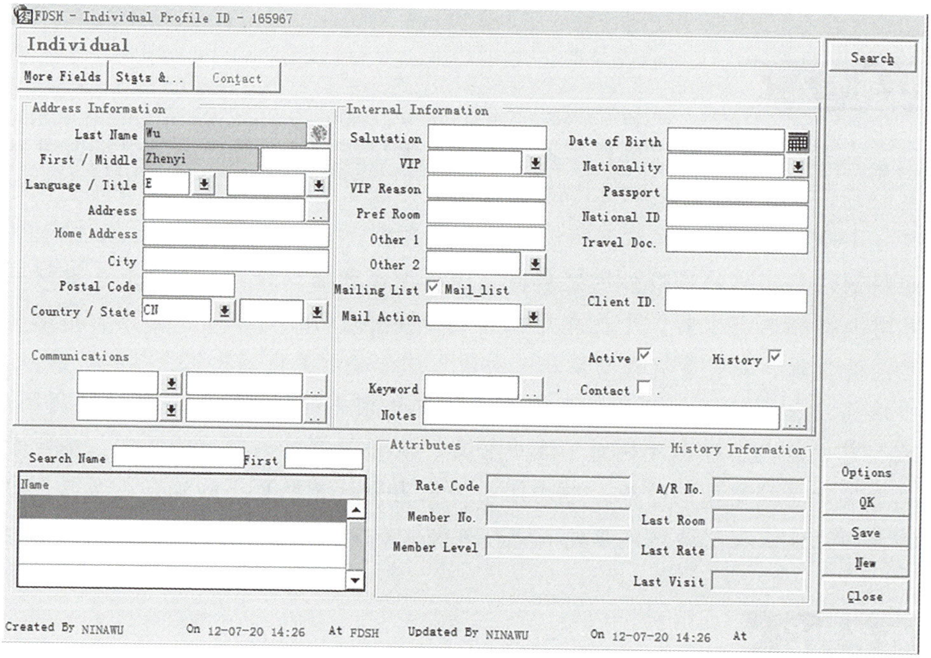

图 2-2-1　散客档案界面

在输入客人名字时一定要遵守英文的输入法习惯，即 Last Name（姓）和 First Name（名）中首字母一定要大写。中国客人的名字也同样如此，需要输入中文名字的汉语拼音，可以在 Alternate Name（别名）中输入客人的中文姓名。在处理各国姓名时，均应采用英文名的形式输入。这样处理的原因在于 Opera 系统是英文软件，数据库在处理英文姓名时速度最快、可靠性最高。

Title：对客人的一种称谓。此处一定注意体现性别，对难以确定是否已婚的女士，可选择 Ms.。Title 的正确选择，直接关系到向 VIP 客人发送欢迎信时称谓的正确性。

Language：语言。根据住店客人国籍选择相应的语种。语种选择的正确与否直接关系到酒店会为客人提供哪种语言的服务，如语音留言、联系邮件、促销短信、账单或推送哪种语言的 App 下载地址等。

Date of Birth：生日。可直接输入客人的生日，或者点击后面的"日历"，选择客人的生日。如客人是 1986 年 10 月 22 日出生，则其生日表示为"10-22-86"。

Nationality：国籍。输入国籍，生成的报表可以根据客人的国籍进行分类（见图 2-2-2）。

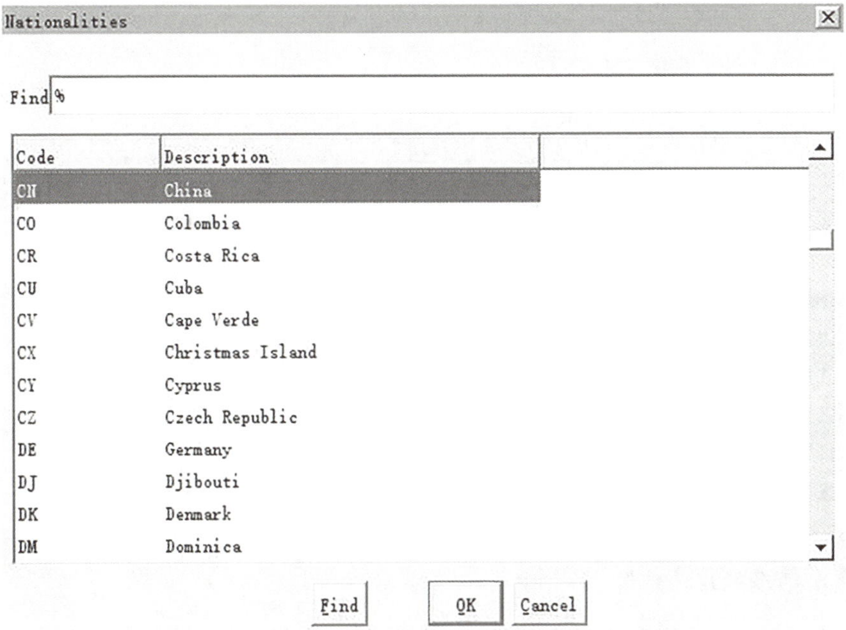

图 2-2-2　国籍界面

Address：地址。在地址中，点击　，从中可选择地址类型。Opera 中的地址类型可以根据酒店业务的需求自定义，如：Home Address（家庭地址）、Business Address（公司地址）、Billing Address（账单邮寄地址）。

地址详情界面中：

New：录入客人的一个或多个地址；

Edit：选中客人的某个地址，可进行编辑修改；

Delete：选中客人的某个地址，可进行删除；

Close：关闭对话框，回到新建客史档案界面。

在输入客人的地址时，在 Address（地址）那一栏内，有四行（见图 2-2-3），一般在第一行输入街道/街区或邮政信箱，在第二行输入客人地址中的楼宇名称或区域名称。在 City（城市）那一栏中输入城市的名称，接下来输入 Postal Code（邮政编码）、Country（国家）、State（州或省）。

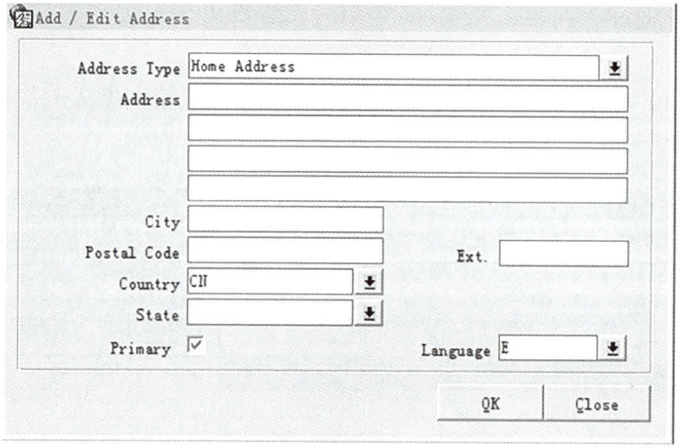

饭店信息系统：OPERA 操作实务

图 2-2-3 地址界面

Primary（首要地址）打钩后，表示该地址将被设置为该客人的首要地址，即第一联系地址。若客人有好几种联系地址，如公司地址、家庭地址，则最好确认哪一个地址是客人的首要地址，以便和客人联系。

Mail Action：邮件。在"邮件"选项中，可以勾选不同代码（见图 2-2-4），系统会自动递送给客人相应的邮件，例如生日贺卡、新年贺卡、酒店举行的各类活动的宣传单等。

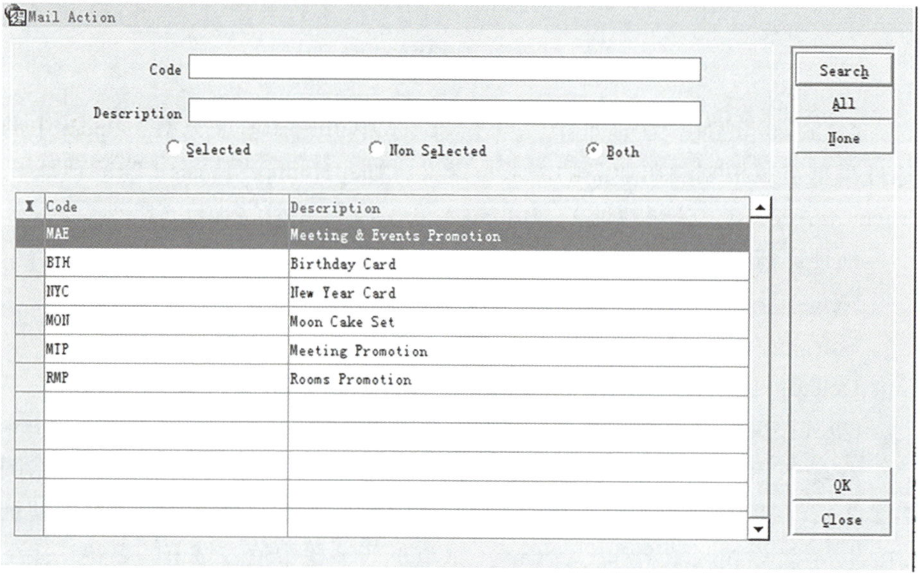

图 2-2-4 邮件界面

· 38 ·

Communication：联系方式。在输入联系方式时，要注意本地的电话不需要输入国家代码或区号（见图2-2-5），例如本地电话6666 6666；国内长途电话（0571）6666 6666；国际长途电话+86（571）6666 6666，这里571代表区号，+代表国家代码，如中国（+86），瑞士（+41），美国（+1）。

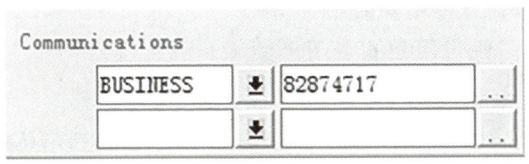

图2-2-5　联系方式

点击"Statistics & Info."（数据和信息）的"Statistics"（数据）界面（见图2-2-6），显示的是该客人的过往入住历史及给酒店带来的营收。

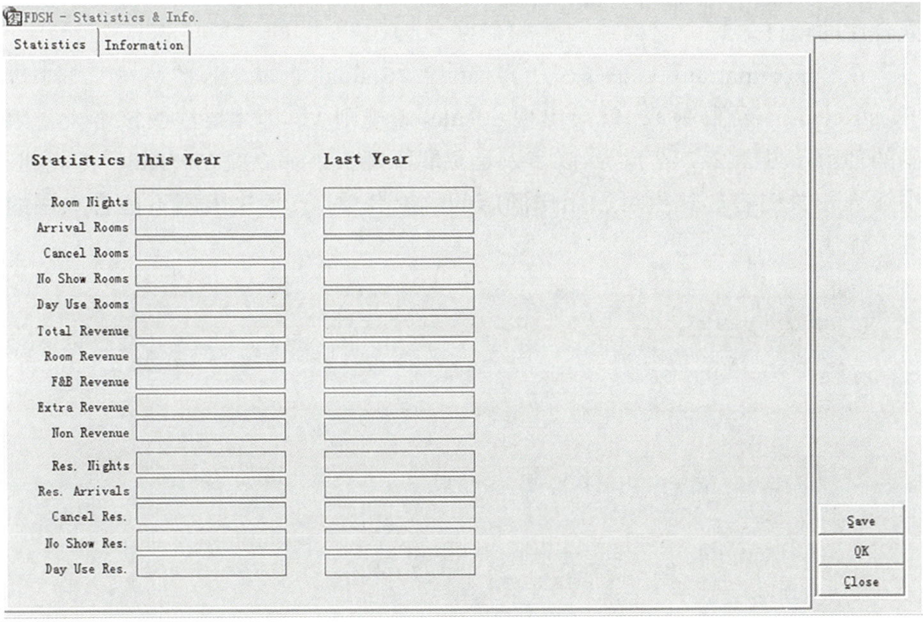

图2-2-6　数据界面

Room Nights：客人实际入住几个间夜
Arrival Rooms：预抵客人所需客房数
Cancel Rooms：取消预订客房数
No Show Rooms：失约客房数（客人应到未到，也没有取消预订）

Day Use Rooms：日用客人住的次数（客人在同一天入住并结账离开的次数）

Total Revenue：消费总和

Room Revenue：房费消费金额

F&B Revenue（Food and Beverage Revenue）：餐饮消费金额

Extra Revenue：其他消费金额

Non Revenue：代收代缴的费用金额（非酒店收入）

Res. Nights（Reservation Nights）：预订住宿总天数

Res. Arrivals（Reservation Arrivals）：客人预订入住的次数

Cancel Res.（Cancel Reservation）：取消预订的次数（包括客人与他人合住的预订）

No Show Res.（No Show Reservation）：没来但也没取消预订的次数（包括客人与他人合住的预订）

Day Use Res.（Day Use Reservation）：日用房预订的次数（包括客人与他人合住的预订）

在"Information"（信息）界面的"Status"（状态）一栏，勾选"Restricted"（受限制），就会出现"Rule"（规则），即需要注明该客人受限制的理由（见图 2-2-7）。如该客人是犯罪嫌疑人，那么就在"Rule"（规则）中输入相关内容。这也可以用作酒店的"黑名单"，用来限制不适合入住的客人住店。

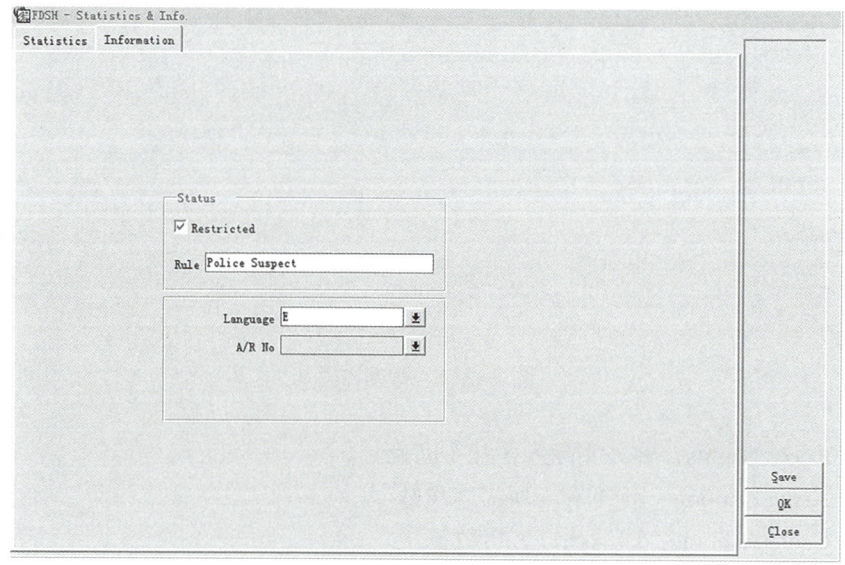

图 2-2-7　信息界面

（二）选项功能（Profile Options）

要执行 Profile 更多的功能以及内容，可通过 Profile Options 来操作（见图 2-2-8）。

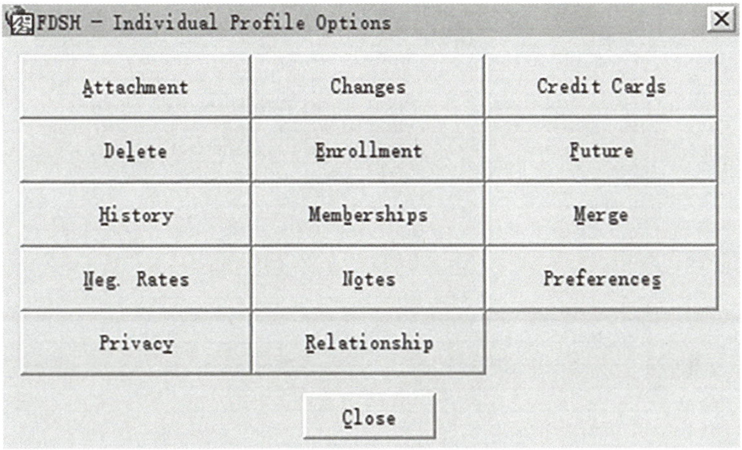

图 2-2-8　Individual Profile Options 界面

1. Attachment（附件）

在"Attachment"（附件）界面点击右下角"New"（新建）按键，就可以上传一个和客人相关的附件（见图 2-2-9），如合同、确认信等。File Description 为附件名称，Select File 为选择附件。

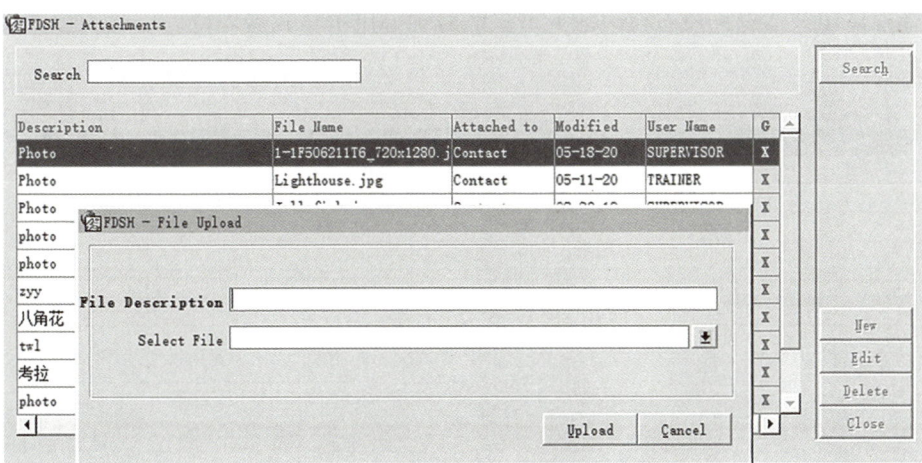

图 2-2-9　附件界面

2. Changes（变更）

Opera 系统会记录用户对客史档案的每一次更改，所有更改内容及更改时间都可以点此键查看（见图 2-2-10）。

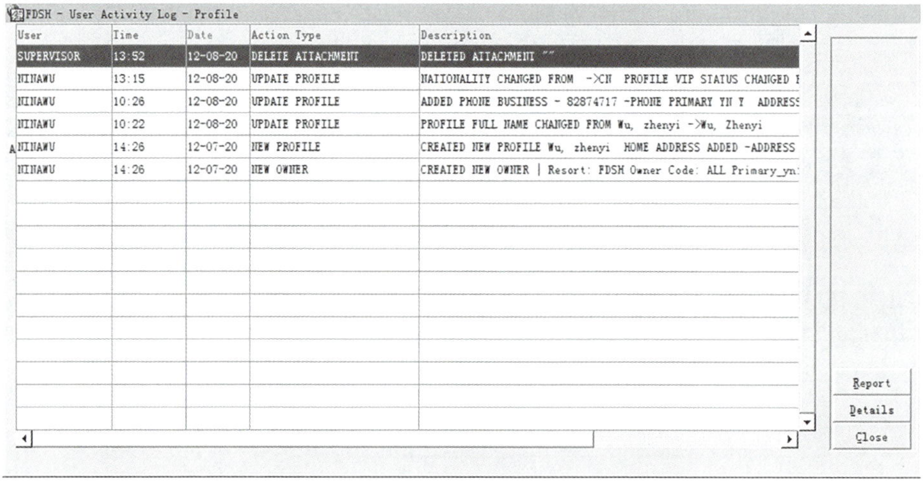

FDSH - User Activity Log - Profile

User	Time	Date	Action Type	Description
SUPERVISOR	13:52	12-08-20	DELETE ATTACHMENT	DELETED ATTACHMENT ""
NINAWU	13:15	12-08-20	UPDATE PROFILE	NATIONALITY CHANGED FROM ->CN PROFILE VIP STATUS CHANGED F
NINAWU	10:26	12-08-20	UPDATE PROFILE	ADDED PHONE BUSINESS - 82874717 -PHONE PRIMARY YN Y ADDRESS
NINAWU	10:22	12-08-20	UPDATE PROFILE	PROFILE FULL NAME CHANGED FROM Wu, zhenyi ->Wu, Zhenyi
NINAWU	14:26	12-07-20	NEW PROFILE	CREATED NEW PROFILE Wu, zhenyi HOME ADDRESS ADDED -ADDRESS
NINAWU	14:26	12-07-20	NEW OWNER	CREATED NEW OWNER | Resort: FDSH Owner Code: ALL Primary_yn:

图 2-2-10　变更界面

3. Credit Card（信用卡）

可以将客人常用的信用卡信息（包括姓名、信用卡种类、卡号及有效期）保留在档案中（见图 2-2-11）。但是信用卡是高级保密信息，所以 Opera 系统对信用卡信息浏览有严格权限控制。只有一定级别以上的员工才可以看到全部信用卡信息，没有权限的人员只能看到信用卡号码后 4 位。

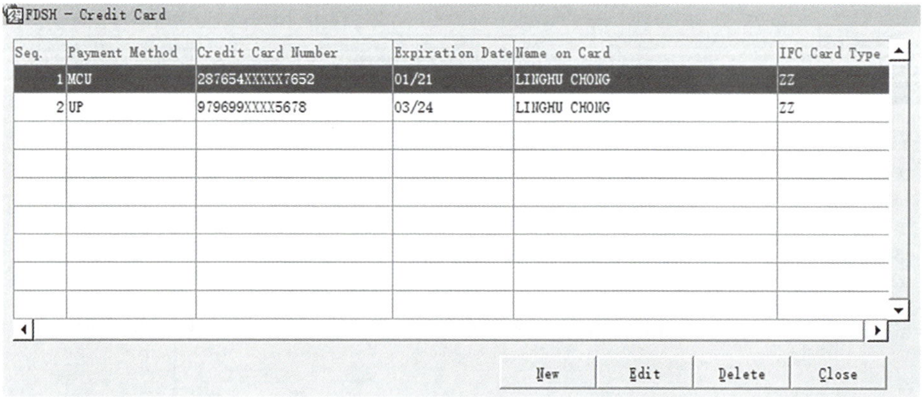

FDSH - Credit Card

Seq.	Payment Method	Credit Card Number	Expiration Date	Name on Card	IFC Card Type
1	MCU	287654XXXXX7652	01/21	LINGHU CHONG	ZZ
2	UP	979699XXXX5678	03/24	LINGHU CHONG	ZZ

图 2-2-11　信用卡界面

4. Delete（删除客人档案）

如果系统中没有该客人的预订信息，则可以删除该档案。该权限通常不对普通员工开放。

5. Enrollment（注册信息）

在"Enrollment"（注册信息）界面可以看到客人在该酒店的注册信息（见图 2-2-12）。

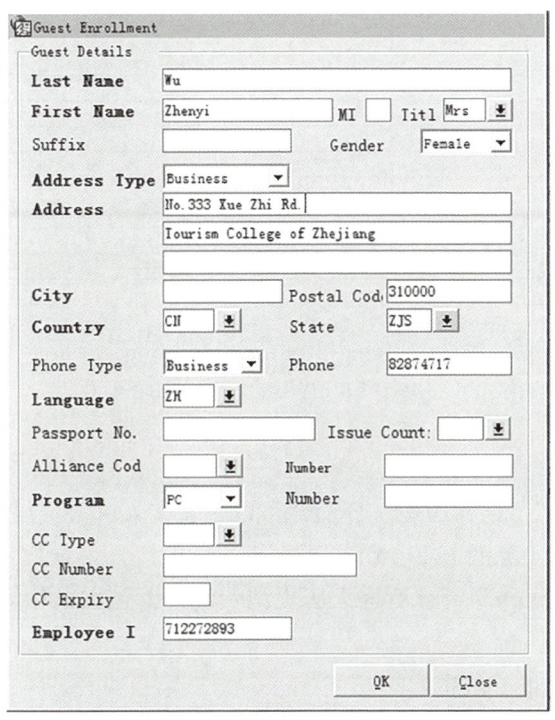

图 2-2-12 注册信息

6. Future（未来预订）

在"Future"（未来预订）界面（见图 2-2-13）可以看到客人在未来一段时间内的预订信息，包括抵离日期、房型、房号、房价代码等信息。也可以在这个界面直接点击"New"为客人新建一个预订信息。

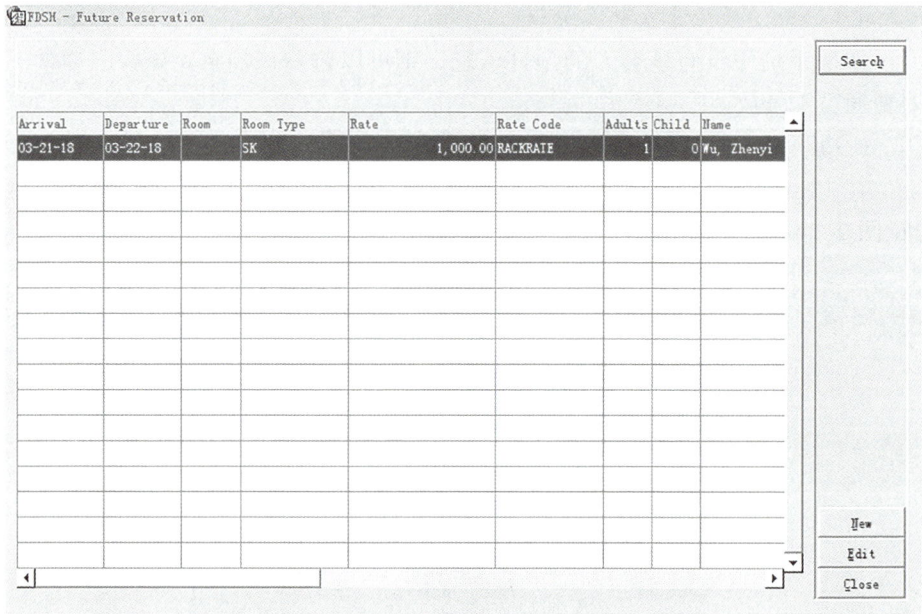

图 2-2-13　未来预订界面

7. History（档案历史）

在"History"（档案历史）界面，可以查看客人过去在酒店的入住情况及其消费明细账单（见图 2-2-14）。

点击"Summary"可查看客人历史消费统计，包括入住间夜、入住次数、取消次数、平均房价等。

8. Membership（会员）

酒店行业越来越激烈的竞争，归根到底是对客户的竞争，特别是酒店会员的竞争。"Membership"（会员）功能可以为酒店新加入的会员录入他们的会员信息（见图 2-2-15）。

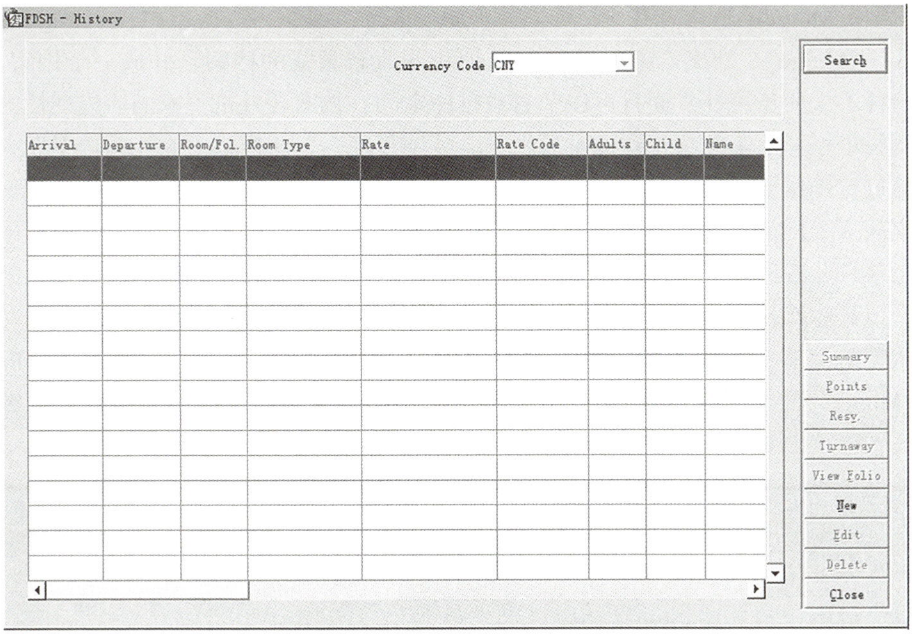

图 2-2-14　档案历史界面

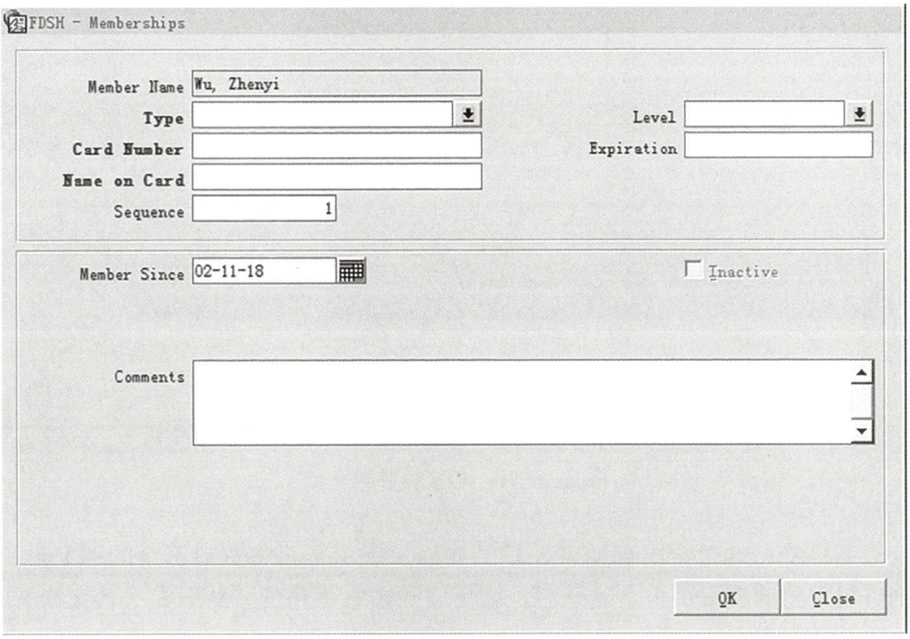

图 2-2-15　会员界面

9. Merge（档案合并）

"Merge"（档案合并）功能可以把相同或者重复的档案合并成一个档案，这样不仅便于统计，而且可以节省数据库空间。档案合并是每家酒店周期性的例行工作。由于此项工作的重要性强、复杂程度高，所以都由有经验的专职人员进行操作。在档案查询栏里输入客人姓名，会显示出客人的历史档案，假如出现多个档案，则要看哪个档案的资料更加完整，如证件种类、证件号码、出生年月、备注等，要将资料不全的档案合并到资料相对完整的档案中去。

具体操作步骤如下：

第一步：选中资料相对完整的一个档案，点击"Option"（选项）中的"Merge"（合并）按钮，输入需要合并的客人的姓名，查找到需要合并的客人，再点击 OK（见图 2-2-16）。

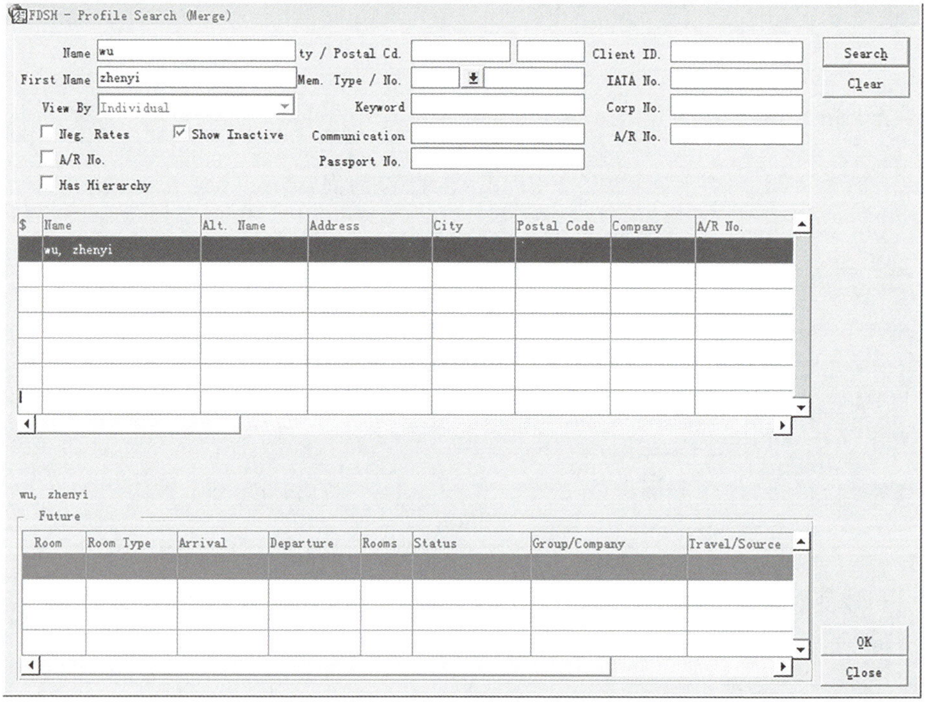

图 2-2-16　档案合并第一步

第二步：这时会出现档案比较的界面，提示是否将资料不全的档案合并到资料完整的档案中去。确认后，就可以点击右下角的"Merge"（档案合并）按钮（见图 2-2-17）。

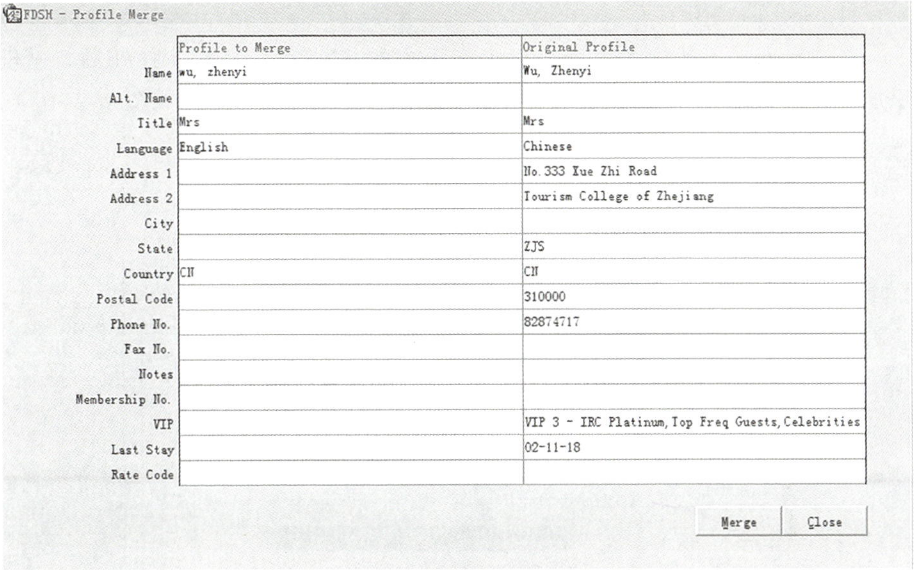

图 2-2-17　档案合并第二步

10. Neg. Rates（协议价）

点击 Neg. Rates（协议价），出现的页面中内容包括 Sequence（序号）、Rate Code（价格代码）、Start Date（开始日期）、End Date（终止日期）（见图 2-2-18）。

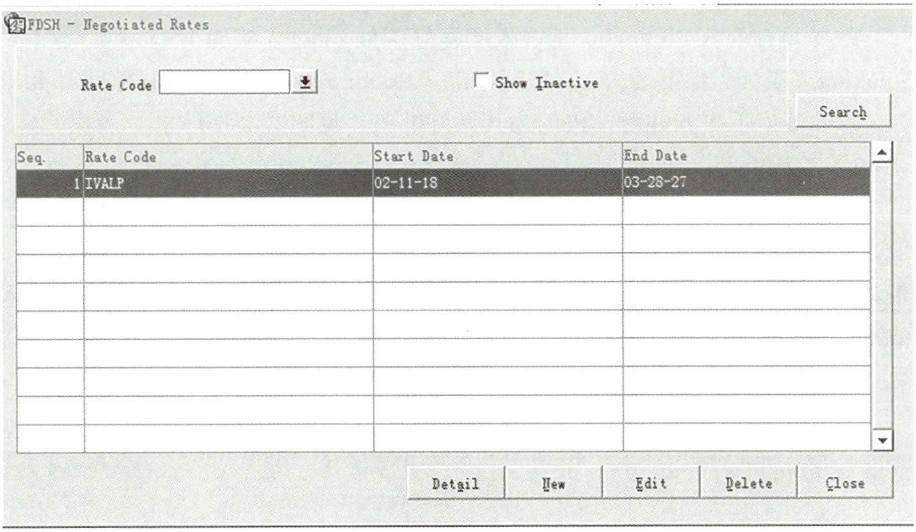

图 2-2-18　协议价界面

11. Notes（备注）

在"Notes"（备注）界面，点击右下方的"New"（新建）按钮后，就能添加客人的信息，一般是在客人客史界面中无法输入的信息（见图2-2-19）。

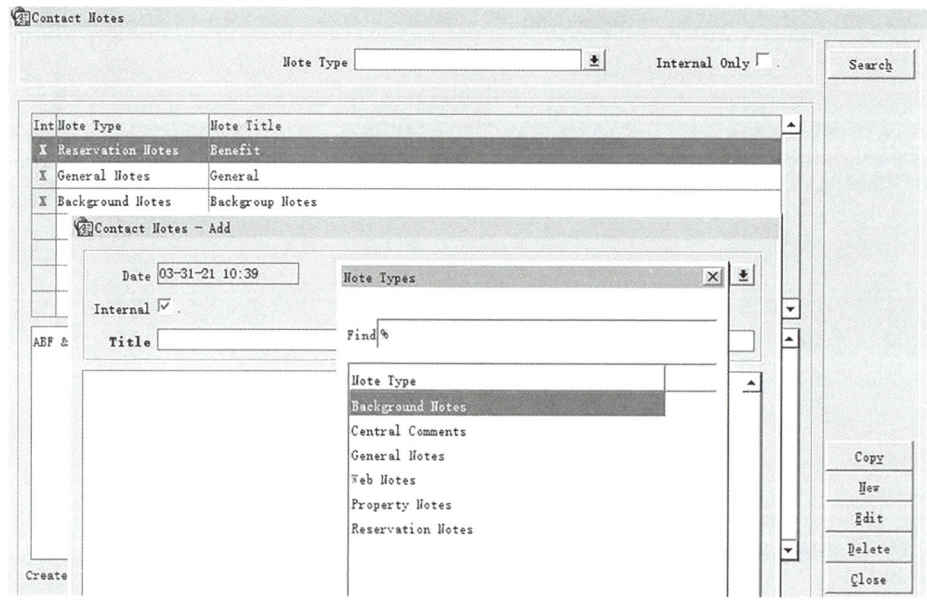

图2-2-19　备注界面

12. Preferences（客人喜好）

此界面可录入 Preference（客人的喜好）如 Floor（楼层）、Smoking/Non-Smoking（吸烟/非吸烟房）、房间特点（Room Features）或者其他特殊要求等，以便客人下次入住时，提前为其做好准备（见图2-2-20）。

13. Relationship（关联）

在 Opera 系统中各种类型的档案都可以做 Relationship（关联），用来定义这个档案与其他档案之间的关系。例如客人吴先生是阿里巴巴公司的雇员，那么吴先生和阿里巴巴公司之间存在雇员和雇主的关联，就可以在这里输入（见图2-2-21）。

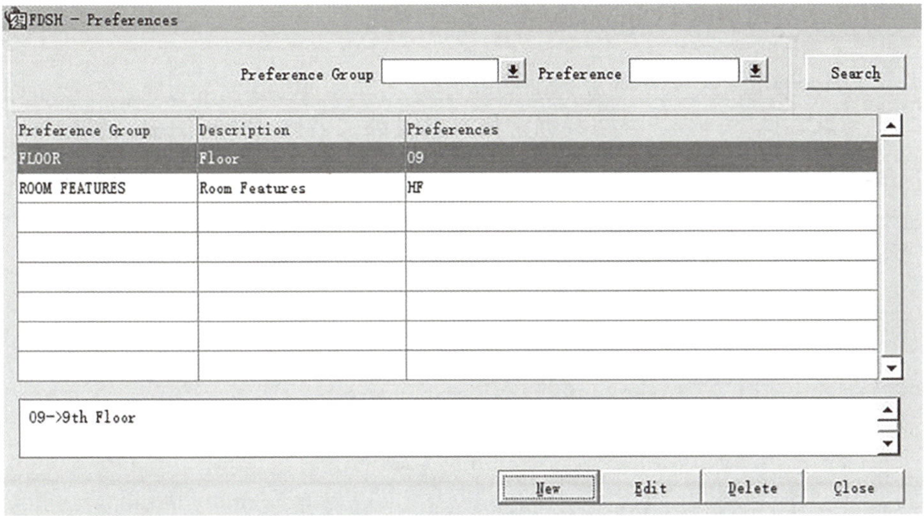

图 2-2-20　客人喜好界面

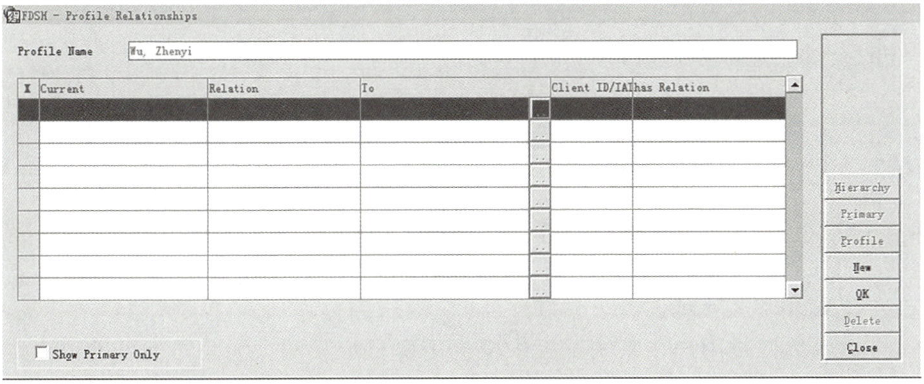

图 2-2-21　关联界面

二、公司档案

公司类型的档案主要涉及酒店的协议公司。协议公司客人是多数商务型酒店的主要客源，每年酒店都会与一些大型的公司签订采购协议。

（一）公司档案（Company Profiles）界面

1. Account（公司名称）

与散客档案一样，在主界面上输入的是英文名称。公司的中文名称可以在"Alternate Name"（别名）中输入（见图 2-2-22）。

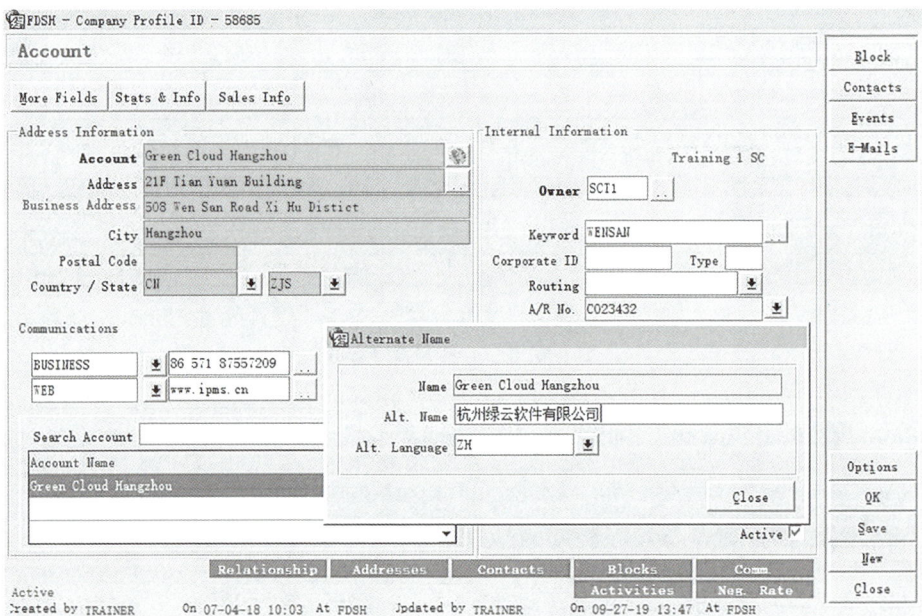

图 2-2-22　公司档案公司名称界面

2. Address（地址）

地址类型是用户在系统配置中根据需要自定义的。为公司类型的档案定义的地址类型通常有商务地址、账单发送地址、应收账对账地址等（见图 2-2-23）。

3. Owner（酒店销售经理）

这一栏中要输入和公司客户联系的酒店员工，以方便酒店和公司保持联系。同时通过 Owner，可以统计汇总酒店的销售业绩。

4. Keyword（关键词）

一般由销售部制订，用于寻找相关的档案。

5. Corporate ID（公司协议号）

酒店会为每个协议公司分配不同的公司协议号，然后将这个号码告知协议公司。协议公司客人可以通过这个号码登录酒店官网获取协议价格进行预订。

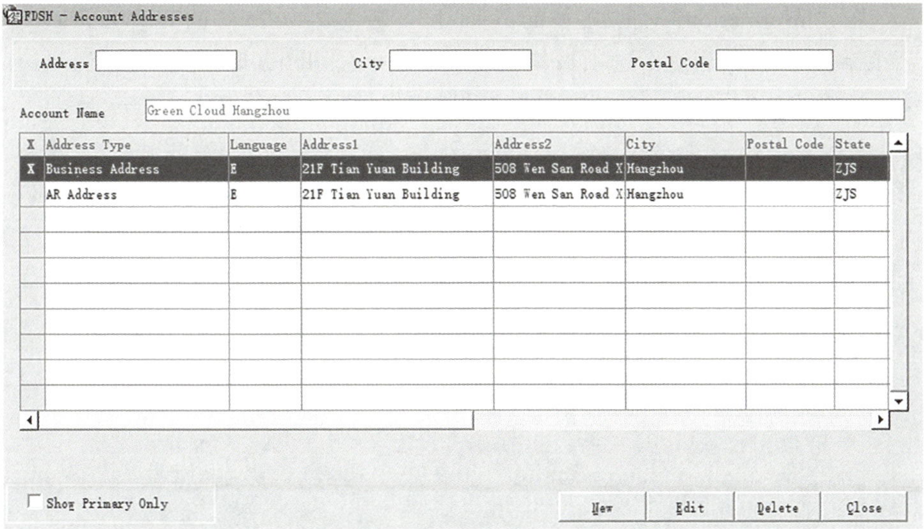

图 2-2-23　公司档案公司地址界面

6. Statistics & Info.（统计信息）

在"Statistics & Info."（统计信息）界面上，可以比较该公司当年与上一年的年度用房间夜数、营收信息等（见图 2-2-24）。

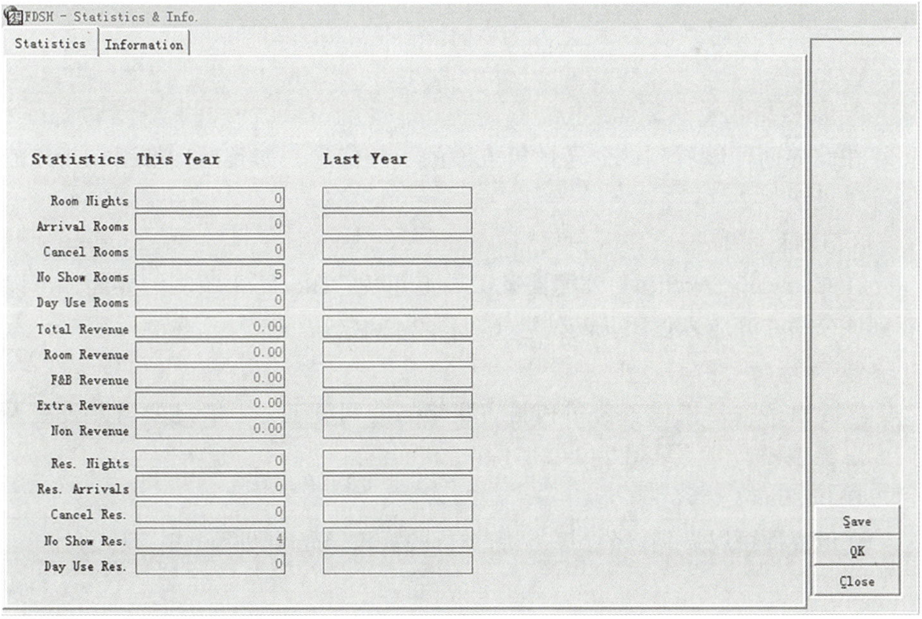

图 2-2-24　公司档案统计信息界面

在"Information"（信息）的界面上（见图2-2-25）也有"Restricted"（受限制）一栏，当这个选项被勾选时表示这个公司档案属于受限档案。当有预订链接这个公司档案时，系统会自动跳出提示框，显示 Rule 中的文字。

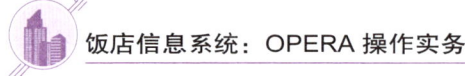

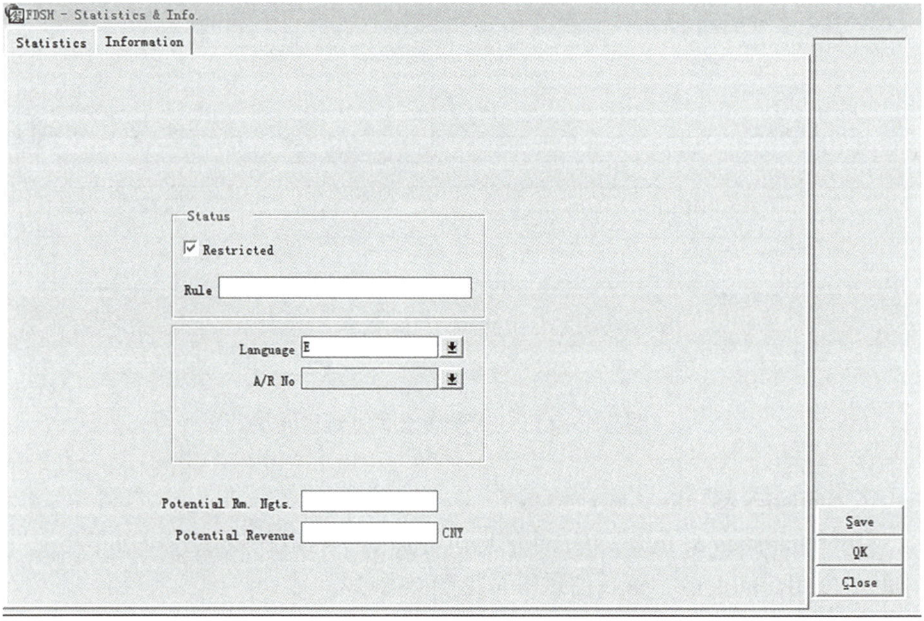

图 2-2-25　公司档案统计信息设置界面

7. Sales Info.（销售信息）

在此界面可以看到该公司销售方面的一些信息，如类型、来源、业务范围等（见图 2-2-26）。

8. Block（团队）

在 Company Profiles（公司档案）右上角的"Block"（团队）界面，可以看到该公司在酒店入住团队的信息（见图 2-2-27）。

9. Contacts（联络人）

"Contacts"是指代表公司和酒店联络的公司员工，一般是公司办公室人员或总经理秘书等（见图 2-2-28）。

10. Events（会议）

在该界面可以看到该公司在酒店举行的会议信息（见图 2-2-29）。

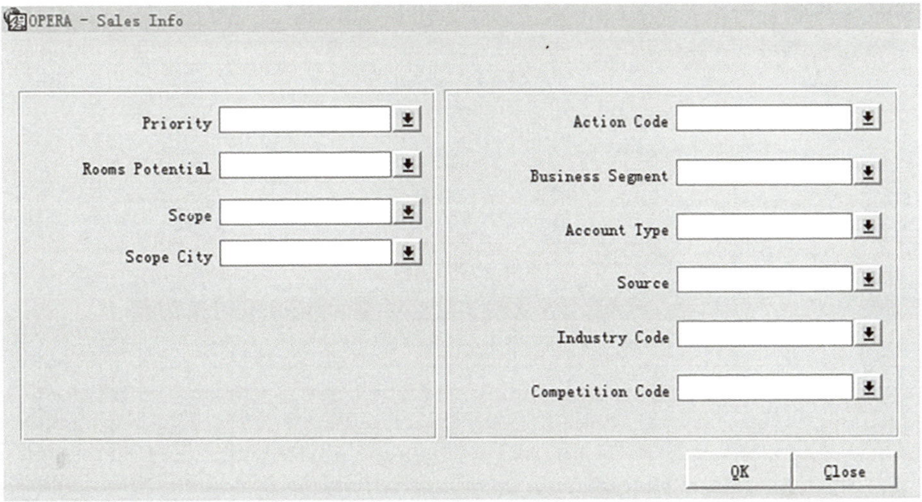

图 2-2-26　销售信息界面

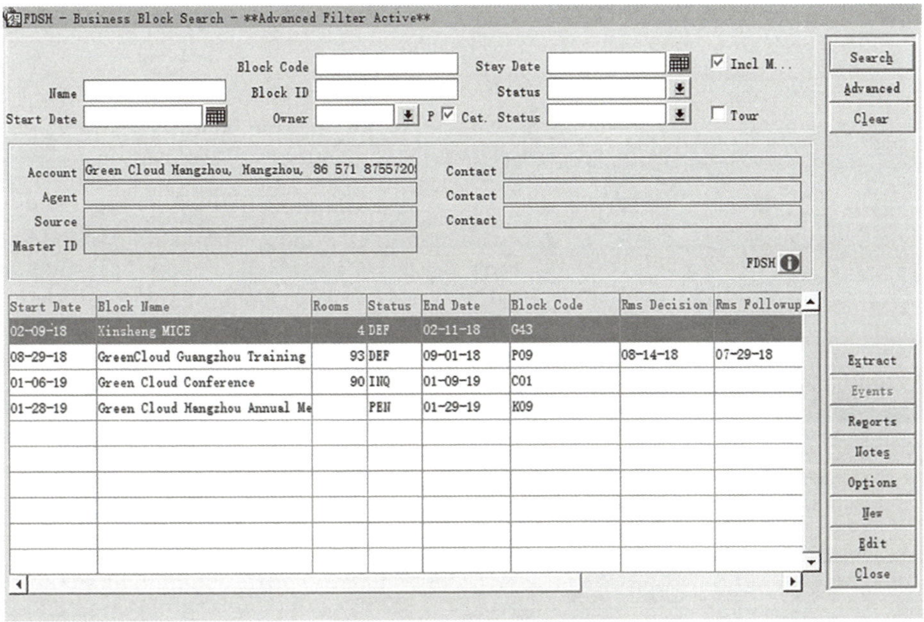

图 2-2-27　团队界面

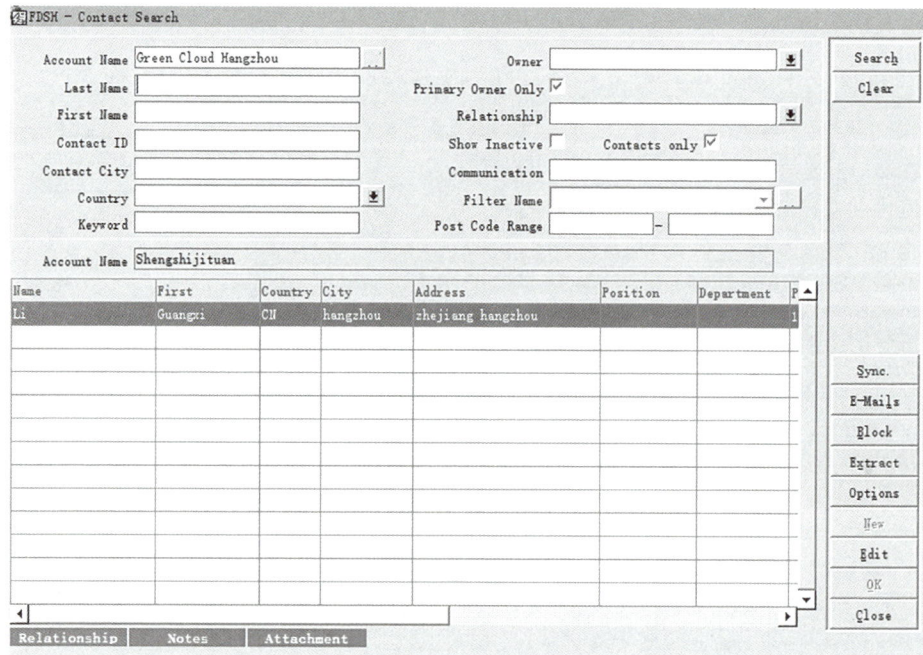

图 2-2-28　联络人界面

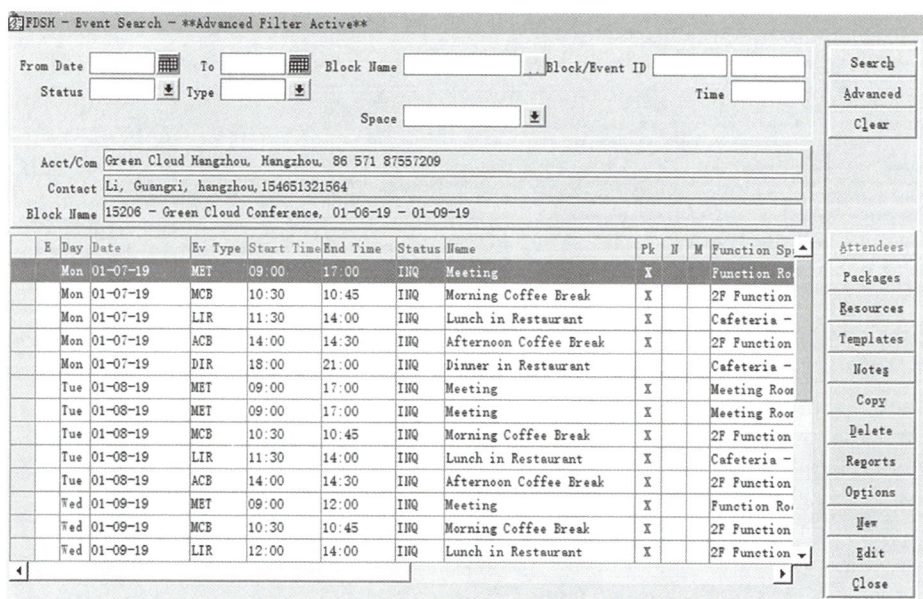

图 2-2-29　会议界面

(二)选项功能(Profile Options)

公司档案的选项功能和散客档案的选项功能大部分是相同的,操作方法也是相同的,如 Attachment(附件)、Changes(变更)、Credit Cards(信用卡)、Delete(删除)、Future(未来预订)、History(历史)、Merge(合并)、Neg. Rates(协议价)、Notes(备注)、Preferences(偏好)等(见图 2-2-30)。

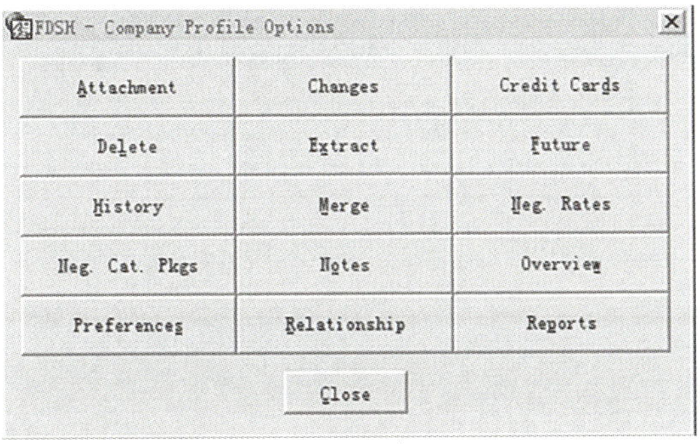

图 2-2-30　选项界面

1. Notes(备注)

在这里可以输入这个公司的备注信息。如果在公司档案中建立的是 Reservation Notes,当预订链接这个公司档案后,Reservation Notes 会自动复制到订单上(见图 2-2-31)。

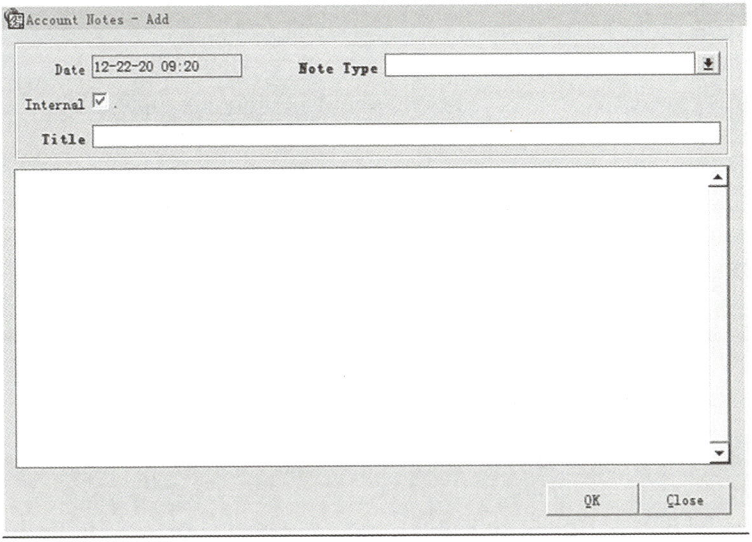

图 2-2-31　备注界面

2. Overview（概览）

在该界面可以看到该公司所有入住酒店的情况（见图 2-2-32）。

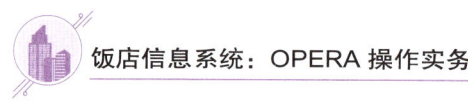

图 2-2-32　概览界面

3. Relationship（关联）

在该界面可以建立该公司与其总公司或子公司或雇员之间的联系，这样方便查找（见图 2-2-33）。

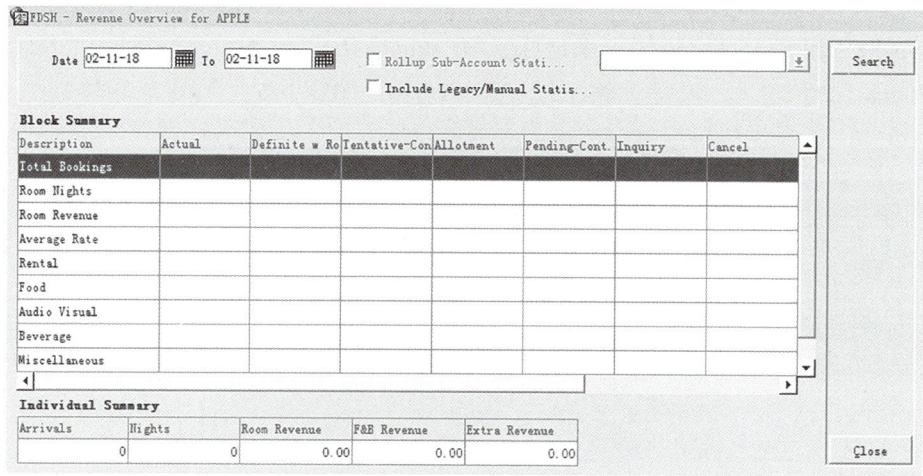

图 2-2-33　关联界面

4. Reports（报表）

在该界面可以查看该公司在酒店的住宿、餐饮等情况（见图 2-2-34）。

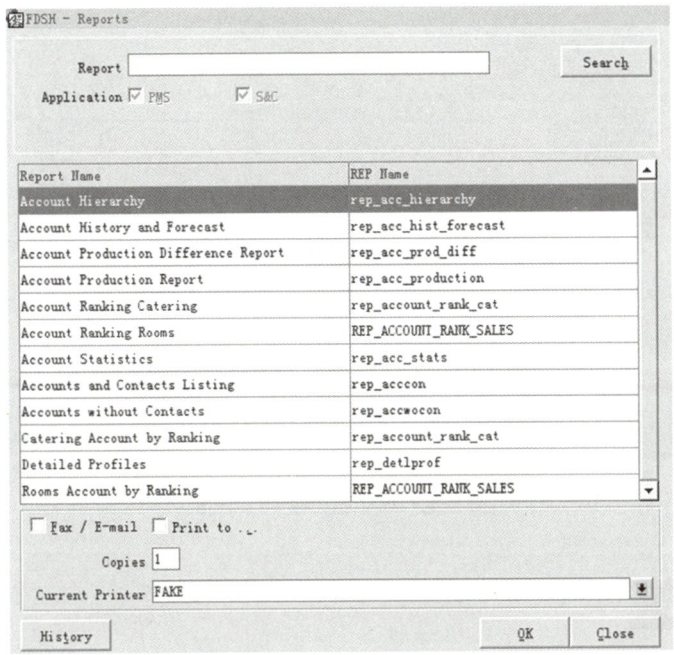

图 2-2-34　报表界面

三、旅行社档案

旅行社档案（Travel Agent Profile）主要涉及酒店的协议旅行社，其档案内容和公司档案几乎相同，此处不再介绍（见图 2-2-35）。

微课 2-2-2　旅行社档案

饭店信息系统：OPERA 操作实务

图 2-2-35　旅行社档案界面

任务实操

为抵店散客（Walk Ins）创建客史档案。

实训目的	掌握散客抵店时如何进行客史档案的创建
实训环境	前厅实训室
实训准备	前厅环境，Opera PMS 操作系统及相关表格
模拟训练要求	1. 学生 4~6 人一组，分组进行操作 2. 1 人扮演前台接待员，其他人扮演客人，之后轮流互换角色练习 3. 参照客史档案创建流程和操作规范 4. 注意对客服务礼仪

项目训练

 练一练

扫描右侧的二维码，开始做题吧。

随堂练习

项目三

预订受理

项目导读

预订是酒店与客人达成"预订协议"并进行房控的一个过程。从饭店信息系统的角度来看,预订就是通过恰当的方式收集客人信息,将其在酒店信息系统中输入并得出结果。预订的操作功能非常丰富,包括新建预订、查询预订、更新预订、取消预订、分享房间、锁定房号、复制预订、聚会预订、折扣优惠、接送机服务、公司预订、团队预订等,这些功能有助于为客人提供个性化服务。本项目的学习有助于理解 Opera PMS 系统中建立预订与建立档案的关系。

饭店信息系统：OPERA 操作实务

学习目标

知识目标	1. 理解散客、公司和团队预订的基本概念及其重要性 2. 了解针对不同预订类型执行新建、查询、更新、取消预订等具体步骤
能力目标	1. 能够完成散客预订的操作流程 2. 能够完成公司预订的操作流程 3. 能够完成团队预订的操作流程 4. 能够完成更新与取消预订的操作流程
素质目标	1. 培养对工作的热爱与专业执着 2. 认同酒店的职业道德和责任 3. 理解并实践优质服务与宾客满意度对酒店预订业务成功的关键作用

思维导图

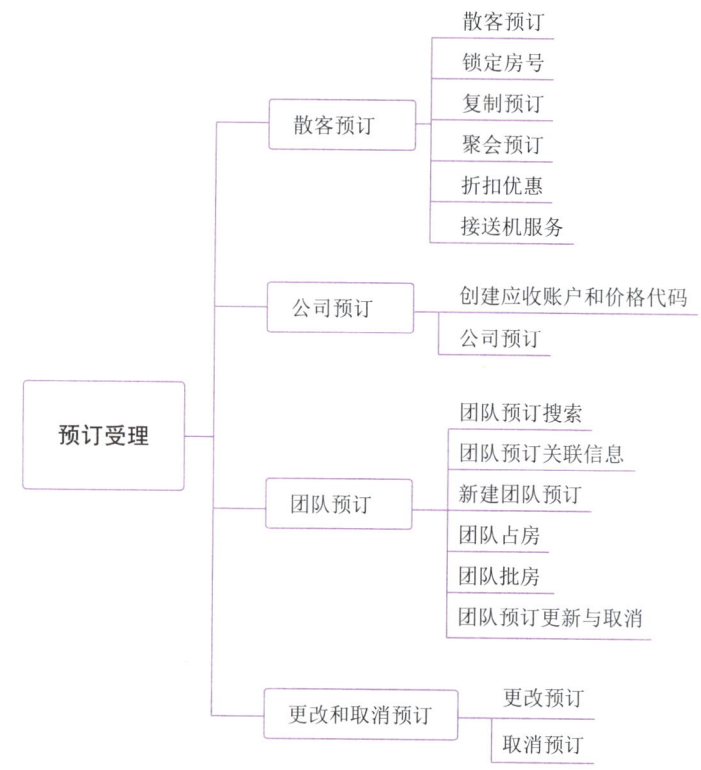

 任务一 散客预订

任务导入

李先生是一位来自北京的商务旅客,经常在全国各地出差。近日,李先生计划到杭州参加一个重要的商务会议,他通过电话预订了杭州某知名酒店的一间标准房。作为预订员,需要为李先生创建一个新的预订并确保所有信息准确无误。

使用 Opera PMS 系统为李先生创建一个新的散客预订。需要收集并录入李先生的基本信息,选择合适的房间类型和价格代码,并确保所有的特殊要求和服务都能满足他的需求。

任务知识

散客预订部分包括散客预订、锁定房号、复制预订、聚会预订、折扣优惠、接送机服务等操作流程的内容。

一、散客预订

在新建散客预订(New Reservation)时,可以通过快捷键 Alt+R+N 或 F7 打开预订的第一个界面,即 Rate Query 界面(见图 3-1-1)。

微课 3-1-1 散客预订

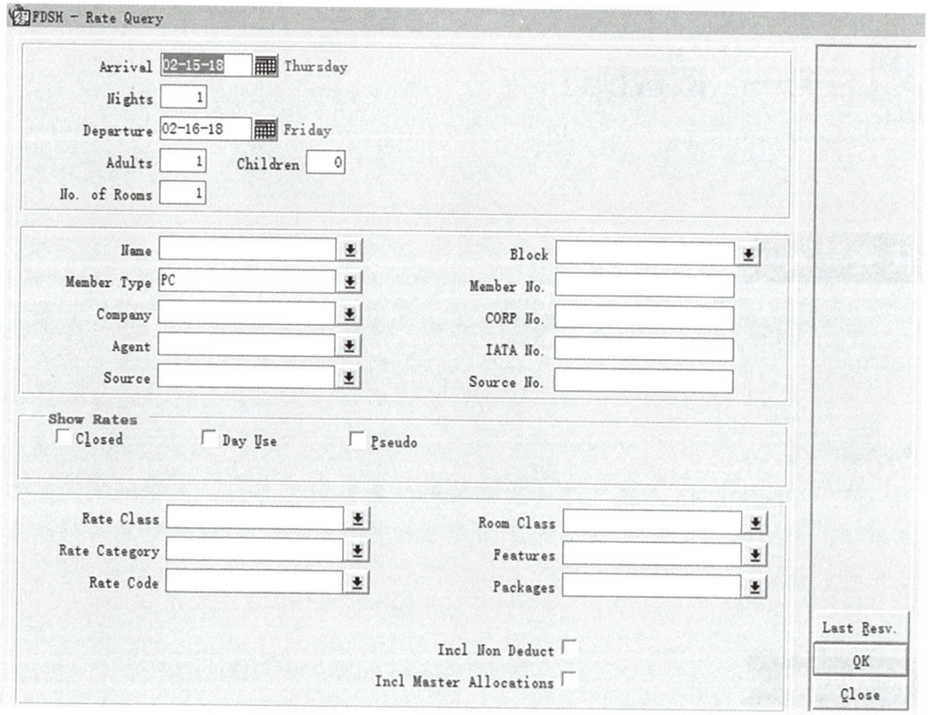

图 3-1-1　Rate Query 界面

随后，需要依次将宾客信息录入：Arrival（入住日期）→ Nights（入住晚数）/Departure（离店日期）→ Adults（成人数）/Children（儿童数）→ No. of Rooms（房间数）→ Name（姓名）。需要注意的是，在录入过程中，尽量以 Tab 或 Shift Tab 快捷键来做上下切换，提高办理预订的效率。

在录入 Name（姓名）时，会自动进入 Profile Search（档案检索）界面（见图 3-1-2）。若已有档案，则选择正确的 profile（档案）；若没有档案，则新建档案，具体可参见项目二客史档案的内容。

全部录入完毕后，按 Enter 键进入房价明细查询界面（见图 3-1-3）。根据之前确定的信息（入住日期、房间数、夜数），系统会自动显示不同房型的房间数量，其中绿色代表有可用房，红色代表没有可用房。Include Overbooking 代表包含超额预订的可用房数，Physical Inventory 代表剩余可用房数。左边第一列代表的是房间价格类型，上面第一行代表的是房间类型，房间价格类型和房间类型交叉得出房间价格。当点击一个价格时，界面的右下角就会显示 Info. 的内容，包含对房价（Package，包价）和房型的描述。

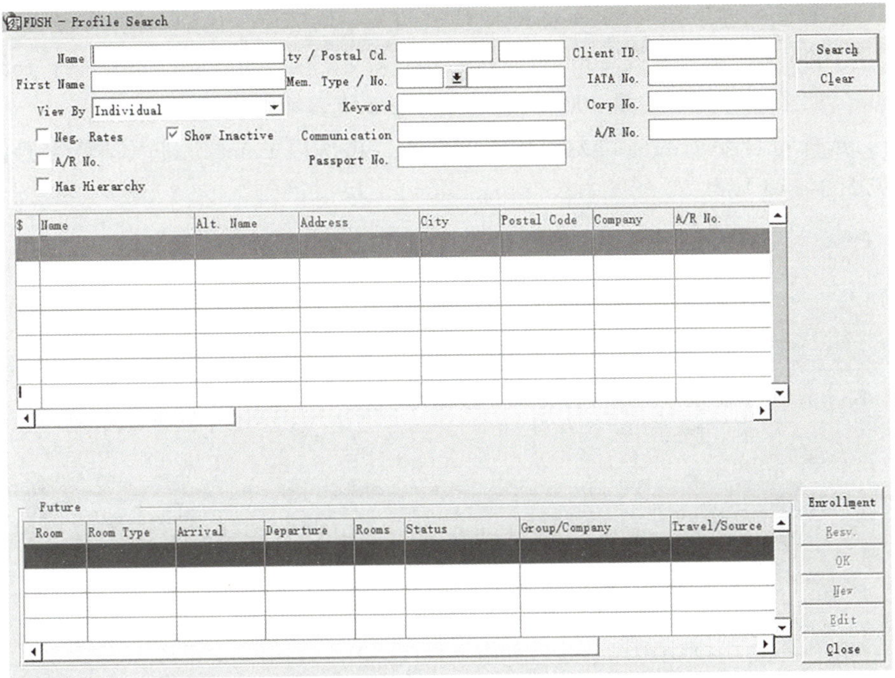

图 3-1-2　Profile Search 界面

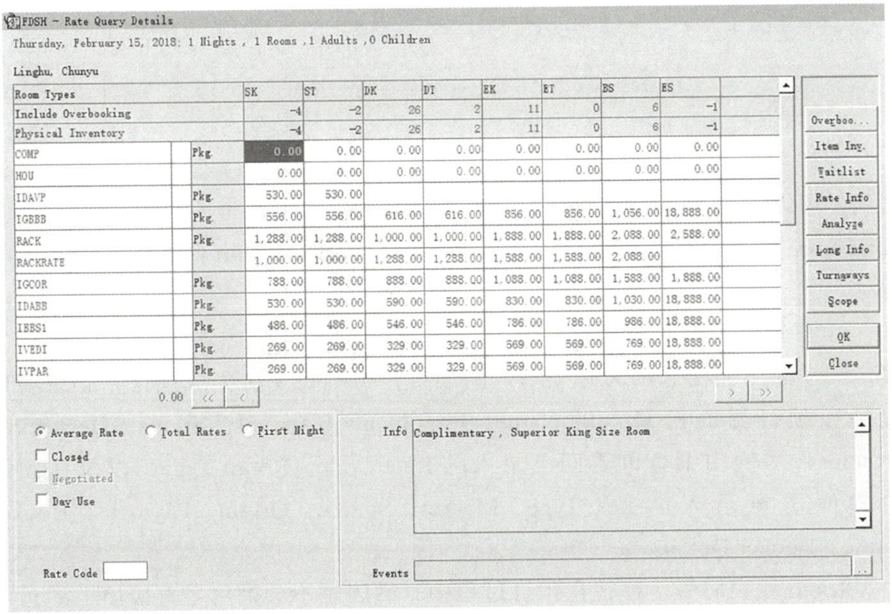

图 3-1-3　Rate Query Details 界面

在界面的左下角，Average Rate 代表两天平均房价，比如入住两天的第一天是 1000 元，第二天是 2000 元，那么最终显示的是 1500 块；如果选择 Total Rate，那么最终显示的是 3000 元；First Night 代表第一晚的房价。

选择符合要求的房间类型和价格代码，再次以 Enter 键进入预订主界面（见图 3-1-4）。

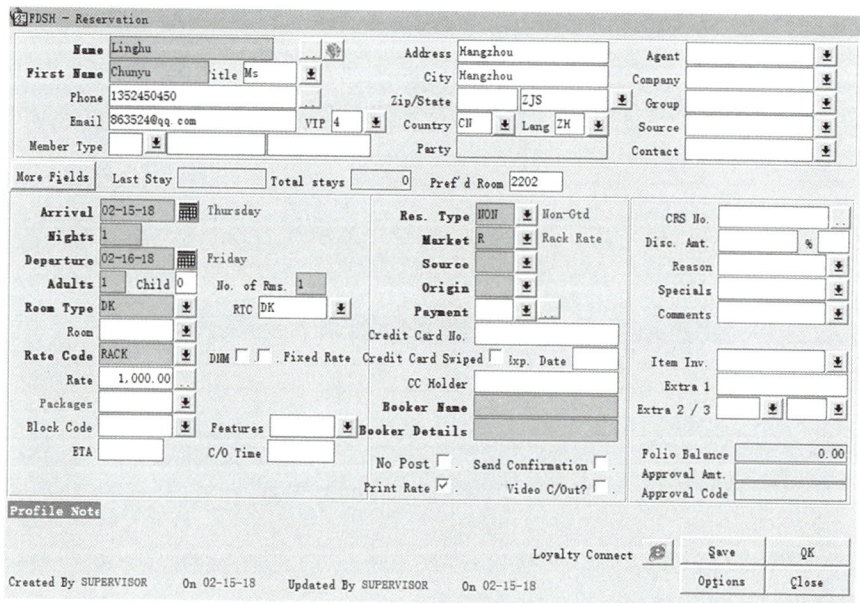

图 3-1-4　Reservation 界面

预订主界面上半部分的内容是入住客人精简版的档案信息，如果要看详细版，可以点开 Name 边上的 ⋯。此外，Last Stay 代表的是上次入住的时间，Total Stay 代表的是历史总共入住了多少晚，Pref'd Room 代表的是最喜欢的房号。

可根据客人的实际情况，在预订主界面下半部分内录入相关的预订内容，其中黑体加粗选项为必须录入的项目，否则将无法生成预订。必录项目包括在预订界面已录入的 Name，First Name，Arrival，Nights，Departure，#Rooms，房价明细查询界面已录入的 Rate Code，Room Type，以及在预订主界面需要录入的 Res. Type，Market，Source，Origin，Payment，Booker Name，Booker Details。

Room 代表房号。往往在预订过程中，酒店是不会把房号直接填上的，而在实际入住当天才会分配房号。

Rate 显示的是净房费，打开旁边▭的按键，查看 Rate Information，可以看到 10% 的服务费、6.6% 的税费以及总房价。

Features 代表房间特色要求，比如客人需要高楼层或低楼层的房间、安静或距离电梯最近的房间等。当选上后，不符合要求的房间会自动被过滤。在入住率较高的时候，建议关闭此功能。Features 会询问是否关联到宾客档案，如果关联了，代表着每一次入住，都会用此标准筛选房间；如果只是这一次的话，那么选择不关联即可。

Packages 代表包价，即房价除了房费以外还包含了其他产品，如早餐、门票等。

Reservation Type 可分成两种类型，第一种是没有担保的预订，第二种就是有担保的预订。担保预订又分为信用卡担保、公司担保、旅行社担保等。

Market，Source 和 Origin，可根据实际情况选择。

Payment 通常会选择 Cash，除非是信用卡担保。如果办理入住时，客人选择以预授权的方式支付押金，还需要修改 Payment。

Booker Name 和 Booker Details，如果预订人和入住人为同一人，则以"."来代替。

No Post 如果勾选，代表不能挂账。

Send Confirmation 代表在预订完了之后，是否将预订信息通过他的联系方式发送。

Print Rate 代表房价是否要保密。如果勾选代表房价不保密，它会显示在入住登记单（RC）上；如果不打钩代表房价保密，通常发生在第三方预付款的预订类型。

Video C/Out 代表可以通过房间内的电视来自动办理退房手续。

Specials 代表客房布置要求，可根据客人的 VIP 类型布置客房，比如放置饼干、水果、高级饮用水、巧克力等。Specials 会询问是否关联到宾客档案，如果关联了，代表着每一次入住，都会用这样的标准布置；如果只是这一次的话，那么选择不关联即可。

Comments 代表备注，有四种类型。第一种是 Reservation，即在预订界面会显示的备注。第二种是 In House，即在入住界面显示的备注。第三种是 Cashier，即在结账界面显示的备注。第四种是 All Comment Types，即所有界面都会显示备注。一般情况下，如果客人费用自理，那么备注会录入 POA；如果房费是公司结、其他费用自理，那么就录入 RM TO CO，OTH TO POA。

单击 OK 或键入 Alt+O，将生成一个独立且唯一的 Confirmation Number，即预订号（见图 3-1-5），代表预订已经成功。

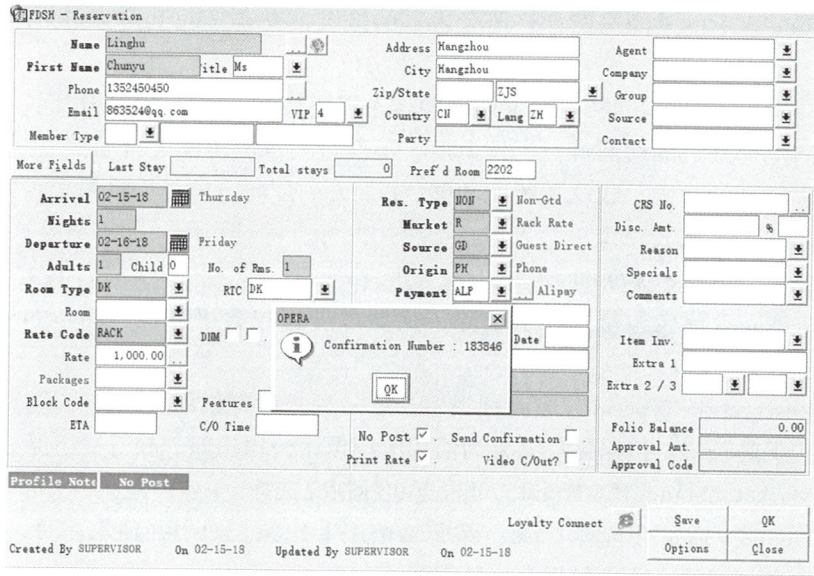

图 3-1-5　预订号界面

预订做完后，可以通过 Reservation 下面的 Update Reservation（Alt+R+U）来打开查询预订的界面（见图 3-1-6），录入预订的名字或预订号就可查询预订。如果查询到预订，代表之前的预订成功。

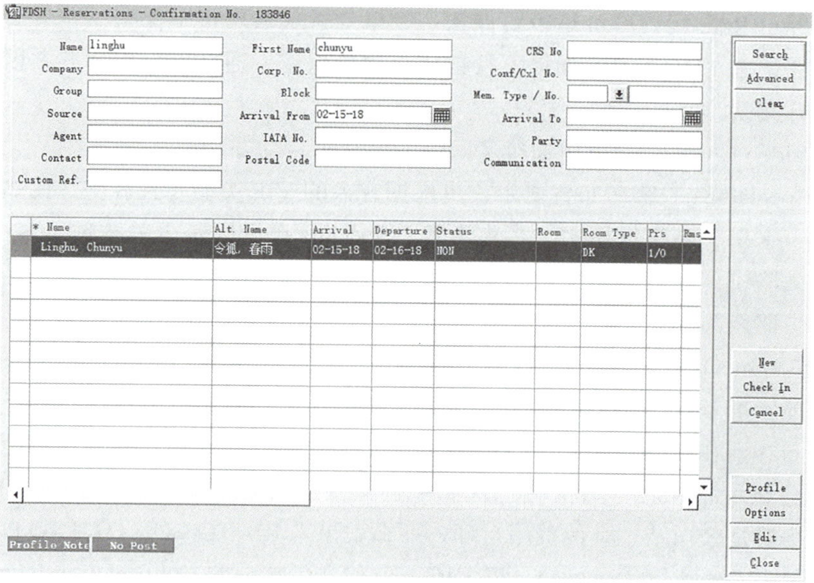

图 3-1-6　查询预订界面

二、锁定房号

当宾客有特殊要求时,在客情允许的情况下,酒店会在系统中锁定宾客所需的房号(Do Not Move)。具体操作如下:

首先打开预订主界面,单击 Room 右边___的按键,可以看到符合其房型要求的所有房号。选中一个房号并确定后,即可在预订主界面上看到选定的房号。其次,勾上 DNM(do not move),会发现 Room 房号这一栏底色从白色变成了红色,其后面的下拉框也变灰了(没有权限的员工是无法改变其房号的),最后单击 OK 或者使用快捷键 Alt+O。

退出后,可以看到房号这一栏的底色变成了红色(见图 3-1-7),这表明这个房号已被锁定住,是不可改变的。

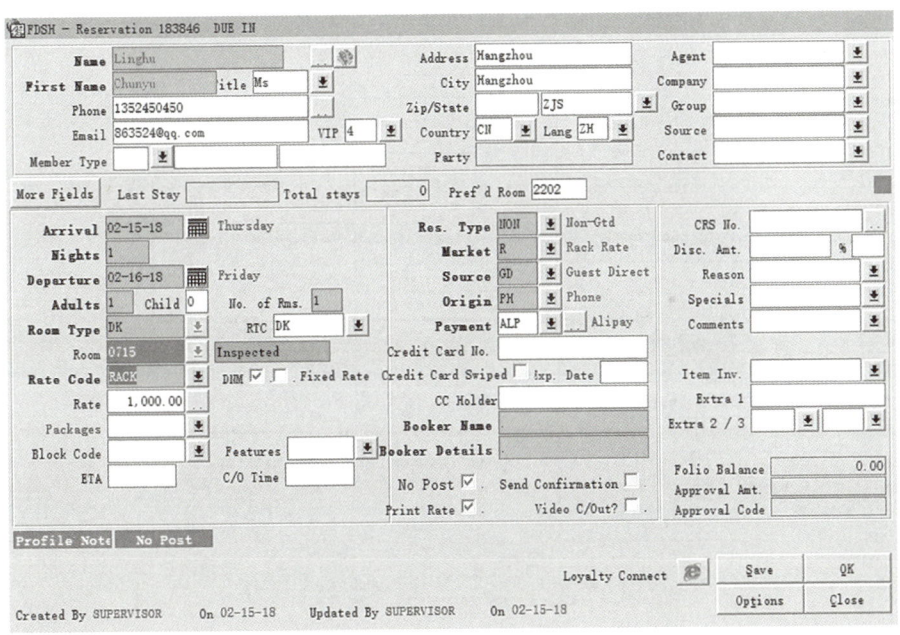

图 3-1-7 锁定房号界面

三、复制预订

当宾客要求增加预订时,为了提高效率,我们可以直接复制已有的预订。具体操作如下:

首先，打开预订主界面，单击 Reservation Options（见图 3-1-8），单击 Add On 或使用快捷键 Alt+O，此时可以选择客人预订的属性（见图 3-1-9）。如果客人新增的订房要求改变房型，那么可以单击下拉键，选择其他类型的房型。除了房型以外，其他内容也可以选择是否复制，包括 Payment Method（付款方式）、Specials（特殊要求）、Custom Reference（客人喜好）、Window/Room Routing Instructions（分账指令）、Comments（备注）、Packages（包价）、Item Inventory（借用物品）、Guest Name（客人姓名）。其次，在新出现的预订主界面单击 OK 或使用快捷键 Alt+O，就可以看到新的预订号，代表复制预订成功。

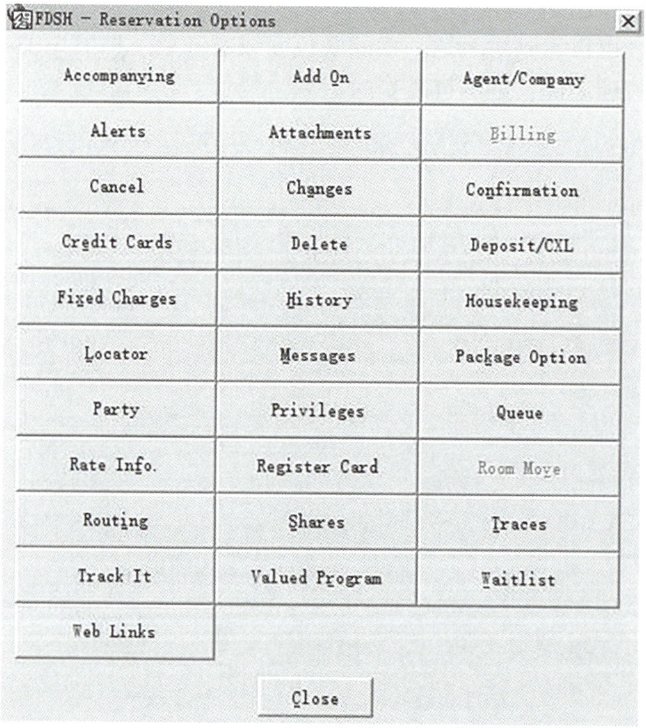

图 3-1-8　Reservation Options 界面

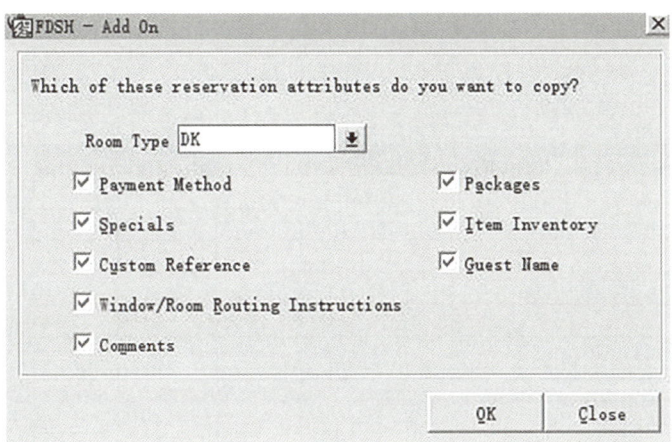

图 3-1-9　Add On 界面

四、聚会预订

在原先的预订中，我们默认为 1 间房，如果需要增加用房，可以使用 Add On 的功能来复制预订。除此之外，还可以启用 Party 预订的功能。Party 除了可以复制预订以外，还可以将此 Party 内所有的房间都生成一个 Party 号。通过 Party 号可在 Update Reservation 里检索出这个 Party 号的所有房间。具体操作如下：首先将 No. of Rms（预订的房间数）改成 2，其次打开 Option 中的 Party 界面（见图 3-1-10），再次通过 Split 或 Split All 来拆分预订，直至 Rooms 变成 1 为止。与此同时，我们可以使用 Add to Party 来将其他预订加入此 Party，还可以使用 Chg. Party 来更换另外一个 Party，也可以使用 Detach 将预订从此 Party 内删除。

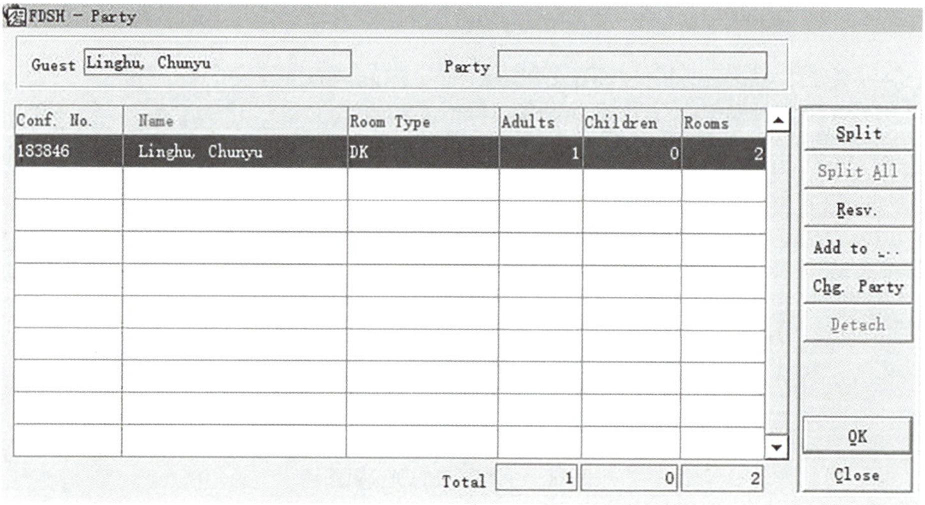

图 3-1-10　Party 界面

五、折扣优惠

如果需要给客人折扣优惠，我们可进行如下的具体操作：

打开一个已有的预订，找到界面右栏的 Disc. Amt.（折扣优惠），在这个字段后面有两个空格，中间一个百分号（见图 3-1-11）。第一个空格填写优惠的具体金额，第二个空格填写优惠的百分比。假如客人在办理入住时持有一张 20 元优惠券，此时需要在第一个空格内填写 20，保存后系统会提醒报价项目是否会发生变化，点击 OK。此时，房费就从原来的 1000 元变成 980 元。假如客人所持有的是打九折的优惠券，那么就在第二个空格内填上 10 即可。点击保存后，房费就会从原来的 1000 元变成 900 元。需要注意的是，折扣优惠的两个空格只能填写一个，如果两个都填写，后填的内容会覆盖前面填写的内容。

除此之外，在保存预订时，系统会提示要求在 Disc. Amt. 下面的 Reason 一栏填写折扣优惠的原因。在列表中已罗列常见的原因，比如总经理、值班经理、市场营销总监或销售主管授权同意等，根据实际情况选择其一保存后退出即可。

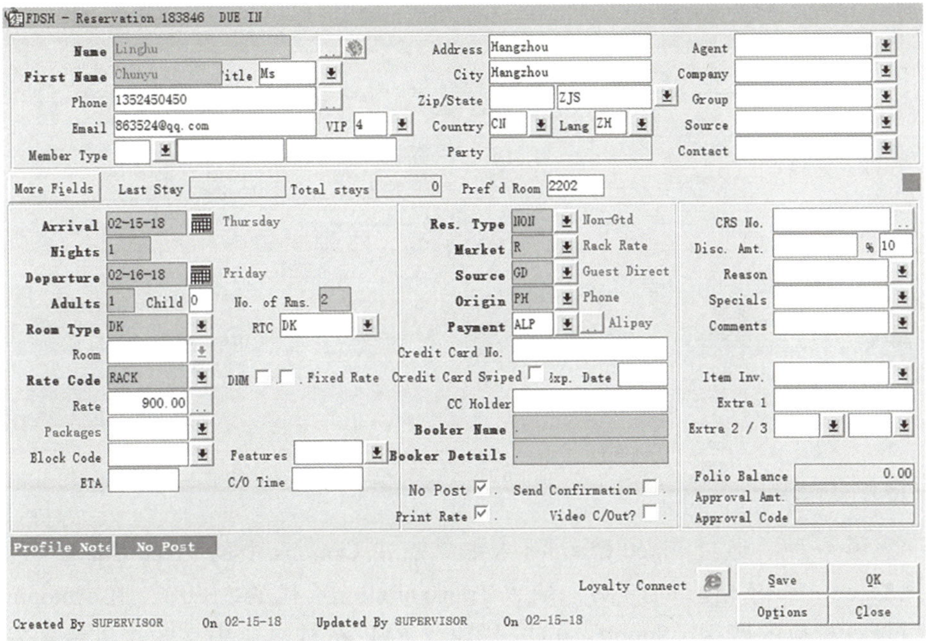

图 3-1-11　Discount 界面

六、接送机服务

当客人做完预订后要求接机服务（Pick-up Service）时，需要把接机服务的相关信息录入到系统中。具体操作如下：

首先打开客人的预订，单击 More Fields，将接机的信息录入中间段（右边段是送机服务的内容），在 Pickup Reqd. 字段点 Yes（见图 3-1-12）。

Arrival Date：接机的具体日期

Carrier Code：接机的航班号

Transport No.：接机的车牌号

Station Code：接机的航站楼

Transport Type：接机用车。假如酒店没有客人所需的车，可以选择 Outside Rented Car，即通过外租公司来租借车辆接机。

以上信息输完后，保存即可。送机信息的录入与接机类似，在此不再赘述。此外，接机费用可以通过两种方式录入系统。

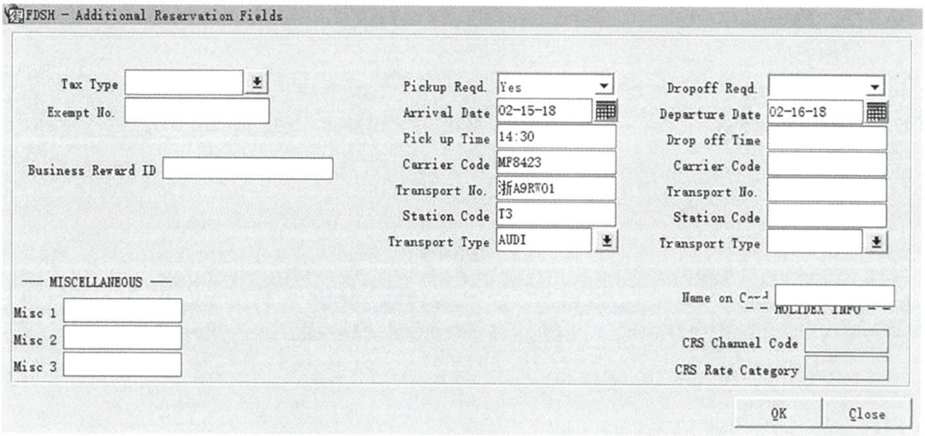

图 3-1-12　Additional Reservation Fields 界面

第一种，通过 Fixed Charges 入账。点击 Options 中的 Fixed Charges 选择 Once，选好相应的时间，录入 Transportation（代码 5100），在 Amount 里录入相应的费用，Supplement 一栏输成 Pick up 或者用中文的接机费来表示（见图 3-1-13）。这笔费用录入后，会出现一个高亮条，这里显示的是 Transportation。这笔费用不是马上入账，而是要等客人入住后且过完当晚的夜审，才会入账。

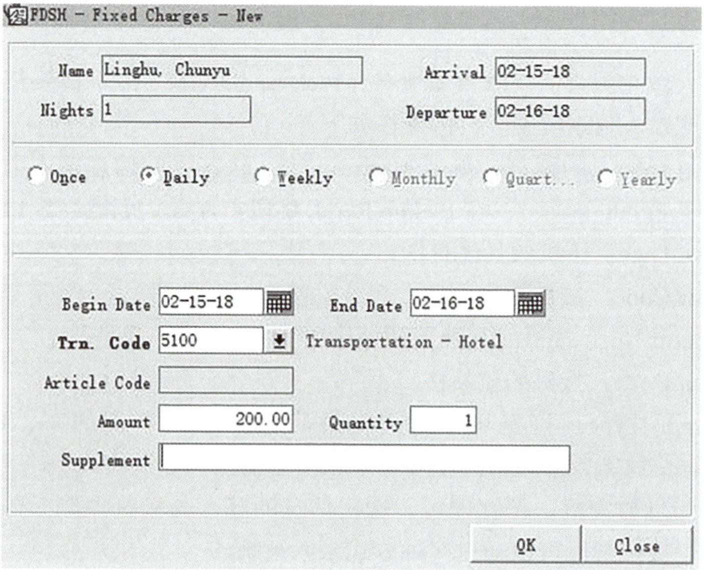

图 3-1-13　Fixed Charges 界面

第二种，通过 Billing 直接入账。由于客人还没有入住，所以 Billing 还是灰色，可以通过 Privileges 激活 Billing。Privileges 有三个选项：第一个是 No Post，就是不能挂账，这个和之前的 No Post 是一样的；第二个是 Pre Stay Charging，也就是打开 Billing 的功能（见图 3-1-14）；第三个是 Post Stay Charging，即客人退房后，可以通过这个功能再次入账。此时，需要勾上第二个选项 Pre Stay Charging，随后 Billing 就从灰色变成了黑色（见图 3-1-15）。此时打开 Cashier 直接入账即可。

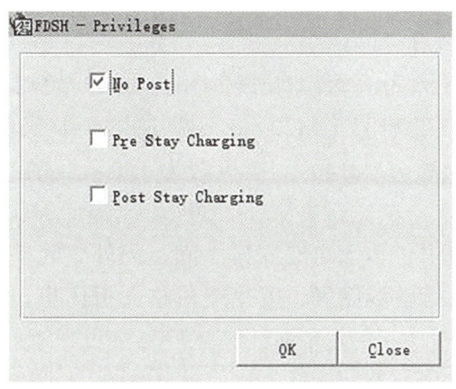

图 3-1-14　Privileges 界面

图 3-1-15　Reservation Options 界面的变化

任务实操

1. 客史档案创建

甲，现为 A 公司员工，出生于美国，长期生活在浙江杭州，生日是 1998 年 10 月 3 日，酒店常客，联系电话 0571-32233568，客人不吸烟，喜欢入住 2209 房间，房间内希望放置当天的新闻类报纸；

A 公司，酒店负责人为 SM01，公司传真为 0571-44550216，应收账款编号为 C1232+ 本人学号后两位，公司价格代码为 CORP1。

2. 预订

甲通过电话预订酒店高级双床房 2 间，入住开始时间为系统中的今天，住 1 夜，安排接机，航班号 UM22，3 号航站楼，航班落地时间为 19∶00，接机车宾利，牌号为浙 A2MM03，接机费为 150 元，客人信用卡预先支付押金 2000 元；

甲预订的 2 间房中，本人自己安排 1 间，另外 1 间安排给乙；

给甲免费升级为行政双床间，并享受价格九折优惠。

任务二　公司预订

任务导入

ABC 公司是一家经常派员工出差的跨国企业，与多家酒店有长期的合作协议。近日，ABC 公司为即将在上海举办的年度销售会议预订了几个房间。作为酒店的预订员，需要为 ABC 公司创建一个新的公司预订，并确保所有预订信息和要求都能满足他们的需求。

使用 Opera PMS 系统为 ABC 公司创建一个新的公司预订。需要创建应收账户和价格代码，关联公司的档案，录入必要的预订信息，并设置付款方式为挂账消费。

任务知识

公司预订过程包括创建应收账户、价格代码和进行公司预订等操作。

一、创建应收账户和价格代码

1. 创建应收账户

在项目二中,已经学习了如何创建公司档案。假设这家公司可以在酒店挂账消费,那么就需要为这家公司创建应收账户。

微课 3-2-1 为公司创建应收账号和价格代码

在图标式菜单中点击 AR(Account Receivable,应收账户),选择 Account Maintenance(账户的维护和管理),输入收银账号和密码,进入 AR Account Search(应收账户搜索)界面(见图 3-2-1)。

图 3-2-1　AR Account Search 界面

首先在 Account Name 里搜索系统中是否已经存在公司的应收账户,点击 Search 或使用快捷键 Alt+H,如没有找到公司应收账户,那么点击 New 或使用快捷键 Alt+N,选择新建。弹出一个对话框,左上角的标题是 profile search,录入并选择要创建 AR 账户的公司名称。点击 OK 后,弹出创建 AR 账户的界面(见图 3-2-2)。

第一个为加粗的字段,Account Type(账户类别),系统默认的是 C02 代表 Company Local(当地公司)。除此之外,还有 14 种应收账目的类型,从 C01 到 C14,比如信用卡协议账户、当地公司、跨国公司、当地旅行社、跨国旅行社、长住型客户等。

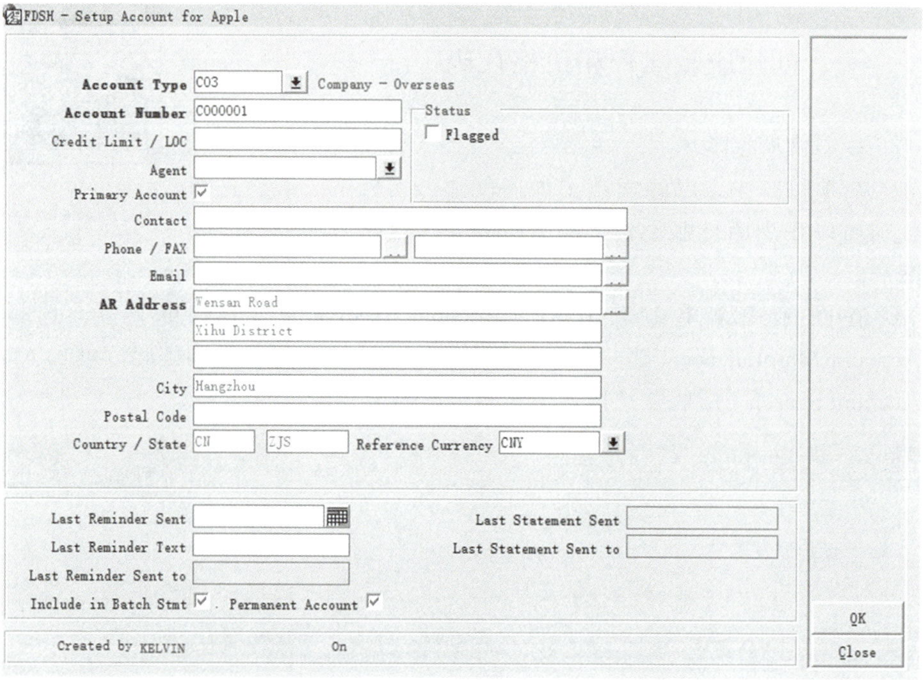

图 3-2-2　Setup Account 界面

第二个为加粗字段，Account Number（账户编号）。在输入编号时要遵守命名规则：第一个是大写的英文字母 C，再输入 6 个阿拉伯数字。如果没有按照这个规则来输入的话，系统就会报错。

第三个到第八个为非加粗字段，可以选择性输入。Credit Limit/LOC 是酒店给予该公司的信用额度和透支额度。Agent 是与该公司关联的员工账户。Primary Account 系统默认是选中的，意思是这个应收账号是该公司的首要账号。Contact 是该公司的联系信息，包括联系人、电话号码、传真、电子邮箱。

第九个为加粗字段，AR Address 为该公司应收账户的地址，用于邮寄应收账单。填写方法与档案类似，详见项目二。

Reference Currency（货币类别）为 CNY（人民币），也可以修改为其他的货币类别。

在创建 AR 时，最重要的是输入三个加粗字段，即账户类别、账户编号以及应收账户的地址，点击 OK 或使用快捷键 Alt+O 进行保存。一旦创建成功，在搜索列表中就可以查询到 Account Number 和 Account Type 等相关信息。再次回到公司档案页面时，就可以查询到应收账户的编号和公司的地址（见图 3-2-3）。

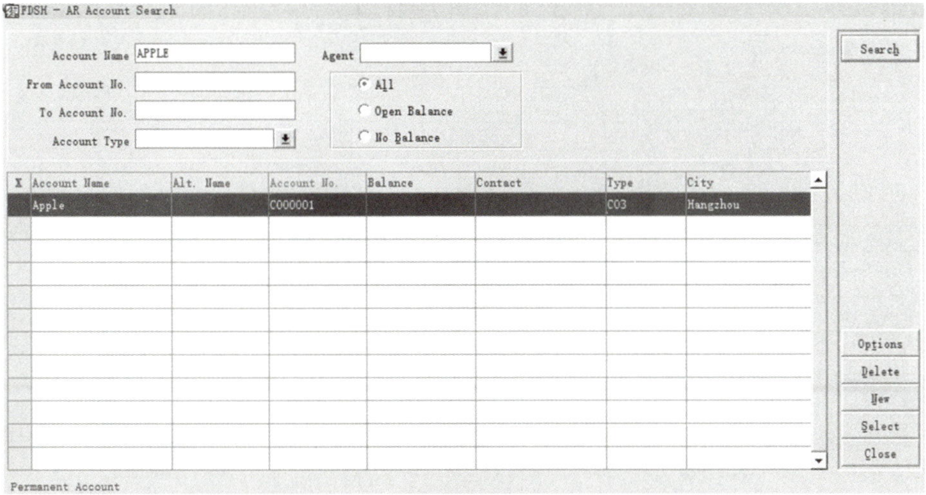

图 3-2-3　AR Account Search 界面

2. 设置价格代码

设置完公司的应收账户，接下来需要创建属于该公司专属的协议价格代码，换句话说就是协议优惠价。具体操作如下：

打开公司档案（见图 3-2-4），选择 Options 中的 Neg. Rates（协议价），点击打开，点击 New 或使用快捷键 Alt+N 选择新建，在 Rate Code 中输入价格代码。通过点击下拉框，选择其中一个价格代码，比如 Corporate Included BKF，即房费包含早餐，点击 OK。紧接着是明确此协议优惠价的开始时间和结束时间，需根据酒店跟公司签订的用房协议来进行调整（见图 3-2-5）。Sequence 是排序，如果这家公司价格代码不止一个，就需要明确排序。价格代码创建完成，点击 Close 关闭。

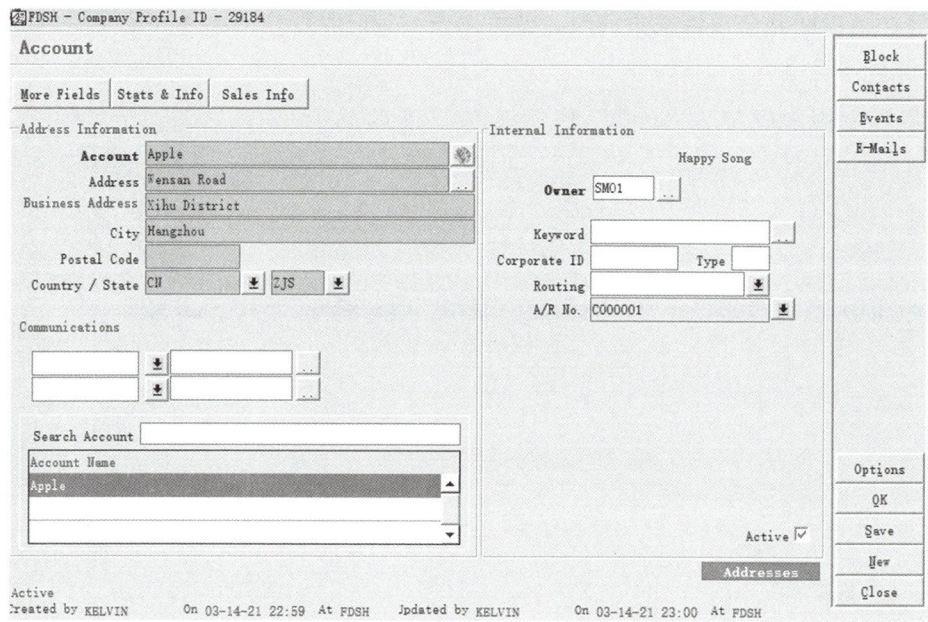

图 3-2-4　Company Profile 界面

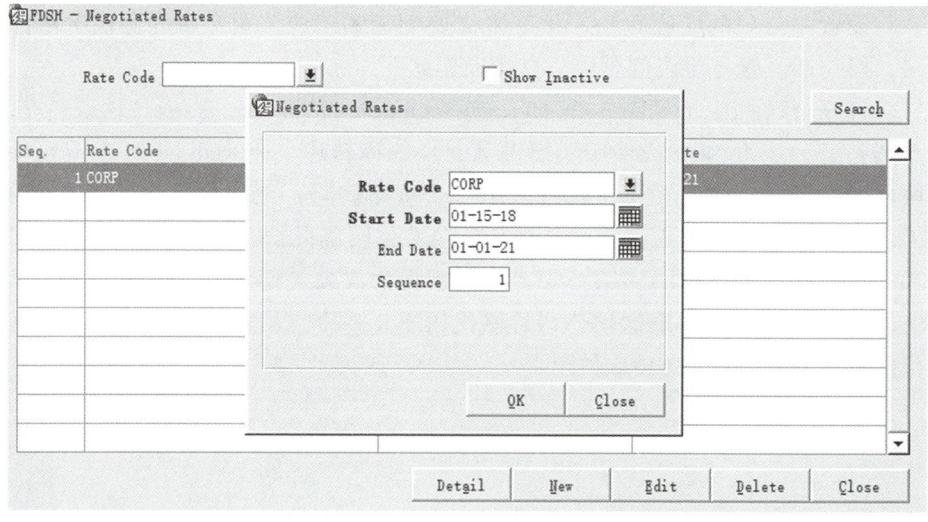

图 3-2-5　Negotiated Rates 界面

一旦公司价格代码创建完成，在公司档案右下角会出现一个红色的高亮显示的按键 Neg. Rates，在搜索页面右下角也会出现该红色高亮显示的按键。

设置完价格代码的公司，其前面的小空格内会出现一个美元符号的标志，表示该公司的档案是有协议价的（见图 3-2-6）。假设现在去给这家公司创建第二个及以上的价格代码，将会出现两个美元符号。

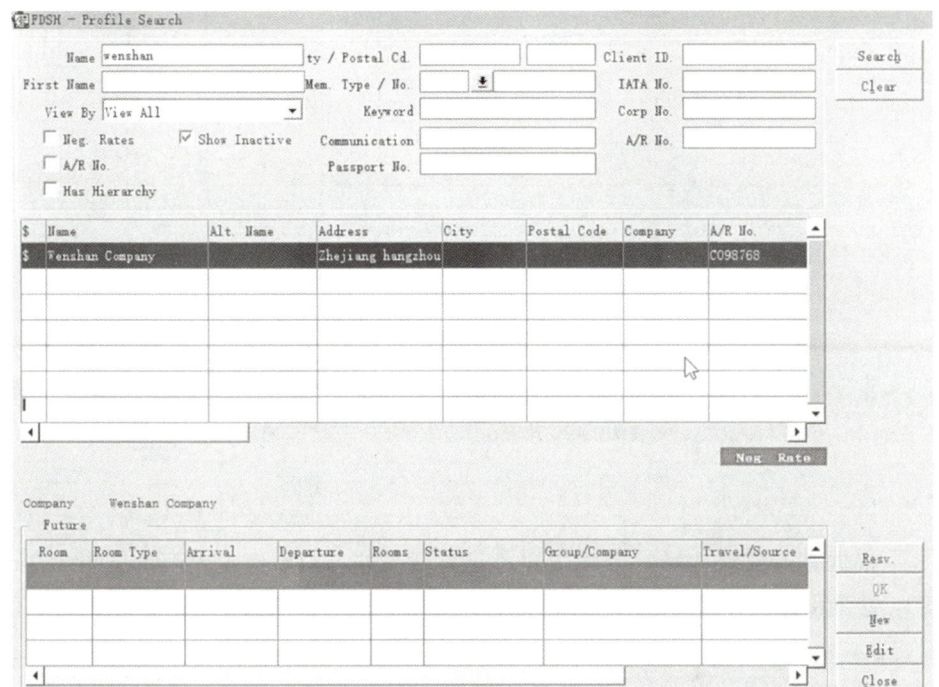

图 3-2-6　Profile Search 界面

二、公司预订

在新建公司预订时，点击 New Reservation 或者按快捷键 F7，可打开预订页面。前期的操作与散客预订一样，唯一的区别是，公司预订需要关联一个公司的档案，在 Company 里选择公司档案，点击 OK 或使用快捷键 Alt+O 后进入到询价页面。

此时打开的询价页面和我们之前创建的散客预订的区别是在这个页面上仅仅显示了这家公司所创建的协议价和价格代码（见图 3-2-7）。

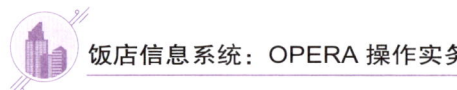

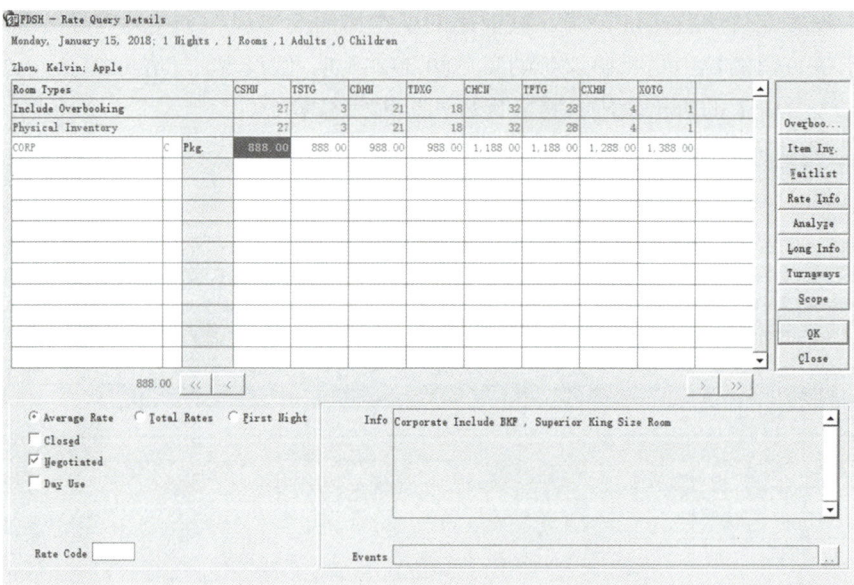

图 3-2-7　Rate Query Details 界面

根据客人要求选择一个合适的房间类型，进入到预订主界面（见图 3-2-8）。这个预订主界面与前面介绍的散客预订是相同的，需要填写所有加粗字段。

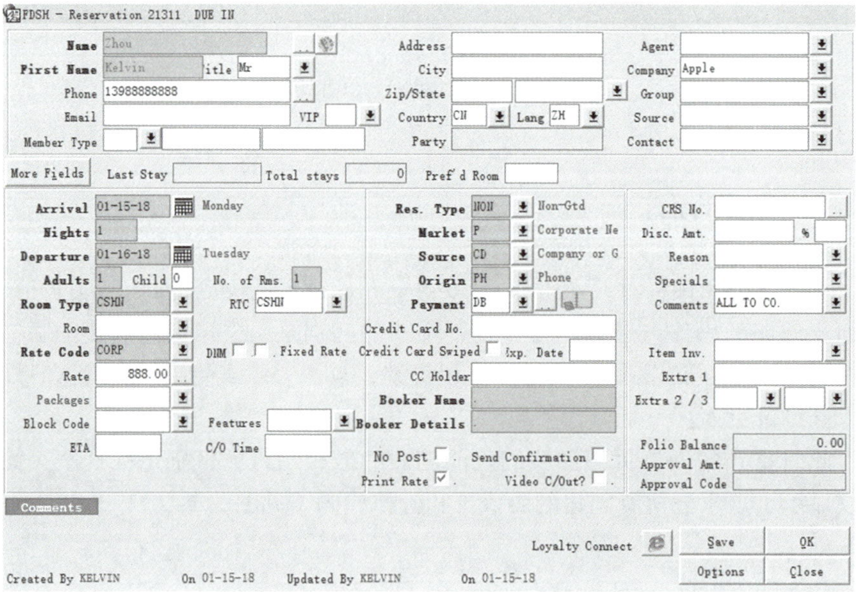

图 3-2-8　Reservation 界面

Market（市场细分）选择 Corporate（公司），Source（预订来源）选择 Company Direct（公司预订），Origin（预订渠道）选择 Phone（电话）预订。

公司预订中，Payment 付款方式与散客预订不一样，因为公司是有应收账户的，可以挂账。所以公司预订的付款方式我们通常会选择第三个 Direct Bill（挂账消费），点击 OK 或使用快捷键 Alt+O。

Booker Name 和 Booker Details，这与散客预订一样，如果预订人和住店人是同一人，那么就在空格内各输入一个小黑点即可；如果预订人和住店人不是同一人，那么就写上预订人的姓名及联系方式。点击 OK 或使用快捷键 Alt+O，生成预订号。此时进入 Update Reservation，通过预订号把刚刚的预订信息找到，意味着预订已经成功。

由于公司订房的付款方式为挂账，所以需要为其设置 Routing，也就是路径。在设置 Routing 之前，我们先进入原先的预订，设置一个备注"All TO CO."，表示客人在酒店中的所有消费全部由公司支付。

点击 Options 或使用快捷键 Alt+T 中的 Routing（路径）（或使用快捷键 Alt+I），第一行是路径的两个不同类型：一个是 Room Routing，另一个是 Window Routing。

首先介绍 Room Routing（房间路径），即客人与客人之间，房间与房间之间的一种转账。比如说，甲和乙两位客人，甲入住 201 房间，乙入住 202 房间。甲住店期间的所有消费都由乙来进行承担，那我们就需要设置一个 Room Routing，把甲客人 201 房间的所有消费全部转到乙客人 202 房间去。

第二个 Window Routing（窗口路径），即窗口与窗口之间的转账。比如说，客人的账单，有两个收银窗口。一个收银窗口的命名是住店人本人，另外一个收银窗口的命名是支付费用的公司。将酒店所有消费都转到公司名下就属于 Window Routing，即窗口与窗口之间的转账。

现在要建立的公司预订就属于 Window Routing。我们选择好 Window Routing 后，再对时间进行选择。第一个选项是 Entire Stay，即客人住店期间的所有消费，都按照 Window Routing 来转账。第二个选项是 Other Dates，可以设置 Window Routing 的开始和结束时间。

Name 录入的内容为把费用转入账户的名称，该预订是将客人在酒店的所有消费都由公司支付，所以 Name 选择公司档案即可。

Transactions 是指需要把哪些项目转到公司账户，根据此预订的要求，是将所有的消费项目都转到公司账户，选择最后一个 All Transactions（见图 3-2-9），点击 Add 或使用快捷键 Alt+D，再点击 OK 或使用快捷键 Alt+O 保存即可。当左下角出现 Routing 这个高亮显示的红色按键，就意味着 Routing

设置成功。

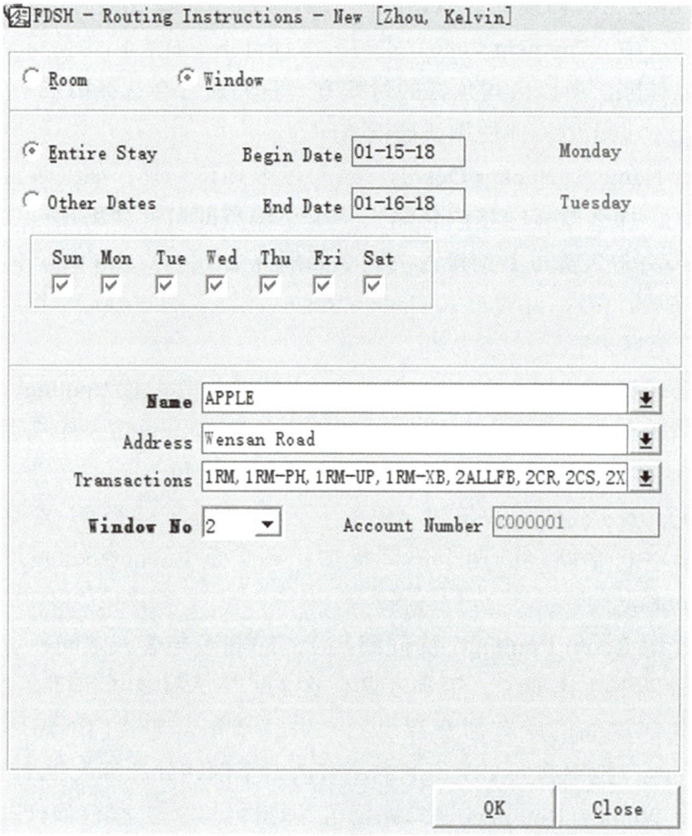

图 3-2-9　Routing Instructions 界面

如果要验证 Routing 是否设置成功，可以进入 Billing 界面，点击鼠标右键，点击 New Window 就可以看到以公司命名的第二个收银窗口。Post 一笔消费，假如入账信息进入第二个收银窗口，意味着 Routing 设置成功。最后，将刚刚的一笔消费冲账即可（见图 3-2-10）。

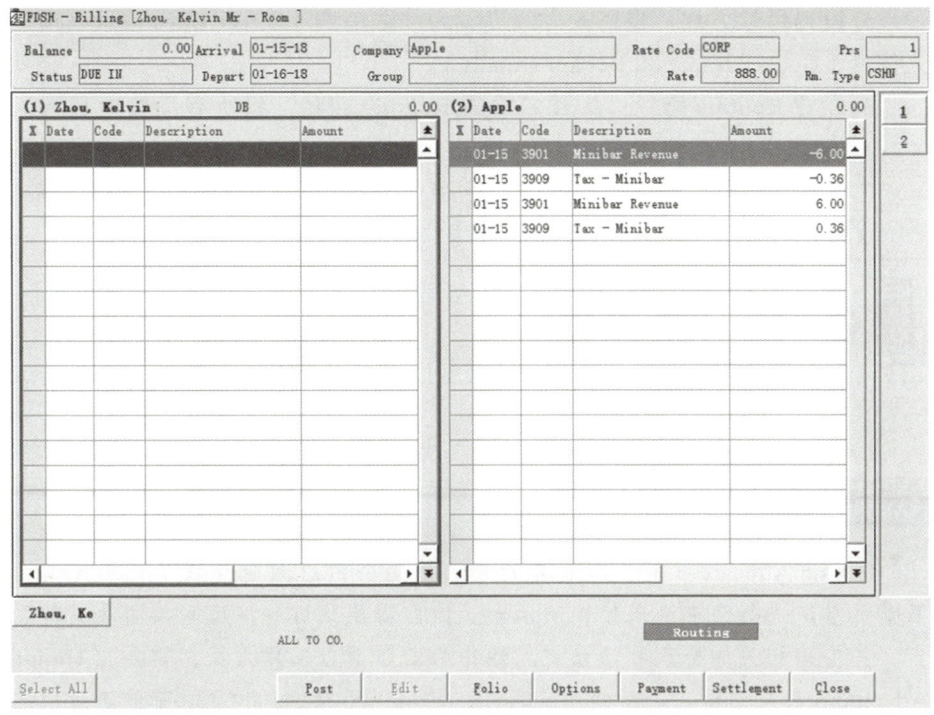

图 3-2-10　Billing 界面

任务实操

假设你是酒店的预订员，XYZ 公司即将派遣一组员工来参加在上海举办的年度会议。你需要为 XYZ 公司创建一个新的公司预订，并确保所有预订信息和要求都能准确无误。具体任务要求如下：

1. 创建应收账户：为 XYZ 公司创建一个应收账户，录入公司名称、联系人、联系电话和应收账户地址等信息。

2. 设置价格代码：为 XYZ 公司设置协议价格代码，确保公司档案中显示协议价。

3. 新建公司预订：为 XYZ 公司预订 10 间标准房（Standard Room），入住日期为 2024 年 7 月 10 日，入住 3 晚。

4. 预订详细信息录入：在预订主界面录入必要的预订信息，包括预订类型（Res. Type）、市场细分（Market）、业务来源（Source）、付款方式（Payment）等。

5. 设置付款方式：将付款方式设置为挂账消费（Direct Bill），录入预订人信息（Booker Name 和 Booker Details）。

6. 设置 Routing 路径：为预订设置 Routing 路径，将所有消费项目转入 XYZ 公司账户。

7. 生成预订号：确认所有信息无误后，生成唯一的预订号，并记录下来。

任务三　团队预订

任务导入

Hiking Adventure 是一家知名的户外探险公司，近期组织了一个大型团队前往重庆进行为期一周的探险活动。他们需要预订一批房间供团队成员住宿，并安排相关的会议和活动室。你作为酒店前台工作人员，需要为 Hiking Adventure 公司创建一个新的团队预订，并确保所有信息和要求都能满足他们的需求。

使用 Opera PMS 系统为 Hiking Adventure 公司创建一个新的团队预订。需要收集并录入团队的基本信息、设置预订参数、占用房间、录入团队成员信息，并处理特殊需求。

任务知识

团队一般包括客房团队和宴会团队。客房团队主要指旅行团队，宴会团队可分为不住房宴会和住房宴会两种类型。

团队预订过程包括团队预订搜索、团队预订关联信息、新建团队预订、团队占房、团队批房、团队预订更新与取消等操作流程。

一、团队预订搜索

在新建团队预订之前，可以首先搜索该团队预订是否已经存在，搜索时依次打开的功能按键顺序为：Reservation → Block → Advanced，可显示如图 3-3-1 的团队

微课 3-3-1　团队预订

预订搜索界面。

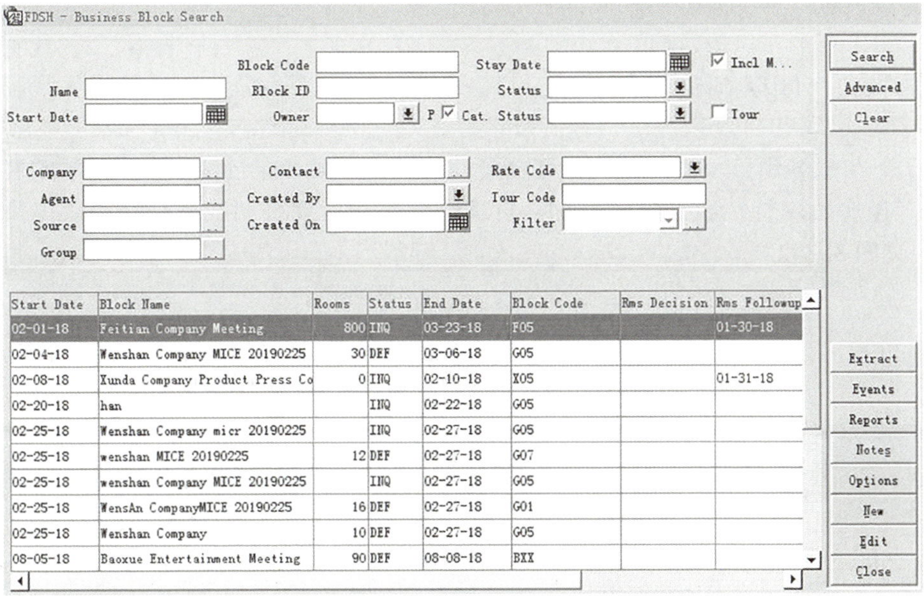

图 3-3-1 团队预订搜索界面

Name：团队名字

Start Date：团队入住开始的时间

Block Code：团队代码，具有唯一性，代码的格式可以在系统后台根据酒店自身需要设定

Block ID：团队预订的唯一代码，会在团队预订成功后自动生成

Owner：酒店负责该团队服务的营销经理

Stay Date：团队入住的日期

Status：团队预订的状态。系统中团队预订的状态可分为六种：

  INQ：Inquiry，询价，公司向酒店询问相关产品价格

  PEN：Pending，发出合同，公司向酒店发出意向合同

  TEN：Tentative，收到合同，酒店方收到公司合同

  DEF：Definite，发出团单，公司向酒店发出入住团队名单

  ACT：Actual，团队入住，公司团队如期抵达酒店并办理入住

  CXL：Cancel，团队取消，团队预订因故取消

Cat. Status：宴会状态

Created By/On：创建团队的酒店员工 / 时间

Rate Code：价格代码

Tour Code：旅行社团队代码

二、团队预订关联信息

与散客预订一样，团队预订也可以关联公司或者旅行社档案。如果签署了用房协议价，那么团队预订会自动继承来自所属公司或旅行社的协议价（见图 3–3–2）。

Start Date	Block Name	Rooms	Status	End Date	Block Code	Rms Decision	Rms Followup
02-01-18	Feitian Company Meeting	800	INQ	03-23-18	F05		01-30-18
02-04-18	Wenshan Company MICE 20190225	30	DEF	03-06-18	G05		
02-08-18	Xunda Company Product Press Co	0	INQ	02-10-18	X05		01-31-18
02-20-18	han		INQ	02-22-18	G05		
02-25-18	Wenshan Company micr 20190225		INQ	02-27-18	G05		
02-25-18	wenshan MICE 20190225	12	DEF	02-27-18	G07		
02-25-18	wenshan Company MICE 20190225		INQ	02-27-18	G05		
02-25-18	WensAn CompanyMICE 20190225	16	DEF	02-27-18	G01		
02-25-18	Wenshan Company	10	DEF	02-27-18	G05		
08-05-18	Baoxue Entertainment Meeting	90	DEF	08-08-18	BXX		

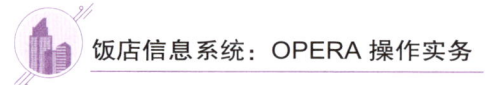

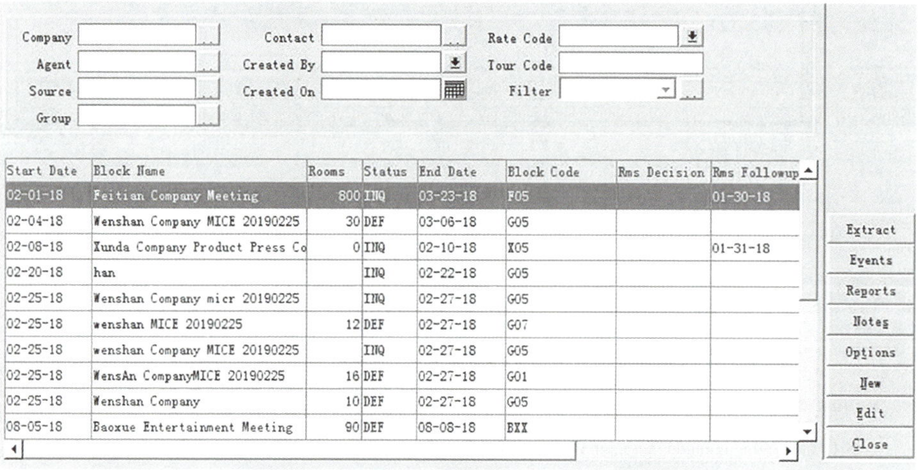

图 3-3-2　团队预订关联信息界面

Company：公司档案。如为酒店协议公司的团队，可直接关联该公司档案。

Agent：旅行社档案。如果该团队来自旅行社，可直接关联该旅行社档案，用于统计该旅行社的产量并计算佣金。

Source：预订源档案。该类档案可以理解为来自第三方电子商务网站的档案，用于统计该预订源的产量并计算佣金。

Group：团队档案。此处不需要手动输入，团队的档案将在团队预订保存后自动建立。

Contact：联系人档案。每个团队都有一位联系人，可以在此关联该联系人档案。

三、新建团队预订

打开 New 新建团队预订功能按键进入如图 3-3-3 的界面。

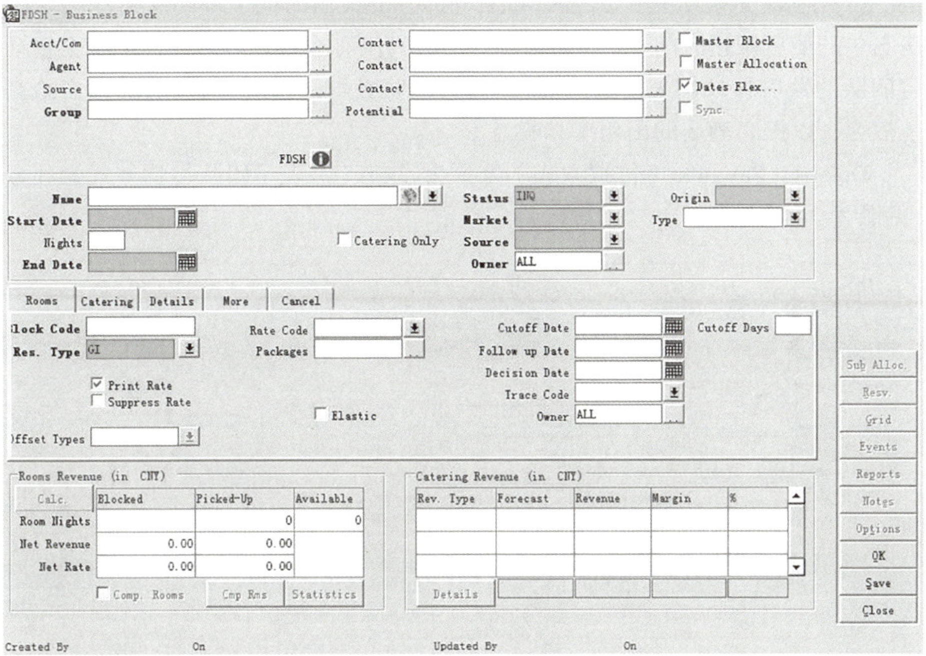

图 3-3-3　新建团队预订界面

Start Date：团队入住开始的时间

Nights：团队入住夜数

End Date：团队入住结束的时间

Res. Type：预订类别

Elastic：弹性锁房。酒店对某些类型的团队预订有严格的规定，订房数量以及入住时间一旦被确认，则不可以更改，此时不勾选此选项；相反，酒店对某些类型的团队用房要求比较宽松，入住时间允许变更，则勾选此选项。在做团队预订拆分或实际入住期间，允许弹性锁房的团队根据实际住房情况调整用房数量、改变团员入住时间等。当超出预订的客房数量时，系统会允许从酒店其他可卖房中"借房"，以满足团队用房需求。

Rate Code：团队入住的价格代码

Packages：团队入住的包价代码

Cutoff Date，Cutoff Days：设置团队预订拆分的最后截止确认时间。对于同一个团队，两者只能设置一个：Cutoff Days 是指团队预订截止的期间，Cutoff Date 是指团队预订截止的具体时间。为了保证客房出租率，酒店一般会严格控制团队确认其团员名单和预订拆分的最后时间（即团队发送团员分房名单的最后截止时间），如果超过这个时间没有进行预订拆分，系统会自动将团队的锁房释放出来变成酒店可卖房，即前厅部可以将这些房间销售给其他散客，以提高酒店的出租率和收益率。

Details：Payment（付款方式）选择为"CA"，表示团队付款方式为现金（见图 3-3-4）。

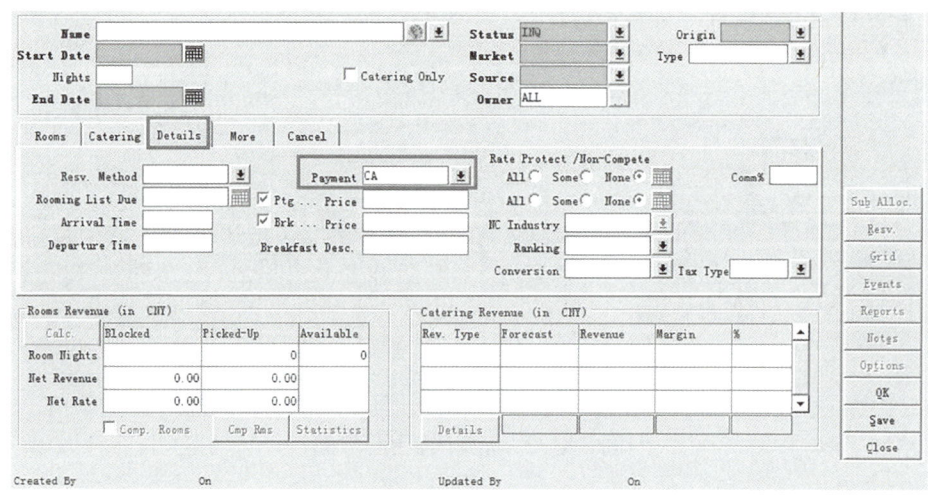

图 3-3-4　团队付款方式界面

四、团队占房

在设置好团队预订基础信息之后，就可以点击功能按键"Grid"（见图 3-3-5）进行占房操作了（图 3-3-6）。

进入占房界面后，首先点击功能按键"Priorities"查询酒店可用房数量（见图 3-3-7）。

项目三 预订受理

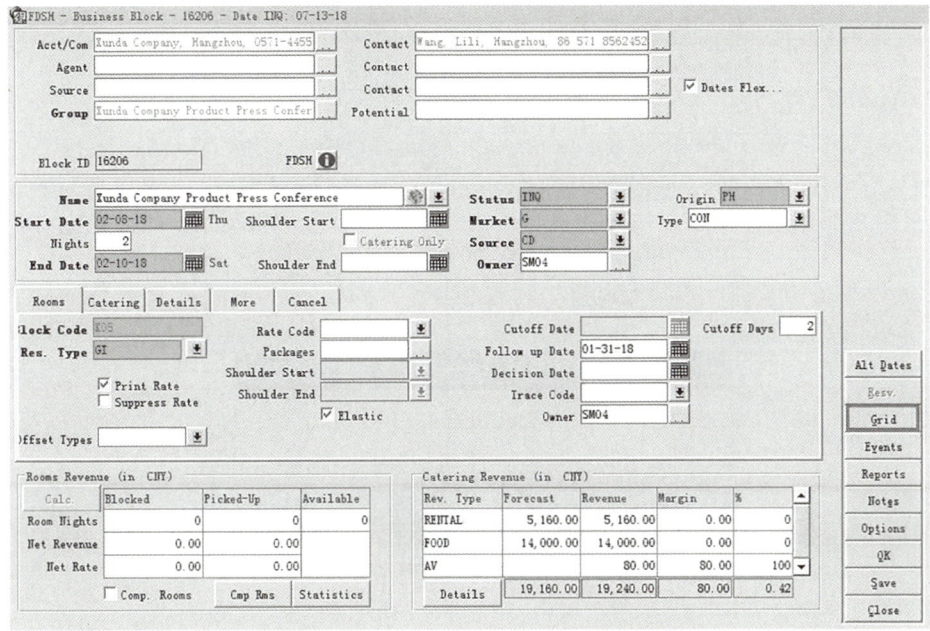

图 3-3-5 功能按键 Grid 界面

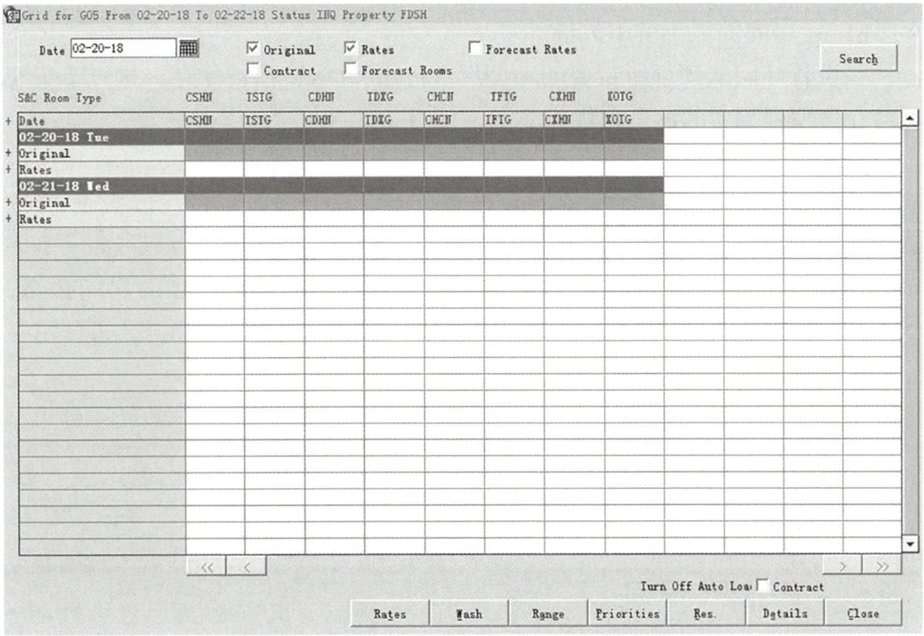

图 3-3-6 占房界面

· 89 ·

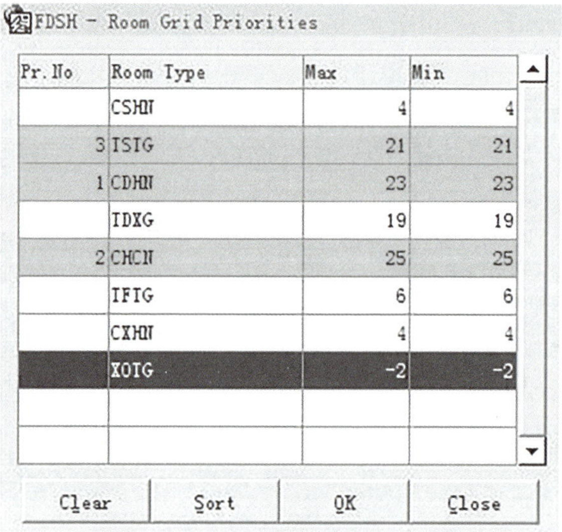

图 3-3-7　查询酒店可用房数量

Room Type：房间类型。依次点击团队所需要的 CDHN，CHCN 及 TSTG 这三个房型，Pr. No 空格内就会按顺序出现相应的数字 1、2、3。

Max：房间的最大可用数量

Min：房间的最小可用数量

在设置好团队预订所需要的房型后，点击"OK"按键保存，这三个房型就会在房型列表中的前三列优先显示（见图 3-3-8）。

然后点击功能按键 Range 开始占房，从上至下，从左至右，选择相应的日期（Date Range）和房型（Room Types）后，去设置所需的房间数量（No. of Rooms）：Occupancy 1 表示 1 位客人入住的房间数量，Occupancy 2 表示 2 位客人入住的房间数量，Occupancy 3 表示 3 位客人入住的房间数量，Occupancy 4 表示 4 位客人入住的房间数量，根据团队预订实际需要进行填写（见图 3-3-9）。

项目三 预订受理

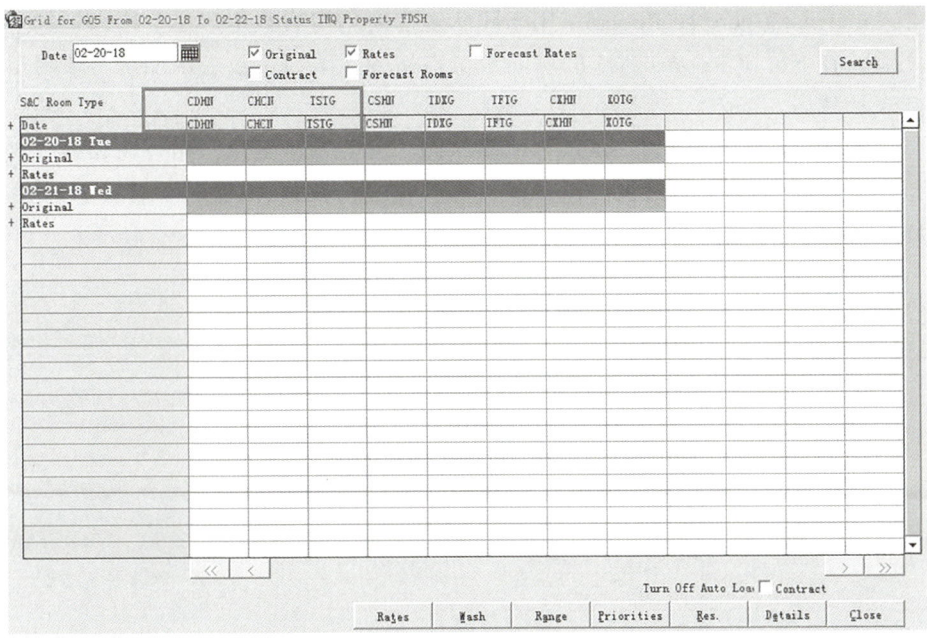

图 3-3-8 团队所需房间类型优先显示界面

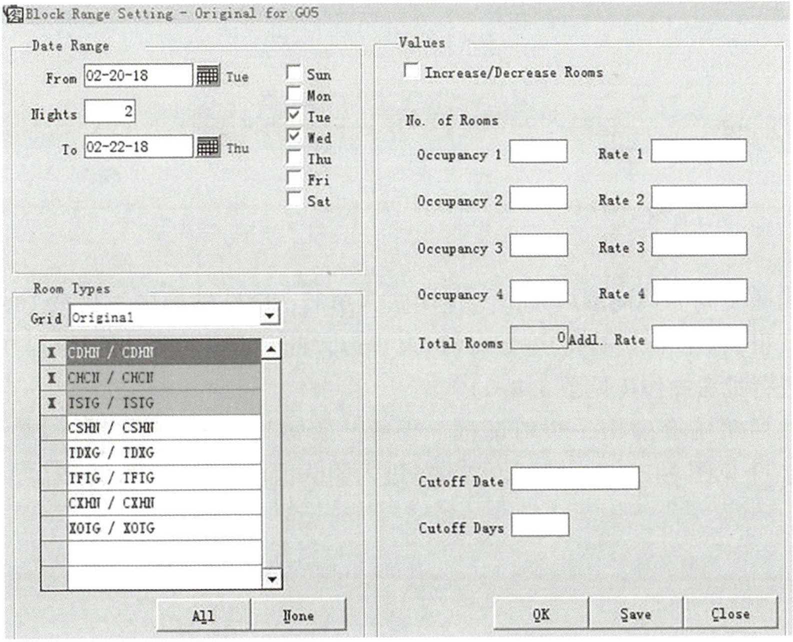

图 3-3-9 团队占房界面

· 91 ·

Increase/Decrease Rooms：用于团队占房时增房或减房。在空格内勾选上之后，在 No. of Rooms 对应的房间数量空格内，填写正数表示加房，填写负数表示减房。

团队占房结束之后，Status（团队状态）就会发生变化，在公司和酒店签订用房协议之后转为 TEN：Tentative，酒店在收到团队入住名单后转为 DEF：Definite（见图 3-3-10）。

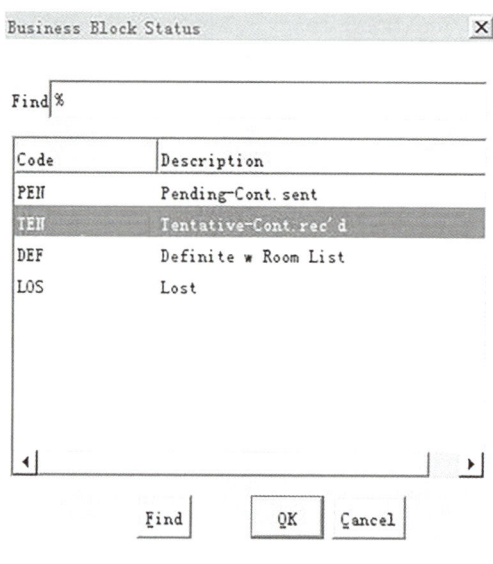

图 3-3-10　团队状态界面

五、团队批房

团队所属公司向酒店发出入住团队名单后，团队转为确定状态（DEF），之后就可以对团队进行批房操作（Pick Up），此时点击右侧功能按键"Resv."即可进行批房操作（见图 3-3-11）。

然后系统会弹出一个对话框，提醒是否需要创建一个团队假房（Post Master）（见图 3-3-12），点击"Yes"进入团队预订名单界面（见图 3-3-13）。

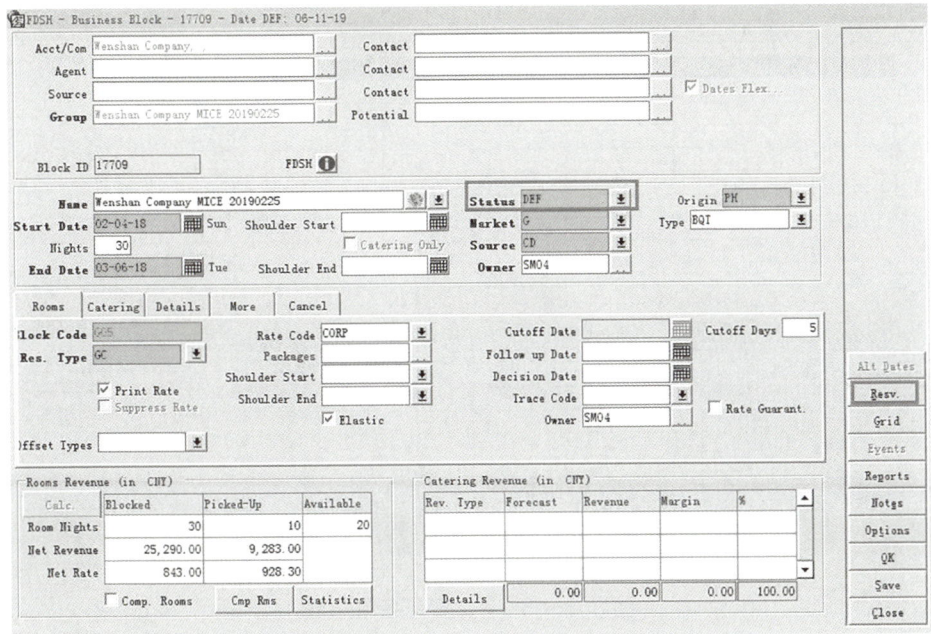

图 3-3-11　团队批房界面

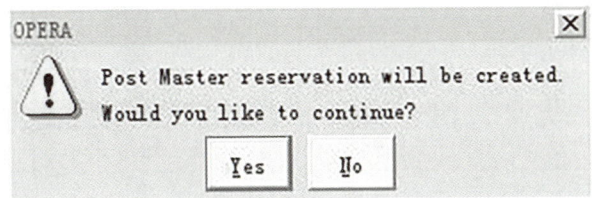

图 3-3-12　创建团队假房界面

饭店信息系统：OPERA 操作实务

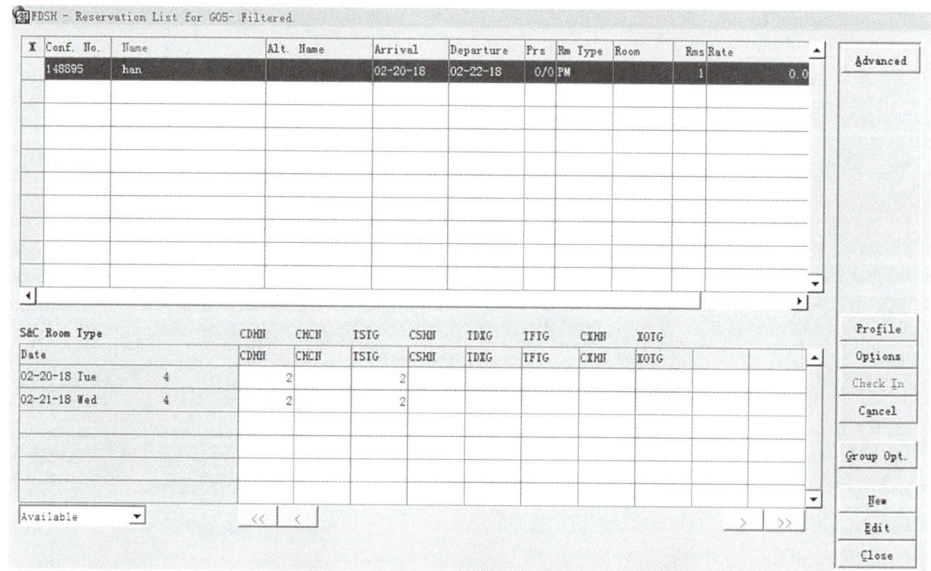

图 3-3-13　团队预订名单界面

然后依次点击功能按键 Group Opt. → Rooming List 进入图 3-3-14 界面。

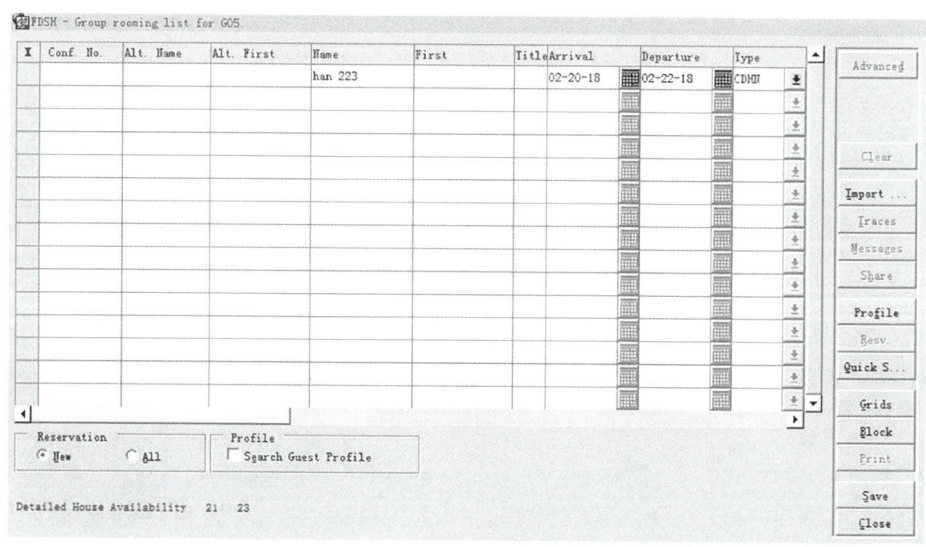

图 3-3-14　团队批房界面

1. 没名单的团队

此时如果是没有客人名单的简单团队，可以直接点击功能按键 Quick Split

进行预订生成，在 Number of Rooms 中输入团队所需的房间数后点击功能按键"Split"，团队批房即可完成（见图 3-3-15）。

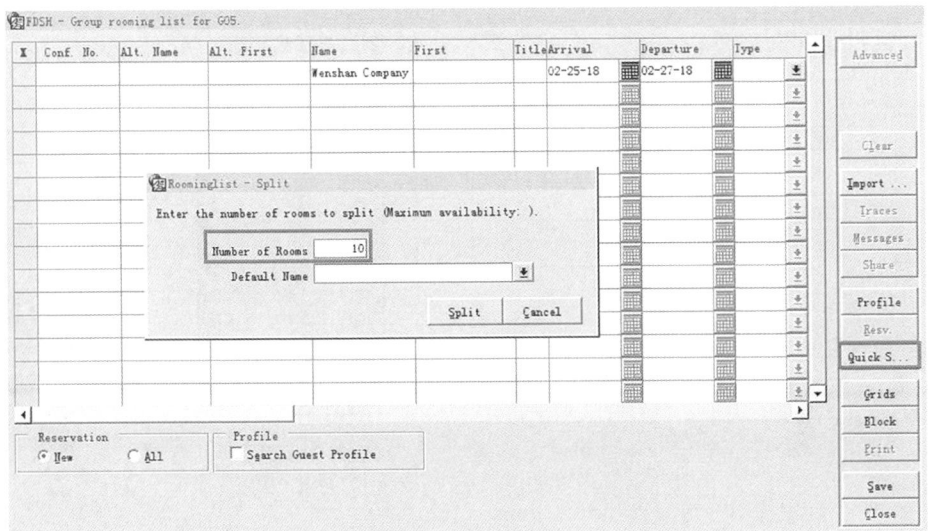

图 3-3-15　没名单的团队批房界面

如果团队住宿时间跨度长、房量大、房型多，无法一次分解（Split）出来，可在图 3-3-15 中 Arrival，Departure 及 Type 里面选择相应的抵店时间、离店时间及房型后再分别进行分解，直到所有房间都批房完成。

2. 有名单的团队

如果是有名单的团队，就可以在房间生成前将客人名单录入，在 Alt. Name 处填写中文名（如：龙欣欣），Name 处填写姓氏拼音（Long），First 处填写名字拼音（Xinxin），Title 处填写称谓。Arrival，Departure 及 Type 处填写相应的抵店时间、离店时间及房型，完成之后点击 Save 保存（见图 3-3-16）。

3. 有分享入住（Share）的团队

按照上面的操作程序，把客人名字等详细信息录入完毕之后，选择需要分享入住客人的预订信息（点击图 3-3-17 界面第一列的空格，当空格内出现"X"时表示勾选成功），然后打开功能按键"Save"，会出现一个对话框，上面有三个选项：第一个选项"Entire Rate for One Sharer"表示其中一位客人支付全额房费；第二个选项"Split Rate for all Sharer"表示两位客人各自承担房费的一半；第三个选项"Full Rate for all Sharer"表示两位客人各自都承担全额房费。选择好相应的选项，点击"OK"完成分享入住的操作（见图3-3-17）。

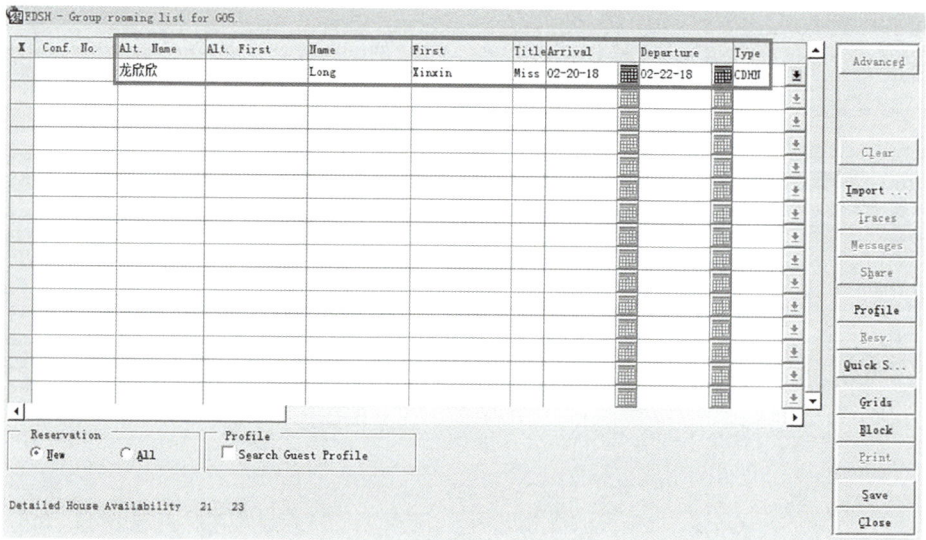

图 3-3-16　有名单的团队批房界面

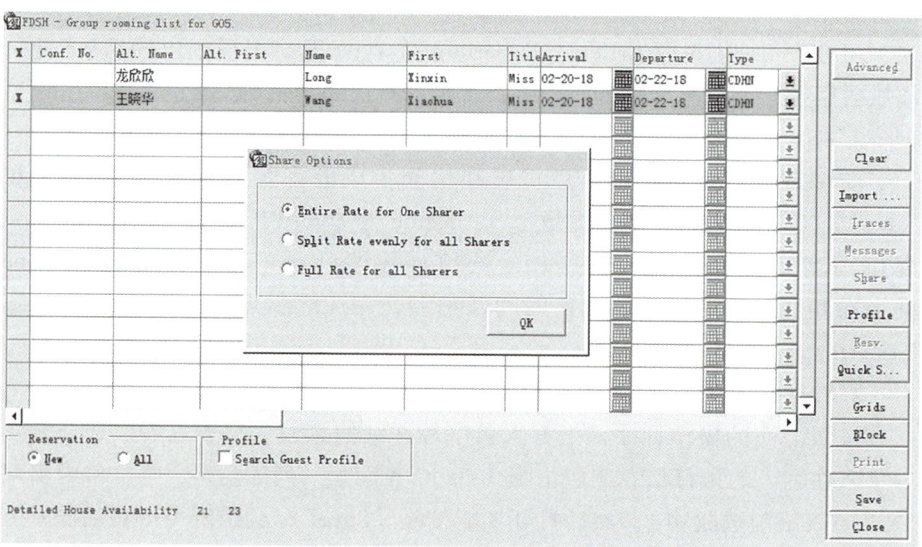

图 3-3-17　有分享入住（Share）的团队界面

六、团队预订更新与取消

1. 团队预订更新

团队预订生成之前，可直接在预订信息上做相应的更新，比如更改抵店时间、离店时间或房间数等。

团队预订生成之后，在对团队中某位客人的预订信息更新之后，点击"OK"按键保存，此时系统会弹出一个对话框：第一个选项表示只更新此客人的预订信息；第二个选项表示整个团队预订信息同时更新；第三个选项表示只更新已选择客人的预订信息；第四个选项表示只更新同一天抵达酒店客人的预订信息；第五个选项表示只更新已经入住客人的预订信息；最后一个选项表示只更新特定时间内在店客人的预订信息（见图3-3-18）。

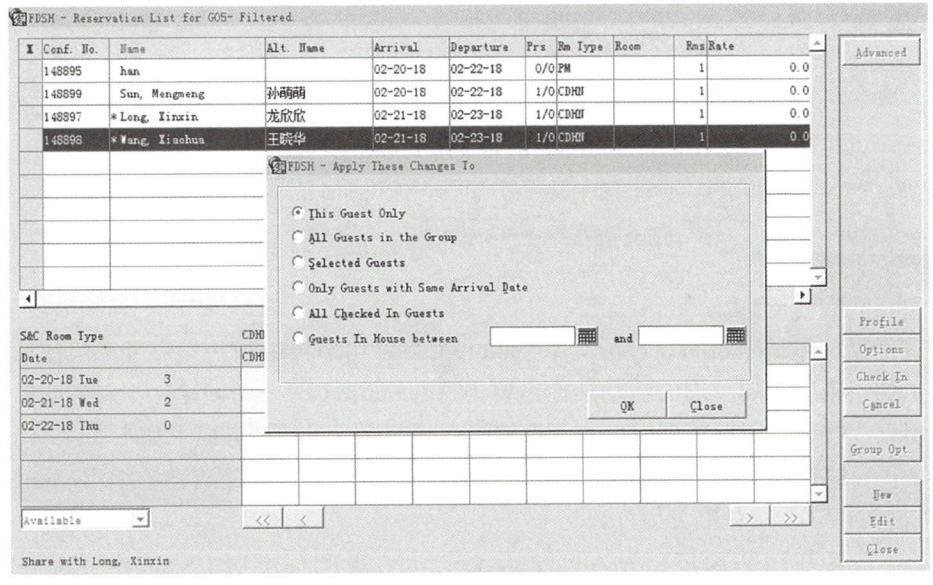

图3-3-18 团队预订更新界面

2. 团队预订取消

进行团队预订取消操作，可直接在团队状态（Status）中选择CXL：Cancel，并选择相应的原因即可（见图3-3-19）。

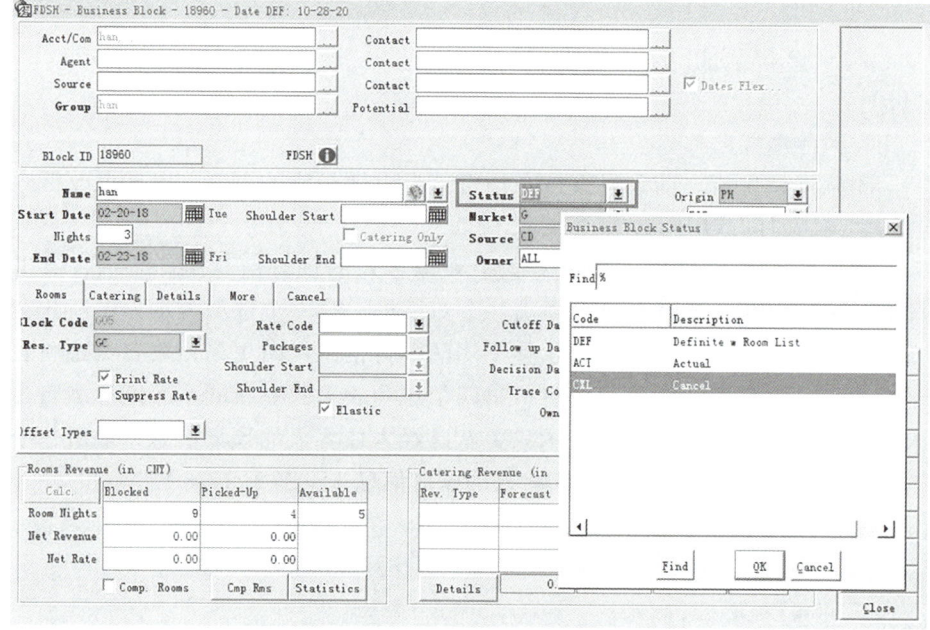

图 3-3-19 团队预订取消界面

任务实操

假设你是酒店的预订员，Adventure Co. 公司即将组织一支户外探险团队来杭州进行为期一周的活动。你需要为 Adventure Co. 公司创建一个新的团队预订，并确保所有预订信息和要求都能准确无误。具体任务要求如下：

1. 团队预订搜索：在新建团队预订前，搜索系统中是否已有 Adventure Co. 的预订，避免重复预订。

2. 新建团队预订：为 Adventure Co. 预订 30 间标准房（Standard Room）和 15 间高级房（Superior Room），入住日期为 2024 年 9 月 1 日，入住 7 晚。设置预订类别（Res. Type），选择弹性锁房（Elastic），并设置团队预订截止日期（Cutoff Date）。

3. 关联公司档案：关联 Adventure Co. 的公司档案，录入联系人信息，包括联系人姓名、电话和电子邮件。

4. 占房操作：进入 Grid 界面，设置团队所需的房间类型和数量。在 Priorities 中查询酒店的可用房数量，确保能满足团队需求。

5.团队批房：在团队转为确定状态（DEF）后，点击右侧功能按键"Resv."进行批房操作。系统会弹出对话框，询问是否需要创建一个团队假房（Post Master），点击"Yes"。

进入团队预订名单界面，点击 Group Opt. → Rooming List，录入团队成员信息。

如果没有成员名单，可以使用 Quick Split 功能，根据需求快速分配房间。

6.设置特殊要求：在预订主界面录入团队的特殊要求，如会议室安排、团队餐饮等。

确认所有信息无误后，保存预订。

7.生成预订号：确认所有信息无误后，单击 OK 或使用快捷键 Alt+O，生成一个唯一的预订号，并记录下来。

任务四　更改和取消预订

任务导入

张先生是一位常住客，他原本预订了入住日期为 2024 年 10 月 5 日的酒店，但由于工作安排的变化，他需要将入住日期提前到 10 月 3 日，并且将预订的标准房升级为高级房。此外，张先生的同事李女士由于行程取消，需要取消她的预订。作为酒店的预订员，需要在 Opera PMS 系统中处理这些更新和取消预订的请求。

使用 Opera PMS 系统为张先生和李女士分别处理预订的更新和取消操作。你将需要修改张先生的预订信息，包括更改入住日期和房型，并生成新的预订号；同时，需要取消李女士的预订并记录取消原因。

任务知识

有时候由于酒店或客人的原因，需要为已有的预订做修改或取消。接下来将介绍如何在 Opera 系统中操作更改和取消预订。

微课 3-4-1　更改和取消预订

一、更改预订

点击 Update Reservation 或使用快捷键 Alt+R+U，打开更改预订界面（见图 3-4-1）。输入 Name（姓氏）和 First Name（名），点击 Search 或按回车键找到需要寻找的预订信息，选中并双击或按回车键进入预订主界面。

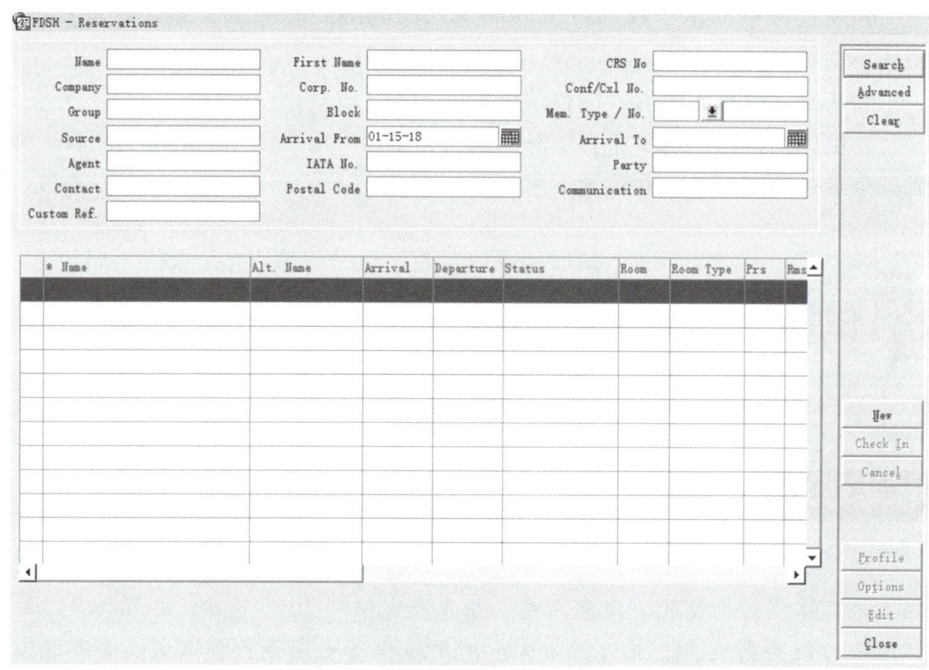

图 3-4-1　Reservation 界面

假设客人要修改房型，那么单击 Rate Code 下拉框，查看当天的房型是否有空余（见图 3-4-2）。如果房型是绿色的，代表有充足的房间。接着单击原来的 Rate Code，单击 OK 或使用快捷键 Alt+O。此时系统会跳出提示，显示预订信息已被修改，请确认包价，单击 OK 或使用快捷键 Alt+O 后，系统又会跳出提示，要求操作者确认相关房型是否有库存，单击 OK 或使用快捷键 Alt+O 即可。此时，确认已修改为所需的房型和房价后，单击 OK 或使用快捷键 Alt+O，预订信息修改成功。

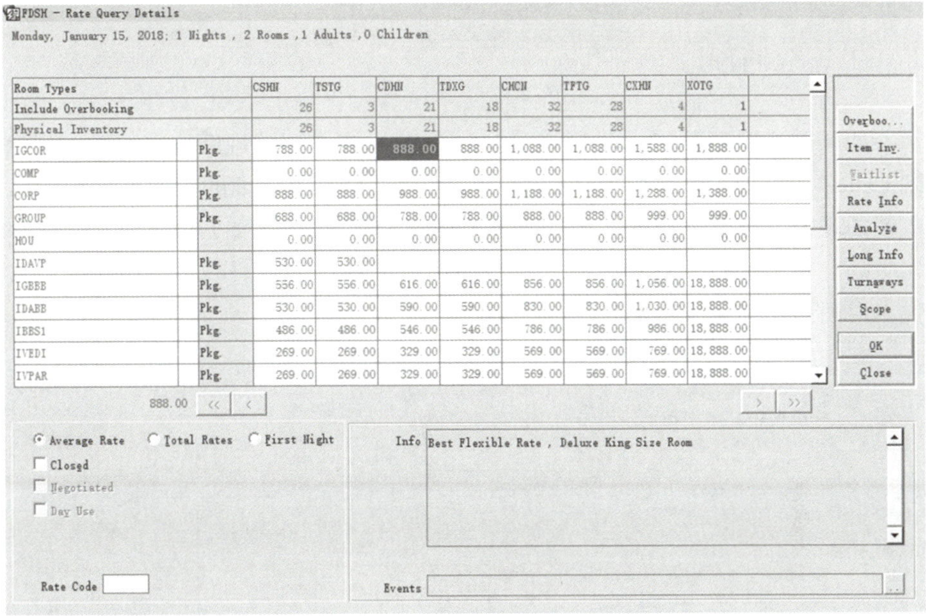

Room Types		CSMN	TSTG	CDMN	TDXG	CMCN	TPTG	CXMN	XOTG
Include Overbooking		26	3	21	18	32	28	4	1
Physical Inventory		26	3	21	18	32	28	4	1
IGCOR	Pkg.	788.00	788.00	888.00	888.00	1,088.00	1,088.00	1,588.00	1,888.00
COMP	Pkg.	0.00	0.00	0.00	0.00	0.00	0.00	0.00	0.00
CORP	Pkg.	888.00	888.00	988.00	988.00	1,188.00	1,188.00	1,288.00	1,388.00
GROUP	Pkg.	688.00	688.00	788.00	788.00	888.00	888.00	999.00	999.00
HOU		0.00	0.00	0.00	0.00	0.00	0.00	0.00	0.00
IDAVP	Pkg.	530.00	530.00						
IGBBB	Pkg.	556.00	556.00	616.00	616.00	856.00	856.00	1,056.00	18,888.00
IDABB	Pkg.	530.00	530.00	590.00	590.00	830.00	830.00	1,030.00	18,888.00
IBBS1	Pkg.	486.00	486.00	546.00	546.00	786.00	786.00	986.00	18,888.00
IVEDI	Pkg.	269.00	269.00	329.00	329.00	569.00	569.00	769.00	18,888.00
IVPAR	Pkg.	269.00	269.00	329.00	329.00	569.00	569.00	769.00	18,888.00

图 3-4-2　Rate Query Details 界面

拓展知识

酒店客房类型多样，价格高低有别，才能满足不同消费者的需求。

按规格分	
大床间 King Size & Queen Size Room	双床间 Twin Room
三人间 Triple Room	套间 Suite
单人间 Single Room	双人间 Double Room
标准间 Standard Room	四人间 Quad Room
公寓 Apartment	别墅 Villa

二、取消预订

如果需要取消预订，在 Update Reservation 查询到预订后，在右边一列找到 Cancel。单击 Cancel 或使用快捷键 Alt+A，会跳出取消的页面并需要输入取消的理由。点击下拉框，选择原因（见图 3-4-3），比如，因天气原因、客人生病、重复预订、行程改变等。当跳出取消预订的编码时（见图 3-4-4），代表取消预订操作成功。

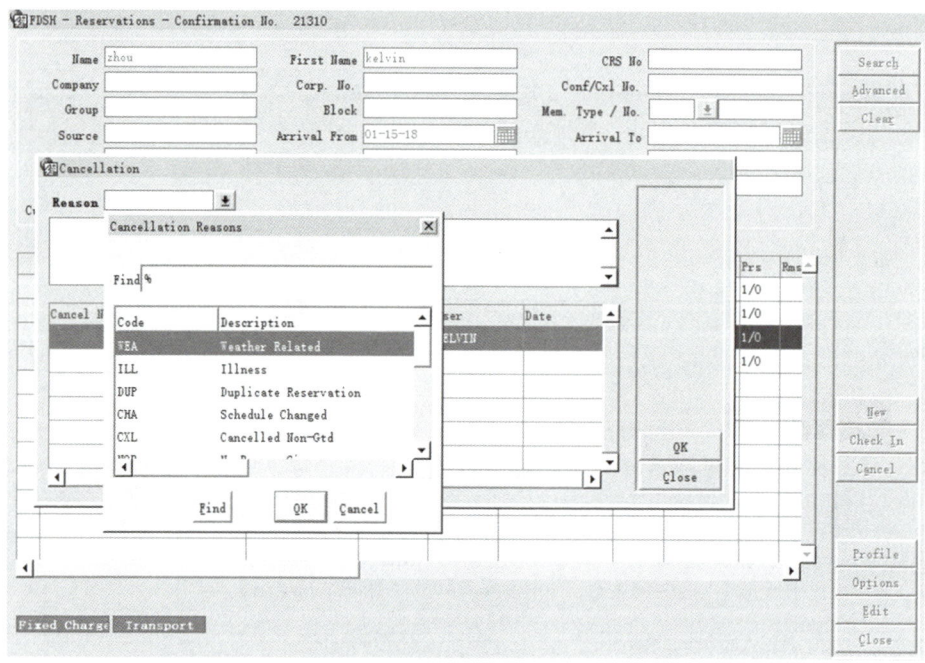

图 3-4-3　Cancellation Reasons 界面

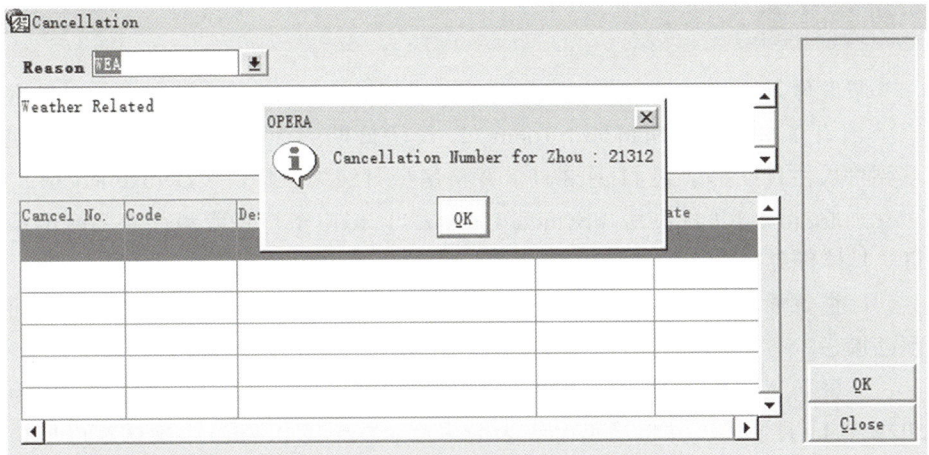

图 3-4-4　取消预订的编码界面

此时，输入预订编码或者取消预订的编码，点击 Search，可以查到该笔已经取消的预订。此时原本的 Cancel 键变成 Reinstate（恢复预订）。假设需要恢复预订，那么点击 Reinstate，就可以恢复这笔取消的预订（见图 3-4-5）。

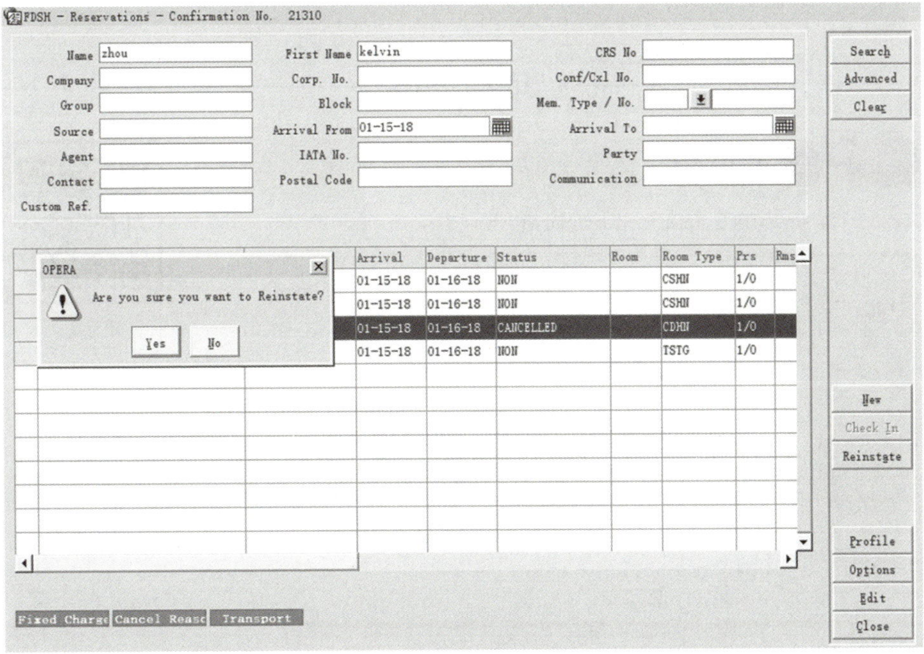

图 3-4-5　Reinstate 界面

任务实操

假设你是酒店的预订员,王先生和李女士分别有以下预订请求:王先生原本预订了标准房(Standard Room),入住日期为 2024 年 11 月 10 日,现需要将入住日期提前到 11 月 8 日,并将房型升级为豪华房(Deluxe Room)。李女士原本预订了标准房(Standard Room),但由于行程取消,需要取消预订。具体任务要求如下:

1. 查找预订信息:查找王先生和李女士的预订信息,确认预订号和当前预订状态。

2. 更新王先生的预订:修改王先生的预订信息,包括更改入住日期为 2024 年 11 月 8 日,并将房型升级为豪华房(Deluxe Room)。确认新房型是否有空余,并保存更新后的预订信息。

3. 取消李女士的预订:查找李女士的预订信息,并执行取消操作。选择取消原因,记录取消后的预订编码。

4. 生成新的预订号:确认所有更新信息无误后,生成新的预订号,并记录下来。

项目训练

练一练

扫描右侧的二维码,开始做题吧。

随堂练习

项目四

前台接待

项目导读

前台是酒店的核心服务部门,Opera PMS 中前台接待(Front Desk)模块主要包括登记入住(Check In)和在店客人服务(In House Guest),进一步细分的操作包括散客入住、免费升级房间、支付押金、升级销售、分享入住、为分享入住的客人办理入住、换房、仓储管理以及遗失物品管理等。本项目的学习有助于理解 Opera PMS 系统中前台的功能要素:一是精准操作,提高信息准确度;二是科学管理,实现高效率对客服务。

饭店信息系统：OPERA 操作实务

学习目标

知识目标	1. 熟悉散客入住、免费升级房间和升级销售的操作流程 2. 熟悉信用卡预授权和收取押金的操作流程 3. 熟悉分享入住、换房及收取固定费用的操作流程 4. 熟悉仓储管理和遗失物品管理的操作流程
能力目标	1. 能为客人办理入住、免费升级房间和升级销售 2. 能正确收取押金及固定费用 3. 能为客人办理分享入住、换房 4. 能为客人办理物品租借并做好遗失物品管理
素质目标	1. 树立职业认同，热爱前台接待岗位 2. 强化数据安全意识，具备数字化思维

思维导图

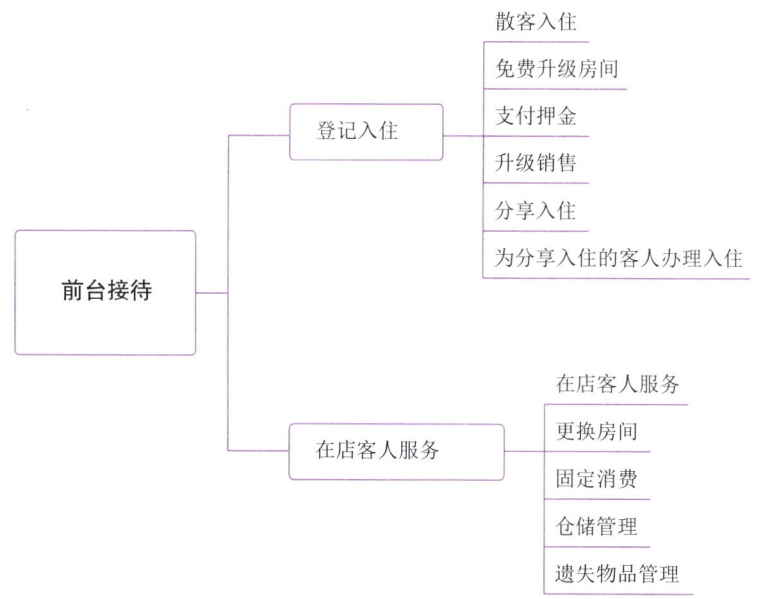

项目四　前台接待

任务一　登记入住

任务导入

上海捷达实业公司的李宁先生预订了本饭店的高级大床房，住3个晚上，要求无烟房。办理入住时，前台接待员发现李宁先生是本饭店的 VIP，于是将房型免费升级到豪华大床房，李先生用支付宝支付押金。由于要在房间会见重要客人，李先生要求将房间升级为行政套房。不久后，李先生的朋友王先生来到饭店，要求和李先生同住，房费由李先生支付。请问，前台接待员如何在系统中完成以上操作？

任务知识

散客入住过程包括办理入住手续、免费升级房间、支付押金、分享入住、为分享入住的客人办理入住手续等操作流程。

微课4-1-1　散客入住

一、散客入住

第一种办理散客入住登记手续的途径：在 Update Reservation 搜索客人的预订信息，当搜索到抵店日期是当天的预订时，右边的 Check In 键会被激活。点击 Check In 即可办理入住登记手续。

第二种办理散客入住登记手续的途径：点击 Front Desk 并选择 Arrivals（即将抵店），搜索客人的预订信息，点击 Check In 即可办理入住登记手续（见图4-1-1）。通常情况下，在 Front Desk 途径下办理入住相对比较高效，因为在 Arrival 的预订列表中只显示当天的预订。

· 107 ·

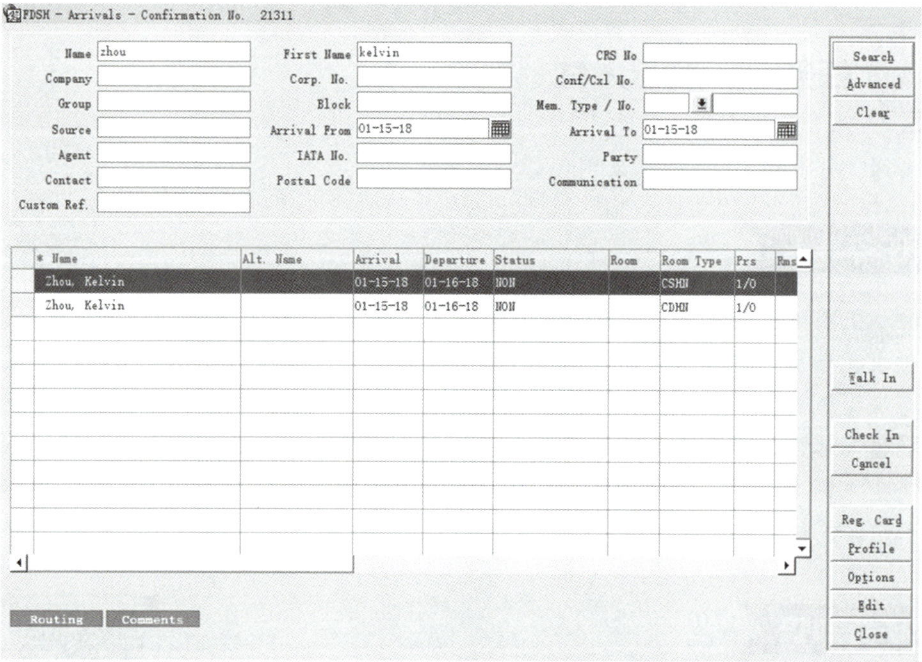

饭店信息系统：OPERA 操作实务

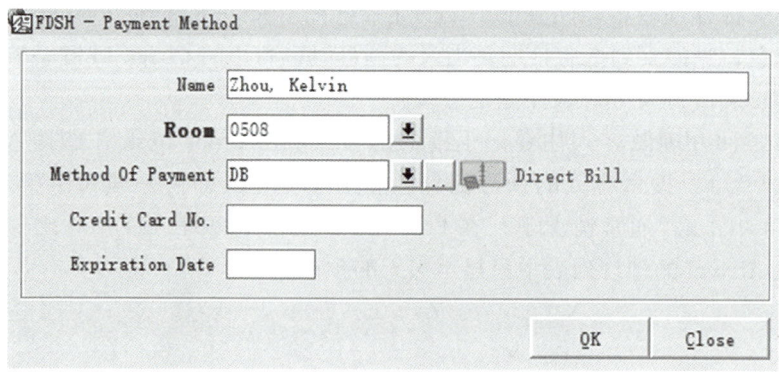

图 4-1-1　Check In 界面

如果选用第二种办理入住登记手续，在点击 Check In 时，系统会弹出一个对话框，显示已经自动分配了房间号码（见图 4-1-2）。如果客人对系统自动分配的房间不满意，可以通过点击下拉框，筛选符合客人要求的空房。在下拉框中出现的房间状态都为 Inspected，即已经检查过的空的干净房。

图 4-1-2　Payment Method 界面

如果客人需要一个无烟房，那么就在搜索条件中增加一条 Features（房间特征），选中 No Smoking Room。当前面的空格内出现叉号时，表示已选中此附加条件（见图 4-1-3）。点击 OK 和 Search，检索符合无烟房的空房，选中其中一间房即可。

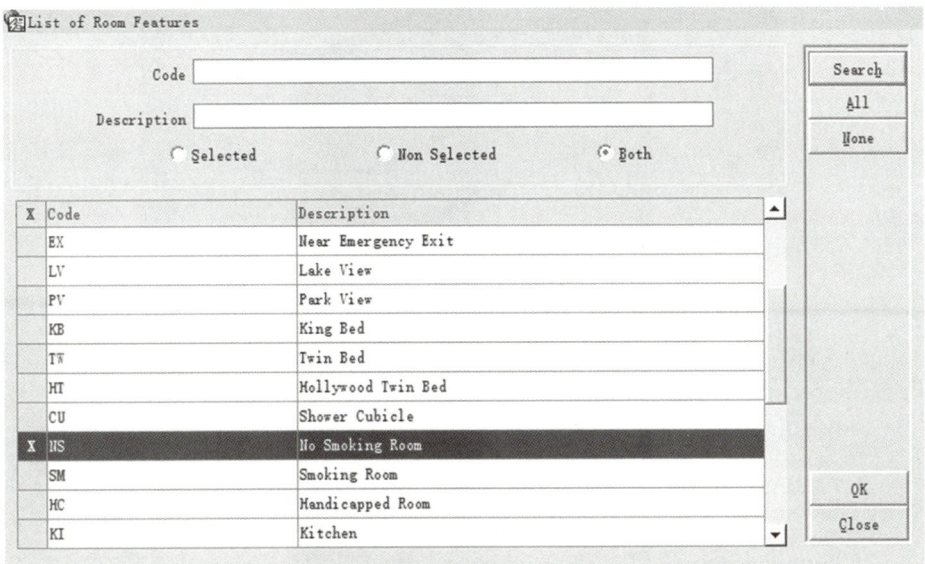

图 4-1-3　List of Room Features 界面

接下来需要完善入住客人的付款方式。如果在付款方式中选择信用卡（见图 4-1-4）的话，需要输入 Credit Card No.（信用卡的卡号）以及 Expiration Date（信用卡的有效期）。假如客人的付款方式选现金付款，那么就选 CA，即 CASH，点击 OK。系统弹出一个对话框，提示是否需要打印入住登记单（见图 4-1-5）。根据需要选择后，将显示入住成功（见图 4-1-6），点击 OK 后，界面就消失。

图 4-1-4　信用卡

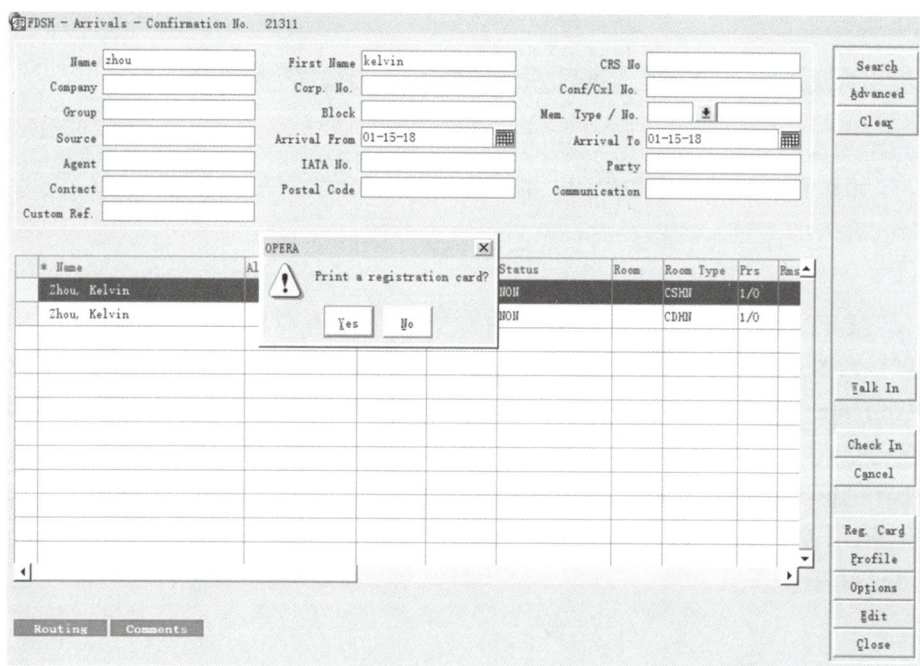

图 4-1-5　Print a registration card 界面

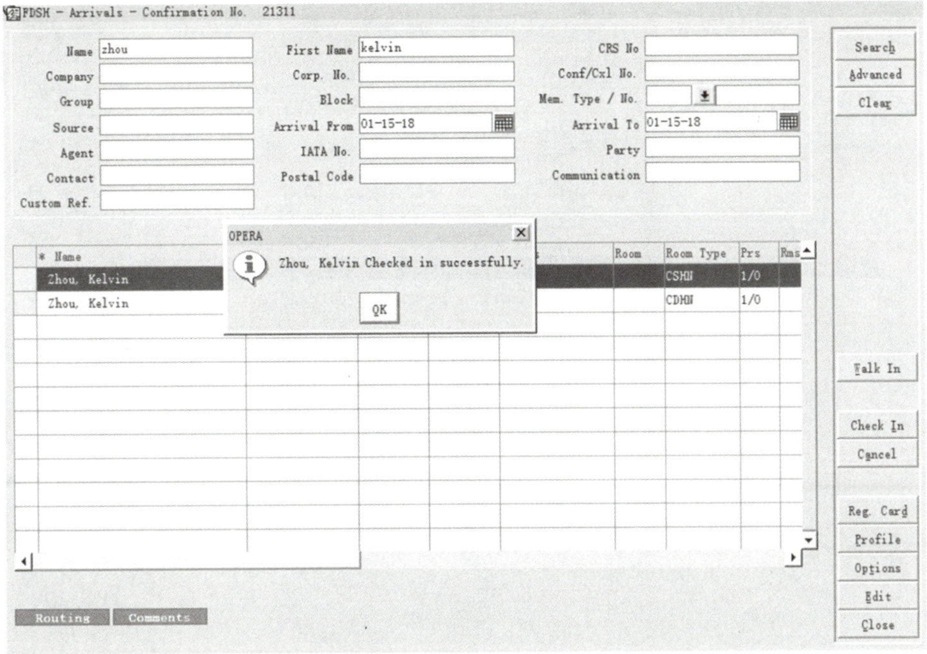

图 4-1-6　入住成功界面

如果需要打开刚才的界面，需要进入 Arrival 里的 In House Guests。再次输入客人的房号，按回车键，就可以在系统里找到原来的这位客人。此时，该客人的 Status（状态）为 CHECKED IN，即入住状态（见图 4-1-7）。

如果此时客人要取消入住的话，可通过点击 Cancel Check-In 取消入住（见图 4-1-8）。在弹出的对话框中，点击 Yes 后，显示是否要为这位客人保留房间的对话框（见图 4-1-9），因为我们刚刚已经为其安排了房间。如果保留，就点击 Yes；不保留就点击 No。

饭店信息系统：OPERA 操作实务

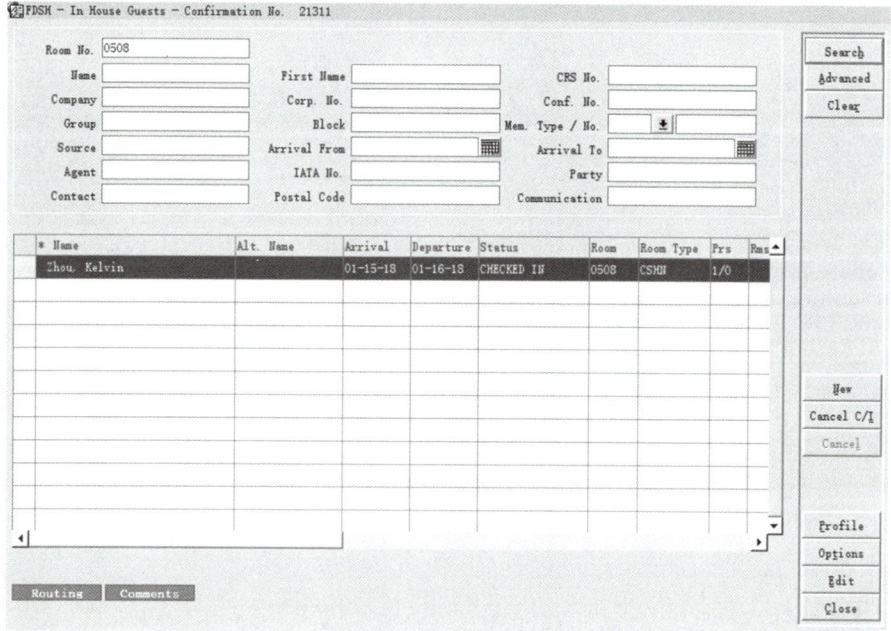

图 4-1-7　In House Guests 界面

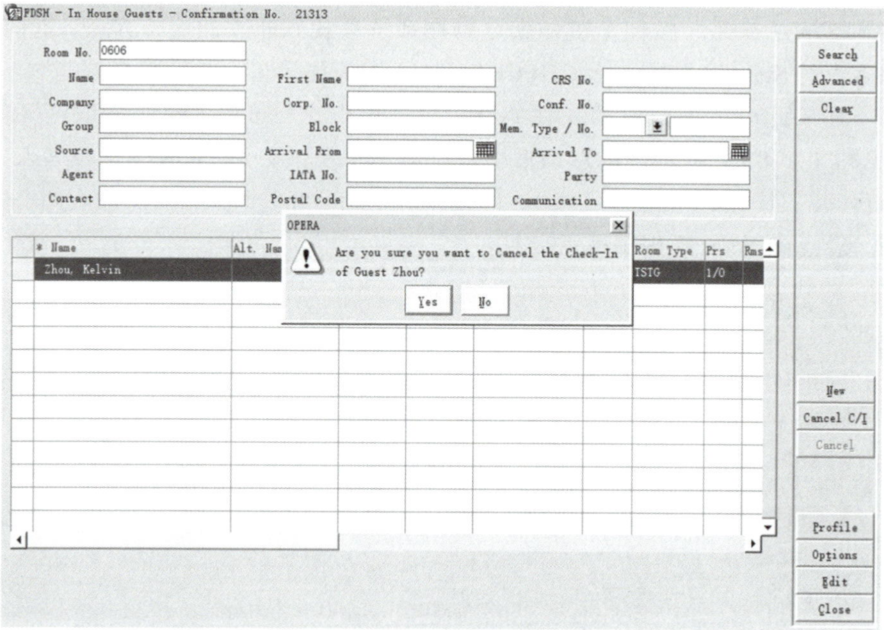

图 4-1-8　Cancel C/I 界面

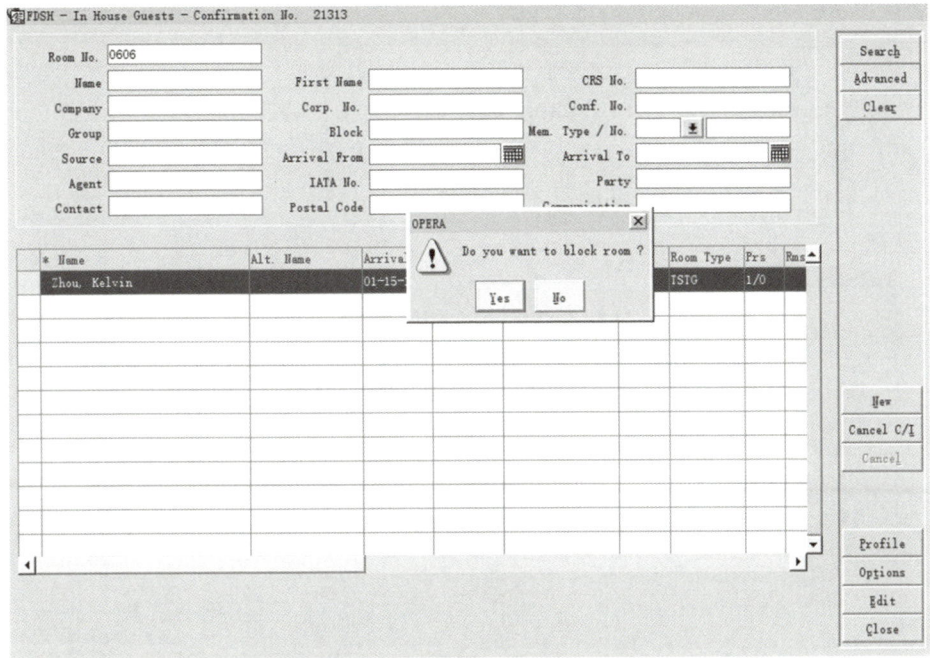

图 4-1-9　Block Room 界面

随后,系统弹出一个对话框,询问需要将之前的房间修改成什么状态(见图 4-1-10)。Inspected 为已经检查过的空的干净房间,Pickup 为简单整理的房间状态,Clean 为干净的房间,Dirty 为脏房。此时,需要判断客人使用房间的情况,在不确定的时候,建议选用 Dirty,以免出现不必要的麻烦。

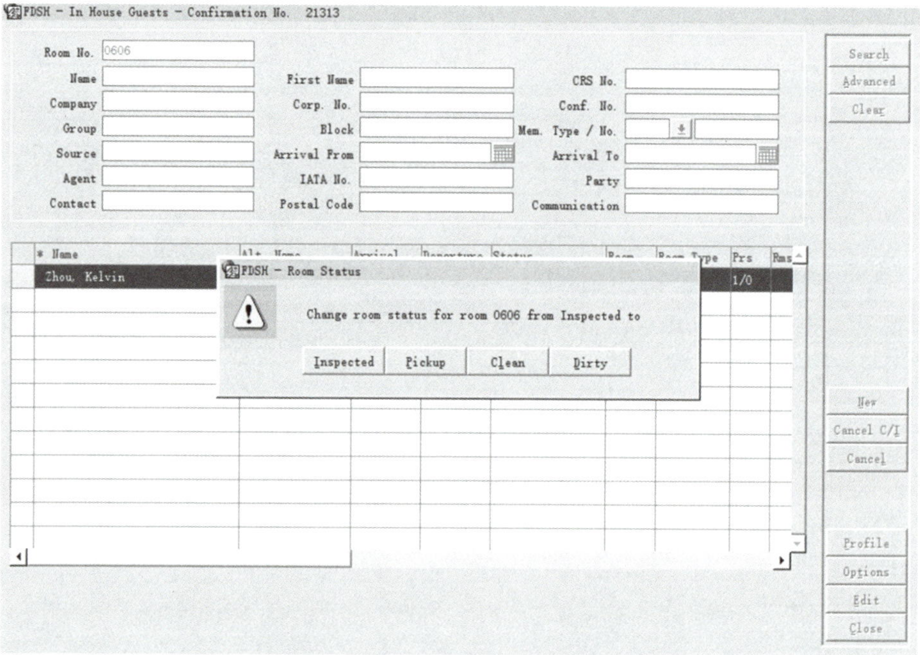

饭店信息系统：OPERA 操作实务

图 4-1-10　Room Status 界面

此时，在 In House Guest 列表中就没有刚才客人的信息了，因为已经取消预订，而在 Arrivals 里会再次出现客人的信息。

二、免费升级房间

通常情况下，在为客人办理入住时，如果客人是回头客或 VIP 客人，前台在房间充裕的情况下，会为客人免费升级房间。此外，当基础房型超额预订时，也会为客人免费升级房间。关于免费升级房间的具体操作如下：

首先打开更新预订或 Arrival 界面，通过输入姓名检索预订信息，打开预订信息就可以进入到预订界面。Room Type 为实际入住的房型，RTC 为实际支付房费的房型，如果这两项的内容一致，代表没有升级；如果内容不一样，实际入住的房型比实际支付房费的房型要好的话，代表已经升级。

点击 Room Type 右边的下拉键，可以看到所有的房型。选择更好的房型，点 OK 后，会弹出一个对话框，询问是否需要付费升级（见图 4-1-11）。如果选择 No，就可以看到 Room Type 和 RTC 不一样，Rate 价位也没有改变，点击 OK 后，免费升级房型成功。如果选择 Yes，就会看到 Room Type 和

RTC 是一致的，而 Rate 也会改变，这就不属于免费升级房型。

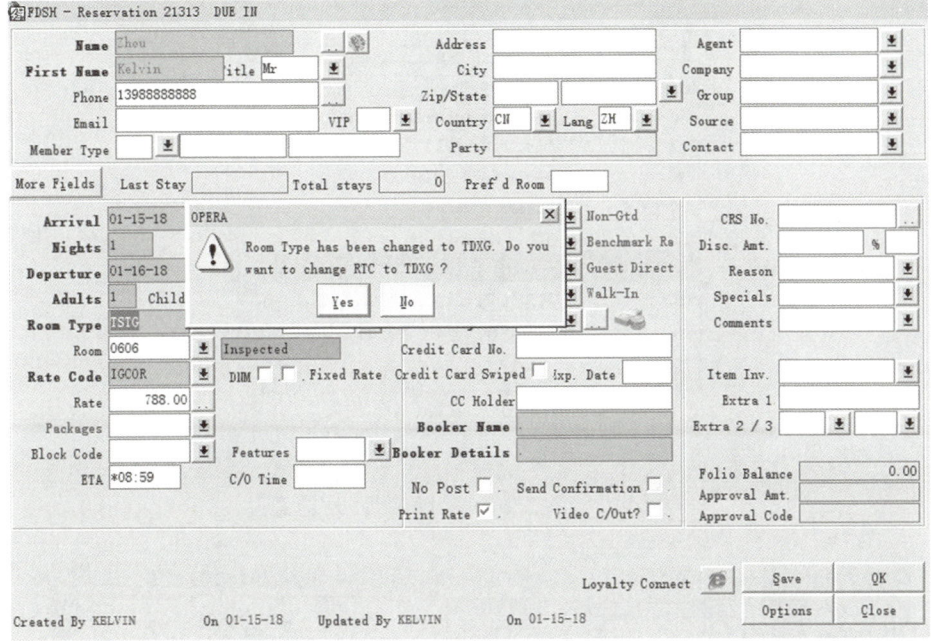

图 4-1-11　升级费用确认界面

三、支付押金

通常来说，大部分客人选择支付押金的方式为信用卡预授权，在 Opera 系统中具体操作如下：

首先，打开客人的信息界面，点击 Payment 付款方式的下拉框，把付款方式由 Cash 现金改成其中一种信用卡，并输入有效的信用卡卡号才可以通过保存。在下拉菜单中发现信用卡有系统自动输入和手动输入两种，如果信用卡的 POS 机刷卡系统和 Opera 系统相连接，我们在 POS 机上刷的每一笔预授权，都会自动记录其预授权金额和代码；如果没有 POS 机刷卡系统，那就选择手动输入信用卡信息（见图 4-1-12）。选择后，系统会弹出一个对话框，询问是否要把该信用卡的相关信息关联在该客人的档案上（见图 4-1-13），如果客人每次入住酒店时都使用该信用卡，那么就可以选择 Yes；如果不是或者不确定，就选择 No。

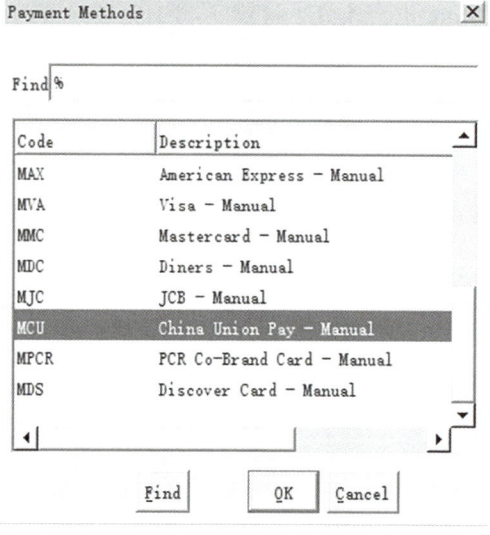

图 4-1-12　Payment Methods 界面

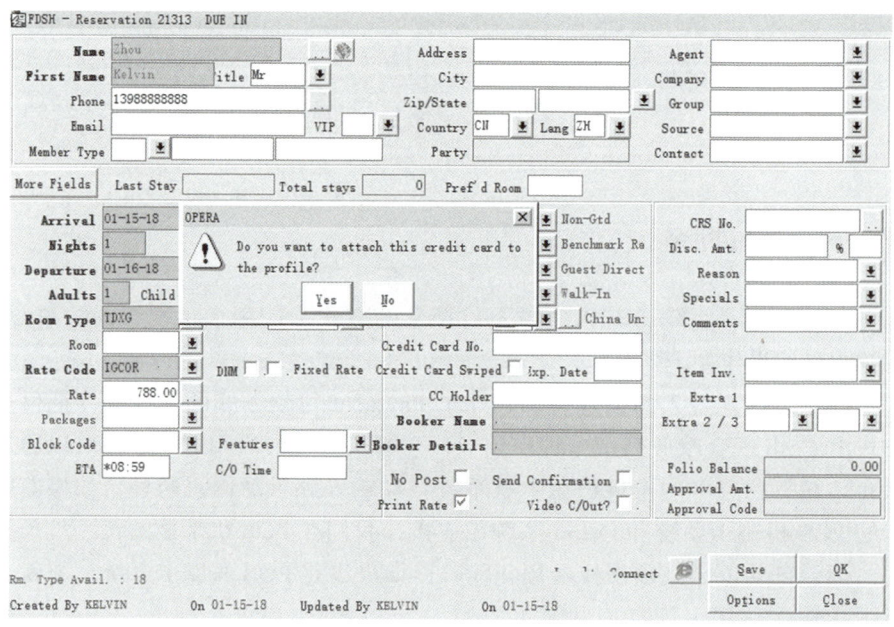

图 4-1-13　信用卡绑定界面

Exp. Date 信用卡的有效期，请按照月—年的顺序来输入。CC Holder 为 Credit Card Holder，即该信用卡的持有人。如果为住店客人本人的话，也可以不录入。完成这步操作之后,接下来需要通过 Options 选项中的 Credit Cards 或使用快捷键 Alt+E 进行记录。弹出的对话框中,包含两个按键:一个是预授权,另一个是信用卡的刷卡历史(见图 4-1-14)。

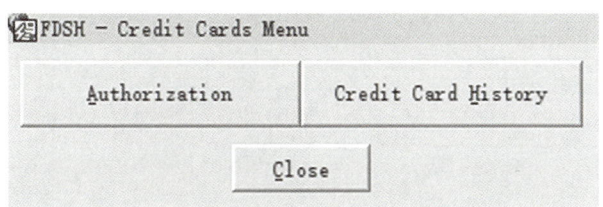

图 4-1-14　Credit Cards Menu 界面

点击第一个预授权或使用快捷键 Alt+A,客人的信用卡已经默认录入,此时点击 Manual 或使用快捷键 Alt+M,弹出一个对话框(见图 4-1-15),在 Amount Manually Approved 手动输入预授权信息。自动填充的数据就是客人现在所预订房间每晚的房费加上 16.6% 的服务费。根据不同酒店收取押金的要求,录入相应的预授权金额及预授权代码。输入好信息点击 OK 或使用快捷键 Alt+O,此时,在客人信息界面的右下角可看到 Approval Amt. 预授权金额和 Approval Code 预授权代码(见图 4-1-16),代表手动输入的预授权完成。

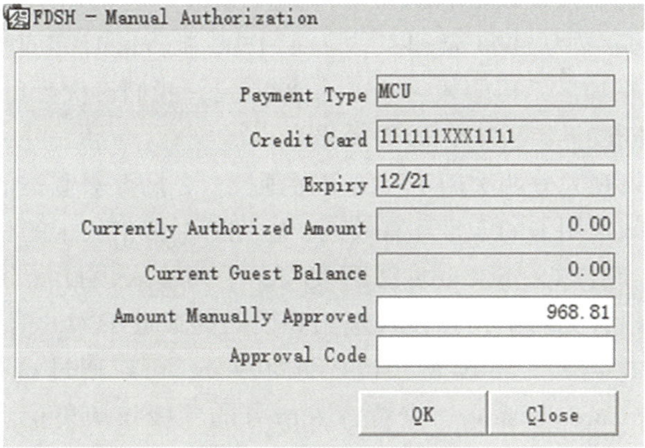

图 4-1-15　Manual Authorization 界面

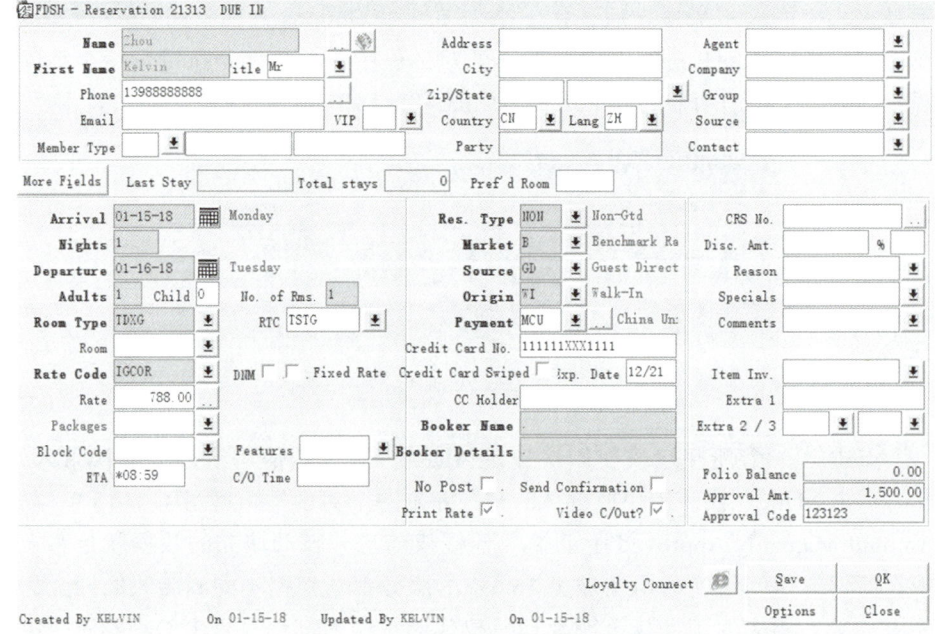

图 4-1-16　预授权信息界面

在录入信用卡预授权信息的时候，也会出现一些特殊的情况。比如不小心输入错误，原本为 2000 元却只输入了 1500 元。这时需要输入一笔负的 1500 元，正负平掉后，再输入一笔正的 2000 元。我们再次看到，客人信息页面的右下角预授权金额已经变成了 2000。

此外，如果客人分两次用不同的卡做预授权，需要去调整信用卡的卡号，即输入另外一张信用卡的卡号和有效期。输完第二张信用卡的相关信息之后，打开 Options，选择 Credit Cards 的预授权，手动输入预授权金额和代码后，点击 OK 就可以看到右下角预授权金额和代码为最近录入的信息，金额不会自动累计。如果需要查看客人总共交纳的押金，可以通过 Options → Credit Cards → Credit Cards History，查看客人所有的预授权历史信息（见图 4-1-17）。

在右下角的预授权信息上面有一个 Folio Balance，余额显示为 0。预授权代表银行临时冻结这部分金额，但是这部分金额并没有实际划归到酒店的账户，所以余额这里仍然显示的是 0。如果客人使用的是现金支付押金的话，余额就会发生变化。具体操作如下：点击 Options，选择 Billing 或使用快捷键 Alt+B，录入收银密码（密码同登录密码一样）。登录成功之后，选择

Payment，将支付方式改为 Cash 现金付款，Currency 货币的类别选择人民币，录入 Amount 金额，点击 Post（见图 4–1–18）。随后系统会询问是否要打印入账单，点击 No。此时可以看到，Folio Balance 显示为负数，代表酒店已收到相应的现金押金（见图 4–1–19）。

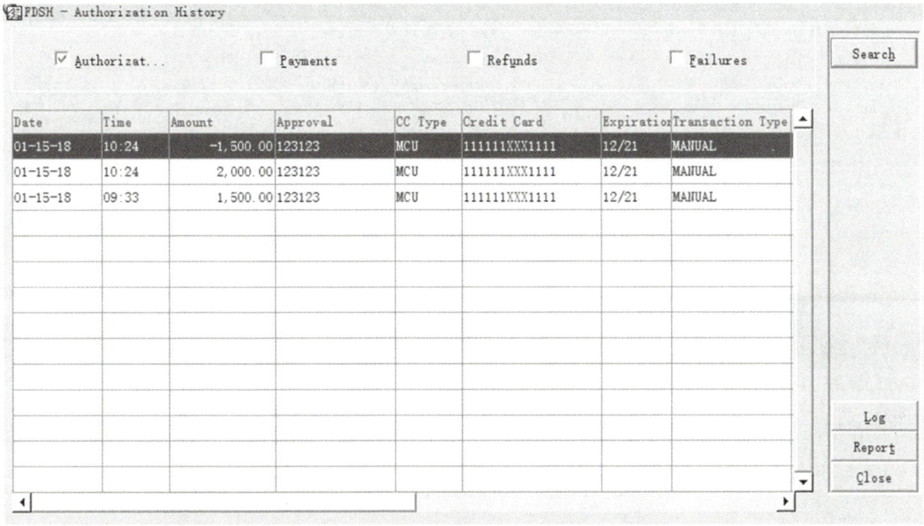

Date	Time	Amount	Approval	CC Type	Credit Card	Expiratio	Transaction Type
01-15-18	10:24	-1,500.00	123123	MCU	111111XXX1111	12/21	MANUAL
01-15-18	10:24	2,000.00	123123	MCU	111111XXX1111	12/21	MANUAL
01-15-18	09:33	1,500.00	123123	MCU	111111XXX1111	12/21	MANUAL

图 4–1–17　Authorization History 界面

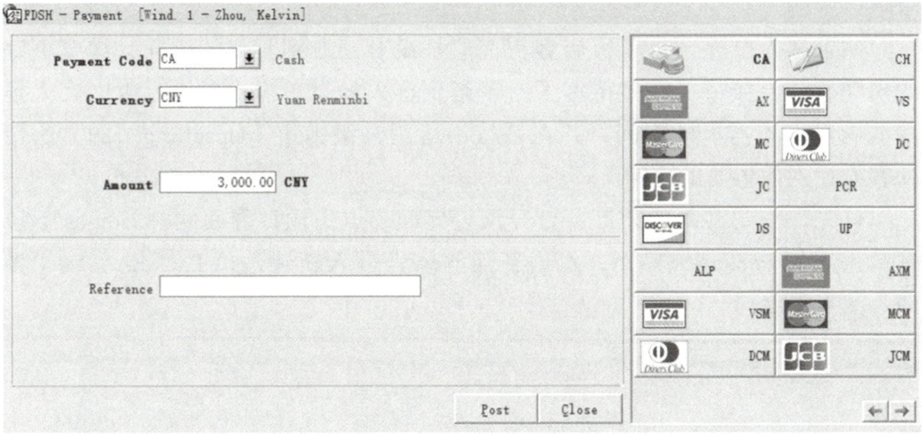

图 4–1–18　Payment 界面

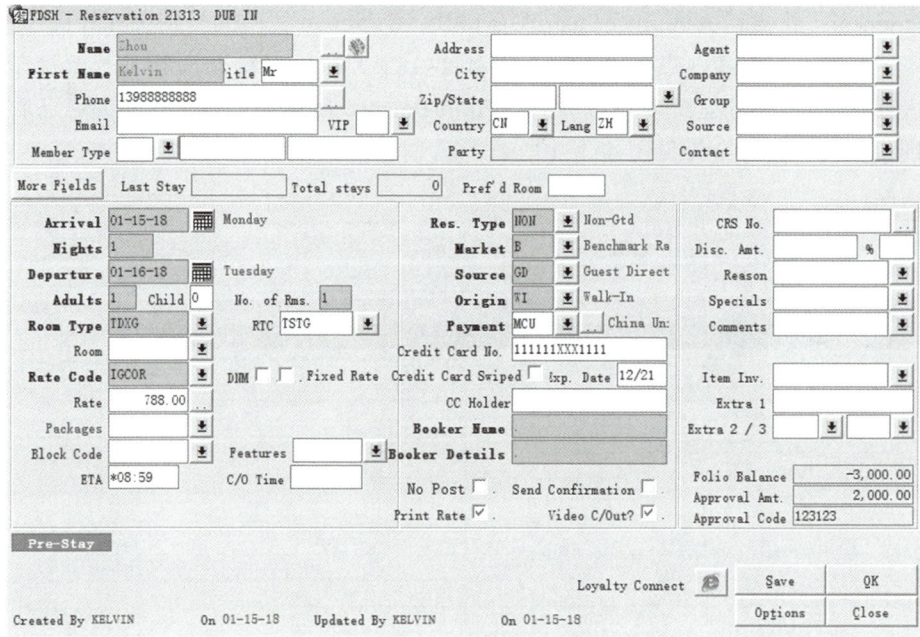

图 4-1-19　Folio Balance 界面

四、升级销售

如果客人已经预订了饭店客房，但是没有预订到心仪的房间，想要更好的房间。前台接待员在接待客人时了解到客人的真正需求后，可以向客人推荐能满足客人需要的房间，并在系统中运用升级销售（Upselling）的方法帮助客人找到他想要的房间。

首先，查到客人的预订，打开预订界面，点击预订界面的 Packages 下拉框，进入到 Packages 界面，点击新建 New，进入新建包价 Packages-New 界面（图 4-1-20）。

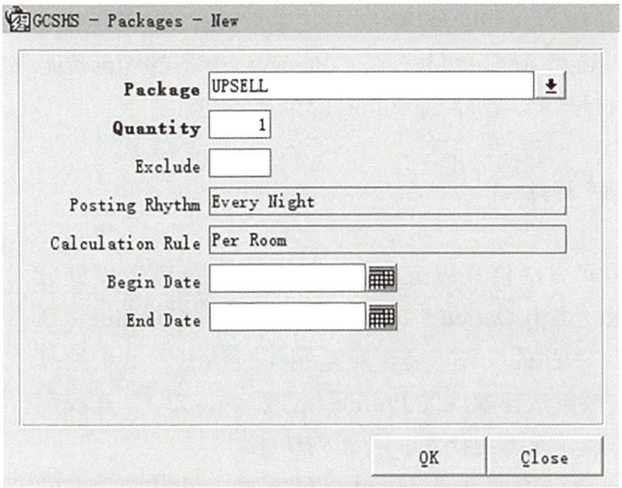

图 4-1-20　新建升级销售 Packages 界面

点击 Package 下拉框，找到 Upselling 的相关词条，确定每晚增加的差价，点击 OK，接着选择客人升级房型的起始时间，也就是 Packages 的开始时间和结束时间，点击 OK。回到 Packages 界面，在 Packages 界面会自动显示 Package 明细，点击 OK 就完成了 Upselling 的操作。但是，到目前还没有改变客人预订的房型。

接下来，要通过房间的选择去改变客人的房间类型。在预订界面点击 Room 下拉框，进入到可用房间搜索界面，点击 Room Type 的下拉框，进入房型选择界面，选择客人想要升级的房型，选择 OK，回到可用房选择界面，点击右上角 Search 按键，系统自动显示当前客人想要升级房型的所有空闲房间，为客人选择一个房间，点 OK。这时系统会弹出房价改变提醒界面（图 4-1-21）提醒客人的房型已经改变，询问是否继续，选择 Yes，接着又会弹出房价改变提醒界面（图 4-1-22），提醒房型已经发生改变，房价是否要改变，在前面的操作中我们已经通过 Packages 把客人需要加的费用加过了，所以我们在这里选择房价代码不变，点击 No，并选择保存 Save。

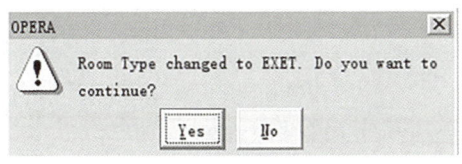

图 4-1-21　房型改变提醒界面

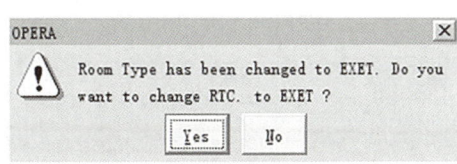

图 4-1-22　房价改变提醒界面

有些饭店在 Upselling 的操作中比较严谨，它不但要在 Packages 中设置 Upselling，还要求前台员工在 Comments 中备注 Upselling 的细节，点击 Comments 下拉框可以进行 Upselling 的细节备注。

五、分享入住

当一个房间有两位及以上的客人入住时，就需要用到分享入住的功能。点击 Option，选择 Shares，点击 Combine，系统会弹出一个对话框，询问是否要复制支付信息，可根据具体情况选择。接着选择默认的 Profile（见图 4-1-23），查找同住客人是否已经建有客史档案，若无则新建。

微课 4-1-2　分享入住

Res. Type 预订类型和 Payment 支付方式，可根据个人的实际情况更改，点击 OK。此时需要选择两人中负责买单的那位客人（见图 4-1-24），并选择 Entire；如果是 AA，那就选择 Split。此时可以在预订界面查看是否出现一个红色的 Share，可以通过点击 Share 来查看同住的情况。

图 4-1-23　Combine Share Reservations 界面

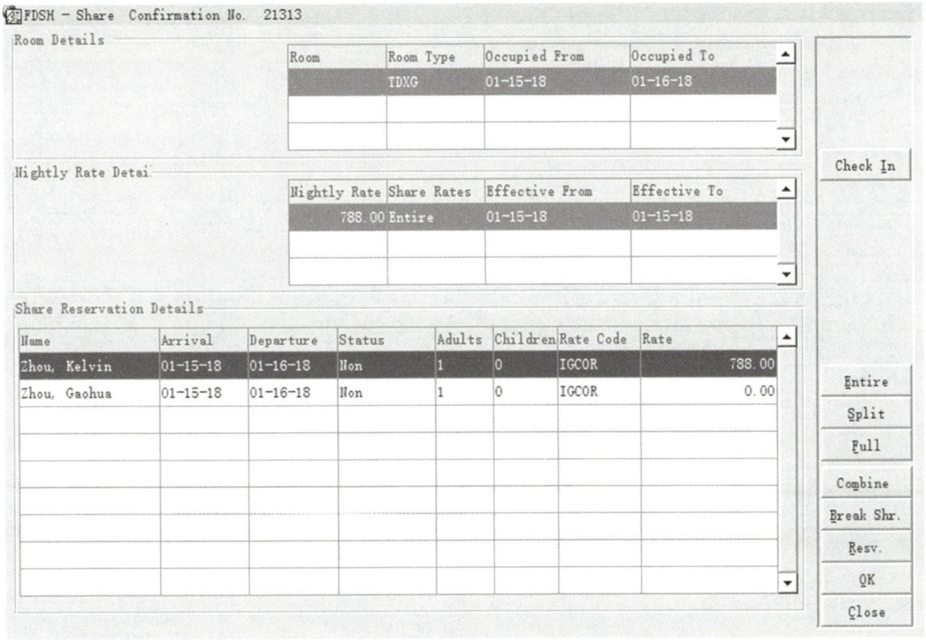

FDSH - Share Confirmation No. 21313

Room Details

Room	Room Type	Occupied From	Occupied To
	TDXG	01-15-18	01-16-18

Nightly Rate Detai

Nightly Rate	Share Rates	Effective From	Effective To
788.00	Entire	01-15-18	01-15-18

Share Reservation Details

Name	Arrival	Departure	Status	Adults	Children	Rate Code	Rate
Zhou, Kelvin	01-15-18	01-16-18	Non	1	0	IGCOR	788.00
Zhou, Gaohua	01-15-18	01-16-18	Non	1	0	IGCOR	0.00

Check In

Entire

Split

Full

Combine

Break Shr.

Resv.

OK

Close

图 4-1-24　Share 界面

六、为分享入住的客人办理入住

为分享入住的两位客人办理入住的操作如下：在 Front Desk 中的 Arrivals 里检索客人信息，有同住的客人都会在 Name 前面标有星号且左下角有 Share 高亮显示的按键，接着按照常规的流程办理入住。此时，与一般的散客办理入住不同，系统会弹出一个对话框，询问是否要为同住客人也办理入住（见图 4-1-25），因为这两位客人是分享入住的。假如两人都已经抵达酒店，就选择 Yes，直接办理入住；假如同住客人还没有抵达酒店，就选择 No。

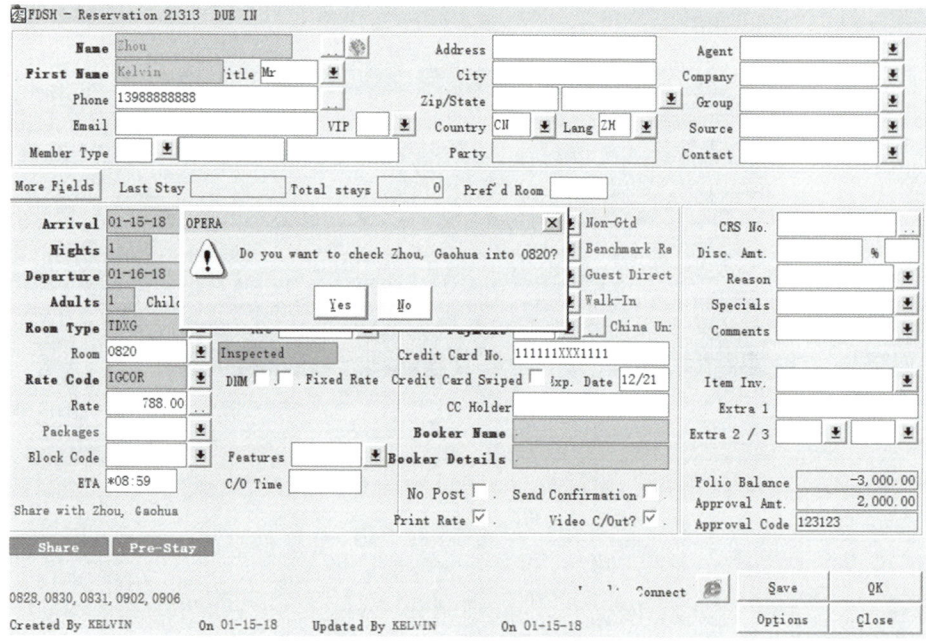

图 4-1-25　同住客人入住界面

随后，这两位客人的预订信息就从 Arrivals（即将抵店）的客人信息里面消失，点击 Close 关闭。在 In House Guests 列表中可以通过房号或客人姓名找到这两位客人的信息。

> **拓展阅读**
>
> "菲住布渴"（Fly Zoo Hotel）是阿里经济体内多个团队协同打造的未来酒店。其中，飞猪负责全链路体验流程的设计，达摩院负责酒店创新研究计划，阿里云则提供稳定安全的大数据底层服务；酒店内的智慧机器人，都启用了阿里人工智能实验室（A.I. Labs）的最新设计，智能场景事业部完成酒店整套数字化运营平台和 AI 智能服务中枢以及智能场景系统的研发。在酒店内，天猫国际推出了 7 个国家主题房，天猫等平台则为酒店家具、床品提供了供应链。
>
> "菲住布渴"不光要你住进来，还要让你买买买。客房内的家具、床品及其他物件未来都会支持 App 拍照后在线一键下单。

项目四　前台接待

任务实操

1. 在 Opera 系统上完成导入任务（任务导入一）。

2. 在 Opera 系统中公司和客人名字前加上自己的学号后四位并以逗号隔开。

3. 在练习中熟练使用以下功能：

（1）Arrivals–Check In

（2）Update Reservations/Arrivals–Billing–Payment

（3）Update Reservations/Arrivals–Packages

（4）Update Reservations/Arrivals–Options–Shares

任务二　在店客人服务

任务导入

尤丽敏、李刚夫妇一家三口预订了本饭店的亲子房，住三个晚上。入住后，客人觉得房间楼层偏高，想换成低楼层的房间，并要借用一个接线板，租用一辆婴儿车。饭店婴儿车租借费用是 100 元 / 天。前台接待员如何给客人提供以上服务并在系统中完成相关操作？

任务知识

一、在店客人服务

寻找在店客人（In House Guests）的方法有以下几种：

方法一：点击 Front Desk 或使用快捷键 Alt+F 下拉菜单，选择 In House Guests 或使用快捷键 Alt+I。

方法二：点击 Front Desk 图标式菜单，选择 In House Guests。建议使用快捷操作键 Alt+F+I 打开 In House Guests，通过客人的房号或姓名来检索（见图 4-2-1）。

除了以房号和客人的姓名搜索在店客人以外，也可以通过其他方式

微课 4-2-1　在店客人

· 125 ·

检索，比如通过 Company（公司）、Group（团队）、Contact（联系人）、Arrival To（客人的抵店时间）、Postal Code（邮政编码）、Conf. No.（确认预订的编号）、Party（聚会预订号）、Communication（联系方式）等一些信息来检索在店客人。

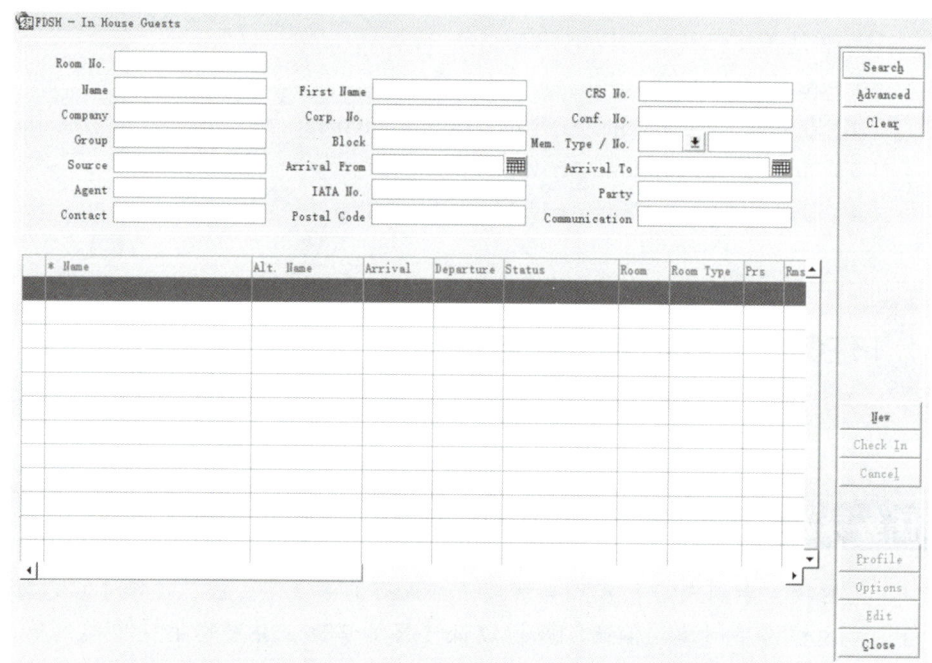

图 4-2-1　In House Guests 界面

二、更换房间

客人更换房间有两种情况：

第一种情况是客人还没有入住的时候要求更换房间，这时可以找到客人的预订，在预订界面点击 Room 下拉框进入可用房搜索界面，选择符合客人需要的房间就可以了。

第二种情况是客人已经办理了入住，进入房间后对房间不满意，然后要求更换房间。这时可以在 In House Guests 窗口找到客人信息，双击客人信息，进入预订信息界面，发现 Room 下拉框是灰色的，不能通过点击 Room 下拉框来更换房间。

此时应该利用另外一种方式去给客人更换房间，在预订界面点击

Options，打开预订功能选项窗口，选择 Room Move，进入更换房间界面（见图 4-2-2），点击 Move to Room 的下拉框进入可用房搜索界面，选择符合客人需要的房间，点击 OK；接着点击 Reason 下拉框，选择客人换房的理由。客人换房的原因通常有：

  Noisy：客人觉得房间内有设备噪音

  View：客人对景观有要求

  Bad Smelling：客人觉得房间内有异味

  Others：其他原因

  Free Upgrade：免费升级房间

  Upselling：付费升级房间

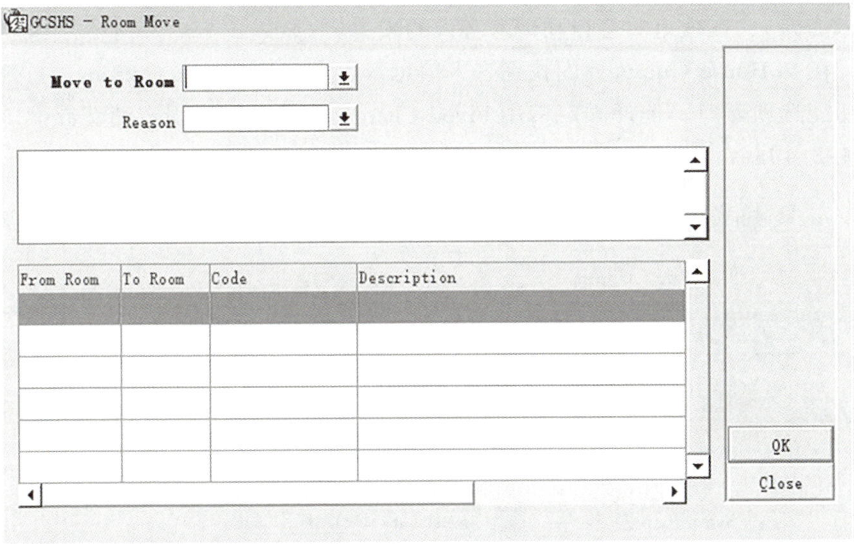

图 4-2-2　换房界面

  选择好客人换房的原因之后，点 OK 键，系统弹出房态修改界面（见图 4-2-3）。通常情况下这间房无论客人用过与否都要改成脏房，由客房服务员进行查看、打扫后再改成干净房。如果客人的房型没有改变，这样就完成了更换房间；如果客人的房型做了变化，此时系统还会提示是否确定更换房型、是否改变房价，需要根据实际情况做出选择。

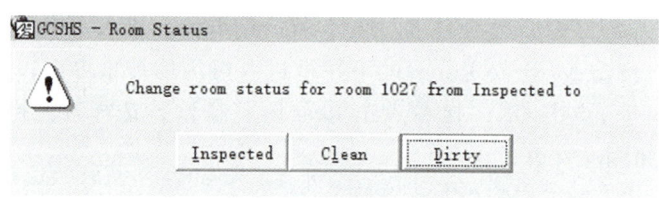

图 4-2-3　房态修改界面

三、固定消费

固定消费是指客人住店期间每个固定周期都发生的一些费用（如停车费、加床费等），在夜审时会自动记入客人的账单。

在 In House Guests 界面找到客人信息，点击右下角选项 Options，打开预订功能选项窗口，选择固定费用 Fixed Charges，进入新建固定消费界面（见图 4-2-4）。

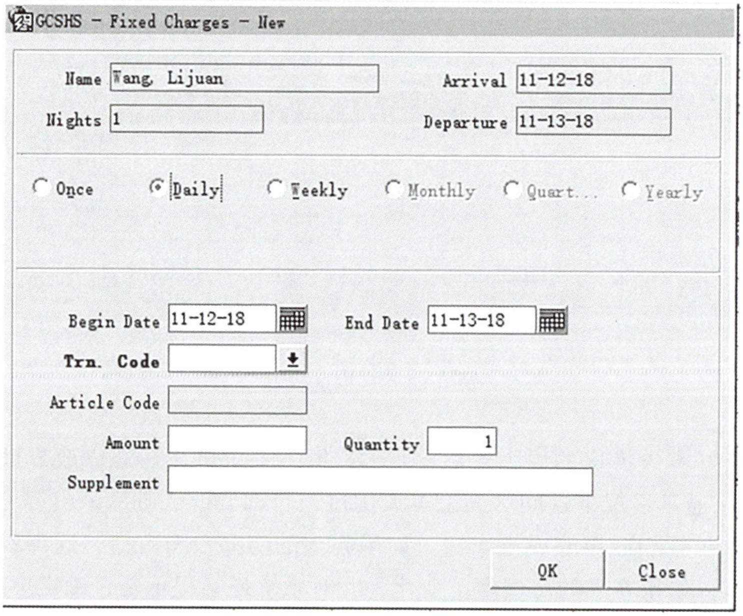

图 4-2-4　新建固定消费界面

Once：一次

Daily：每天

Weekly：每周

Trn. Code：交易代码

Amount：金额

Quantity：数量

Supplement：备注

先选择固定周期，确定起止日期，之后在 Trn. Code 中选择本次固定交易代码，输入费用和数量，点击 OK，这样客人的固定消费就设置好了，在店客人界面下方就会出现"Fixed Charges"红色高亮显示的按键（见图 4-2-5）。

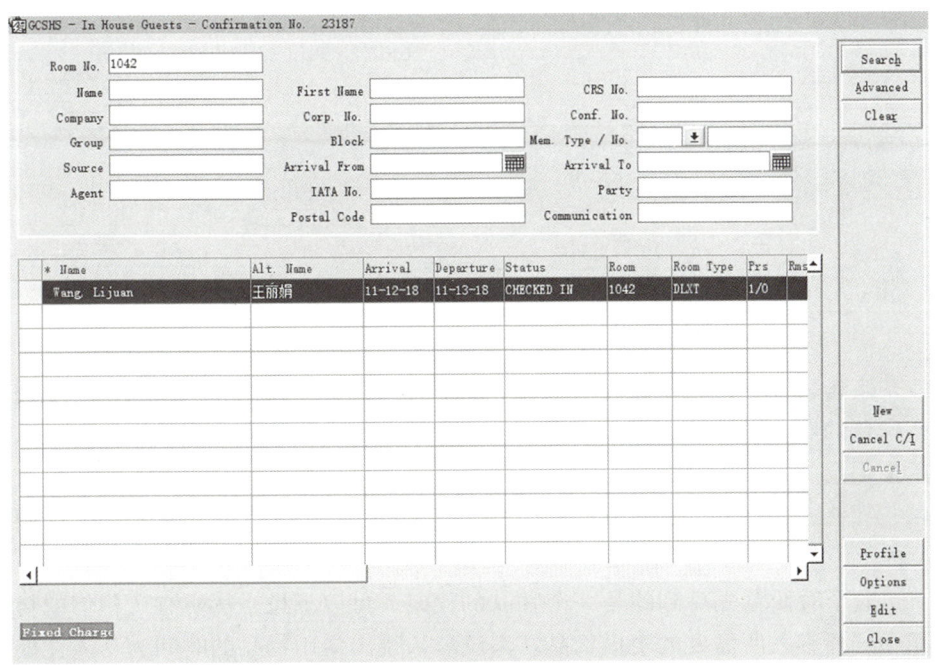

图 4-2-5　固定消费提示界面

四、仓储管理

很多时候客人会向酒店租借物品，最为常见的有加床、婴儿床、转换器等。那么在 Opera 系统中进行物品租借的登记以及仓储管理的具体操作步骤如下：打开客人的信息界面，在最右边一列中选择 Item Inv.，即打开租借物品的界面（见图 4-2-6），点击最右边一列第一个 Item Inv.，可以看到一个可

微课 4-2-2　仓储管理

租借物品清单的界面，即查看酒店是否有充足的客人所需要租借的物品，点击 Search 后，会出现所有可租借的物品，有加床、婴儿床、转换插头、接线板等。

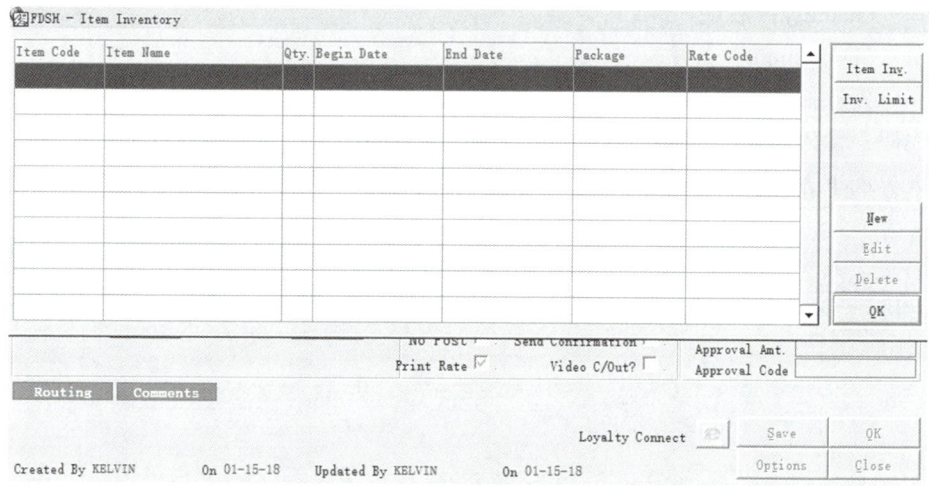

图 4-2-6　Item Inventory 界面

接着，可以看到在每一个项目下面都有两列，一列是绿色的底，另一列是白色的底。绿色的底代表酒店原有的库存，而白色的底代表被客人租借以后还剩余的库存。通过查看剩余量来确定是否可以租借物品给客人，如果可以，那么点击 New 或使用快捷键 Alt+N，弹出新建物品租借的界面（见图 4-2-7）。

这个时候首先见到的是一个物品的代码，可以下拉，从所有可租借的物品中选择客人所需要的租借物品。系统默认跳出借用物品的时间为从入住那天凌晨开始到退房当天的晚上结束。然而，实际上客人往往在退房当天下午就离店，原则上这个物品已归还给酒店。因此，通常情况下，会手动把 End Date，即物品的归还时间改为退房的前一晚。选择对应的租借数量，点击 OK，这时可以看到这位客人的租借物品清单上面就出现了需要租借转换插头这么一行。再次查看 Item Inventory Availability，可租借物品的库存就会相应改变数量。

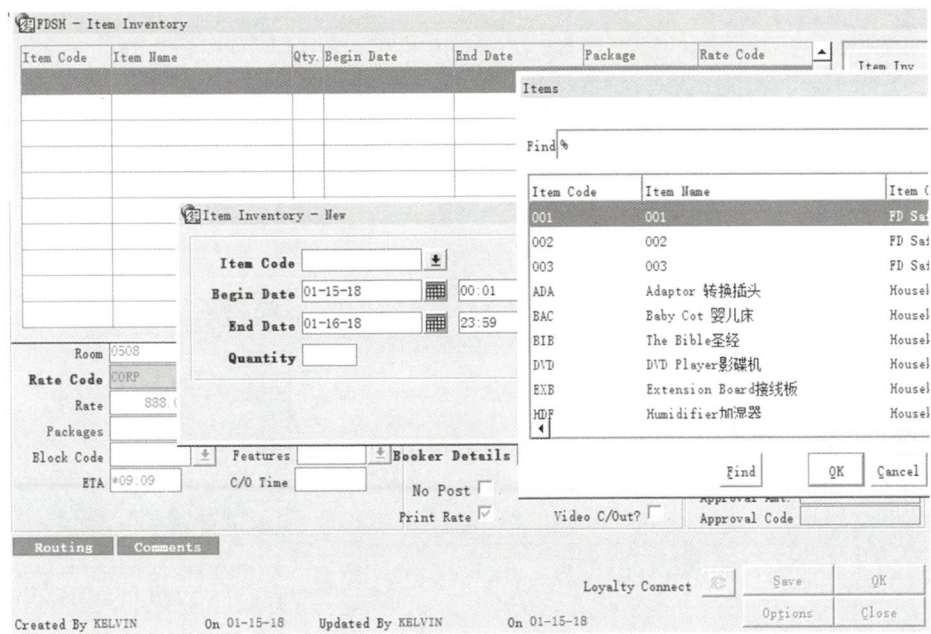

图 4-2-7　Item Inventory-New 界面

此时，查看客人的预订信息界面，在需要租用物品里面出现一个租用物品的代码。当点击 OK 时，就会弹出一个对话框，询问是否需要新建一个 Trace（见图 4-2-8），即让 Housekeeping 知道在客人入住期间需要为客人准备租借物品（见图 4-2-9），点击 OK。此时可以看到客人信息界面会出现两个高亮（Highlight）的提醒，一个是 Trace 给到 Housekeeping 的通知，另外一个是客人有一个租借物品的提醒。

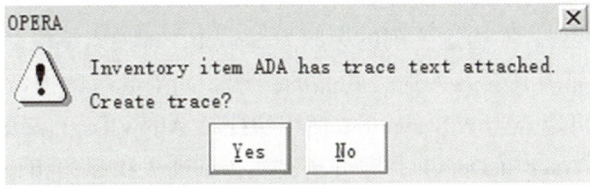

图 4-2-8　租借物品后询问是否需要 Trace 界面

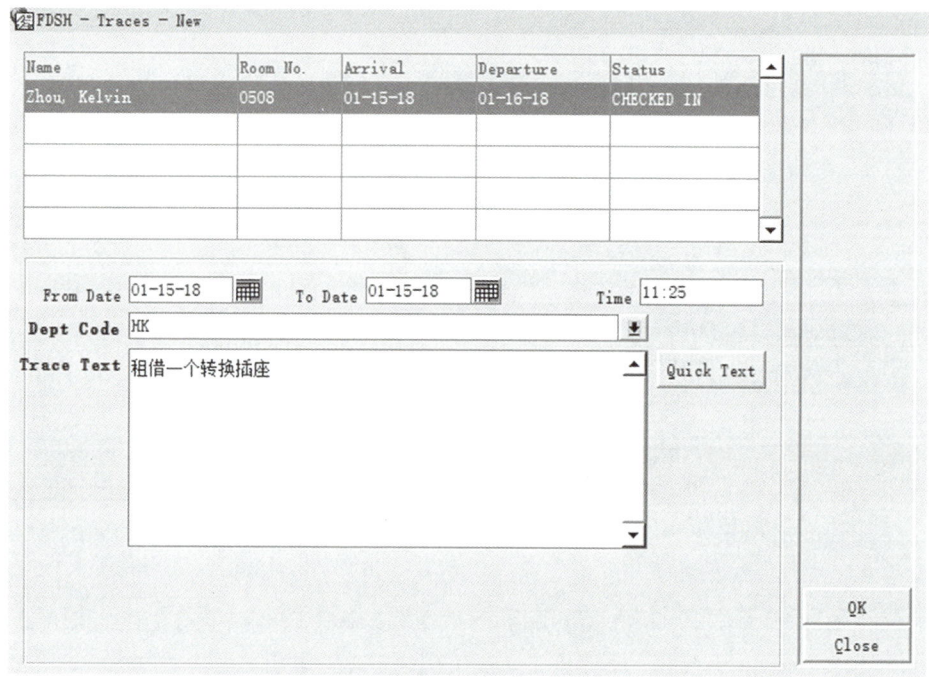

图 4-2-9　Trace 界面

五、遗失物品管理

当客人有遗失物品时，就需要进行遗失物品管理，具体操作如下：首先在系统中找到客人的信息界面，点击 Options 选项或使用快捷键 Alt+T，选择 Track It 来进行客人失物招领，点击 Track It。此时弹出一个界面（见图 4-2-10），分为三大列。左边这一列的标题为 Search，即搜索字段，通过键入相应的关键词，从而展开对客人遗失物品的搜索。如果既有的搜索字段无法搜索到信息的话，可以点击 Advanced 或使用快捷键 Alt+V 展开高级搜索。中间这一列的标题为 Track It Details，即可新建或查询遗失物品的相关信息。最右边一列的标题为 Reservation Details，即遗失物品客人的相关信息。

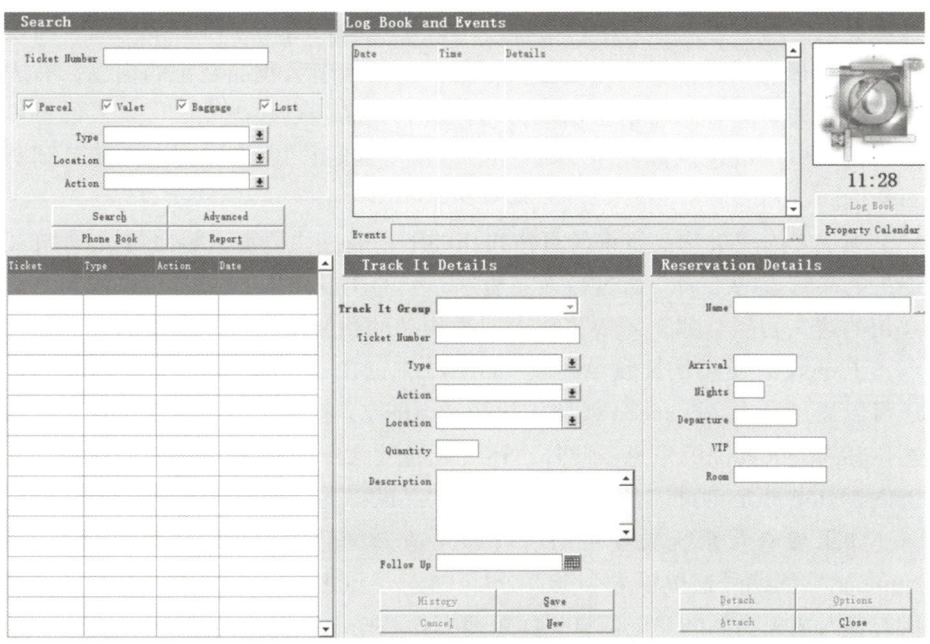

图 4-2-10　Track It Dashboard 界面

点击 New 或使用快捷键 Alt+N，第一个字段为 Track It Group，通过下拉框选择最后一个也就是第四个选项 Lost。第二个字段为 Ticket Number，遗失物品登记单上的编号。第三个字段为 Type，即客人丢失物品的类别，通过下拉框可以选择相应的遗失物品类别，如食品、酒水、易碎品、服装鞋帽、化妆品、药品、珠宝首饰等。第四个字段为 Action，即服务流程的进程，通过下拉框，选择相应的进程，如遗失登记、宾客查询、宾客已领取、已邮寄宾客、过期处理、已送至宾客房间等。第五个字段为 Location（位置），即在哪里捡到客人遗失物品的，系统给出了三个选择：客人房间、大堂或者是咖啡厅。第六个字段为 Quantity（数量），填写相应的数量。第七个字段为 Description（物品描述），即捡到客人遗失物品的品牌、形状、大小、颜色等相关信息（见图 4-2-11），从而便于客人寻找，也便于酒店员工进行查找。第八个字段为 Follow Up，点击小方格，选择遗失物品的日期，即遗失物品的

图 4-2-11　客人丢失的蓝宝石手链

初次登记。输完客人相关信息之后，此时点击 Save 保存。保存成功后，左边和右边的相关信息都会发生相应的变化。左边为遗失物品登记的信息，右边为对应遗失物品客人的信息以及房态。遗失物品一旦建立完成，客人信息界面会生成一个红色的高亮条 Track It。点击 Track It，就会打开刚刚所看到的对话框。

关于客人遗失物品查询的具体操作如下：通过快捷键 Alt+M+T+D，打开遗失物品管理的界面。通过检索左边这一列的 Ticket Number，可以找到之前登记的遗失物品。如果需要将客人遗失物品的相关信息打印出来的话，那就点击 Report 或使用快捷键 Alt+T。如果没有记住这位客人的 Ticket Number，还可以通过点击 Advanced 或使用快捷键 Alt+V，搜索 Room 客人房号，找到这位客人丢失物品的信息。此外，还可以通过 Advanced 搜索创建的时间、员工创建 ID、抵店时间、离店时间、相关物品的描述等搜索对应遗失的物品。

如果想查看系统中登记的所有客人遗失物品的信息，只需要在 Ticket Number 单据编号这里输入一个百分号（%），点击 Search 搜索，就可以看到所有客人遗失物品的登记信息。如果遗失物品登记错误，也可以在 Track It 里选择 Detach 或使用快捷键 Alt+D，来删除此遗失物品。

任务实操

1. 在 Opera 系统中完成 P128 任务导入任务。
2. 在 Opera 系统中，在客人名字前加上自己的学号后四位并以逗号隔开。
3. 在练习中熟练使用以下功能按钮：
（1） In House Guests–Options–Room Move
（2） In House Guests–Options–Fixed Charges
（3） In House Guests–Item Inv.

项目训练

扫描右侧的二维码，开始做题吧。

随堂练习

项目五 收银操作

项目导读

收银（Cashiering）是酒店前台比较重要的一项工作内容，主要包括账单处理（Billing）以及结账离店（Check out）两个环节，进一步细分的操作有查账、入账、分账、转账、新建收银窗口、增加账单页面、客账单、押金、余额（Balance）大于零时的结账离店以及余额（Balance）小于零时结账离店等。本项目的学习有助于理解 Opera PMS 系统中收银的功能要素：一是要熟悉操作流程与标准，提高完成任务的准确度；二是要掌握操作技巧与方法，提升结账离店环节的工作效率。

饭店信息系统：OPERA 操作实务

学习目标

知识目标	1. 理解收银服务中账单处理和办理退房的基本概念及其重要性 2. 了解在不同情况下，执行查账、入账、分账、转账、新建收银窗口、增加账单页面、处理客账单和押金等具体步骤
能力目标	1. 能够完成客人账单处理的操作流程 2. 能够熟练为客人办理退房手续 3. 能够处理在不同情况下的客人结账离店手续 4. 能够处理特殊情况下的账单问题
素质目标	1. 培养对工作的热爱与专业执着 2. 认同酒店的职业道德和责任 3. 理解并实践优质服务与宾客满意度对酒店收银服务成功的关键作用

思维导图

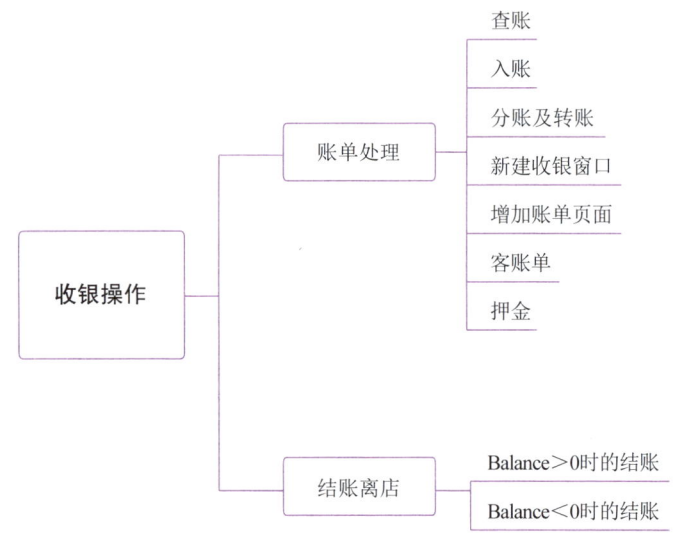

项目五　收银操作

任务一　账单处理

任务导入

客人王先生在入住酒店期间，使用了房间内的Minibar并享用了酒店的餐厅服务。他在退房时要求将所有费用计入他的房账。收银员需要为他处理这些账单，包括查账、入账、分账和转账。以下是王先生的账单情况：

房间号：305

入住日期：5月1日

退房日期：5月5日

Minibar消费：200元

餐厅消费：150元

押金：500元

王先生希望在退房时使用他的信用卡进行结账，并将部分费用转账至另一个房间（306），因为他的朋友也一起入住，并且他们约定好分摊部分费用。请问，收银员如何在系统中完成以上操作？

任务知识

账单处理包括查账、入账、分账、转账、新建收银窗口、增加账单页面、处理客账单和押金等内容。

微课5-1-1
收银

一、查账

关于收银的具体操作如下：点击Cashiering，选择Billing或使用快捷键Alt+C+B，系统弹出一个界面（见图5-1-1），要求输入收银密码，随后进入收银界面。在这个收银界面，上半部分为搜索字段，下半部分展示相应的搜索结果，包括房号、抵离日期、账单余额（Balance）、客人的房态等。双击或Enter键选中相应的客人信息，即可打开该客人的账单。在账单上可以看到客人的现金押金额度、酒店内的消费和服务费金额，通过双击或Edit可以看到具体的消费明细。同时，可以通过点击Options或使用快捷键

137

Alt+T → Credit Cards 或使用快捷键 Alt+E → Credit Card History 或使用快捷键 Alt+H，查看信用卡预授权的信息。

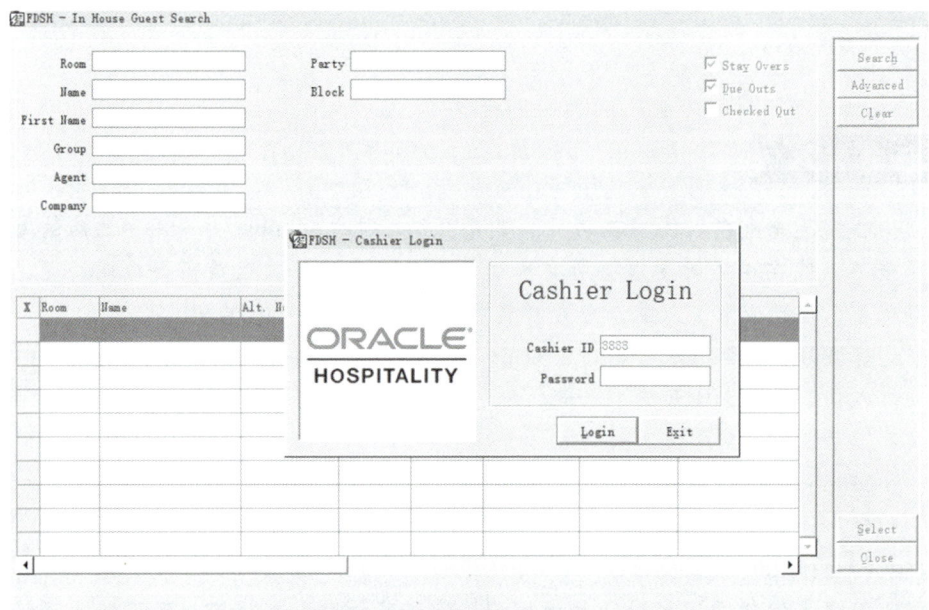

图 5-1-1　Cashier Login 界面

二、入账

如果客人在房间内额外增加 Minibar 消费，那就需要为其入账，具体操作如下：点击 Post（入账），在弹出的对话框中，录入 Code 即客人所消费项目的代码和 Description 即相应的描述。通过在 Code 中输入半角字符"."，然后点击 Tab，选择相应的 Minibar 产品与数量（见图 5-1-2）。

项目五 收银操作

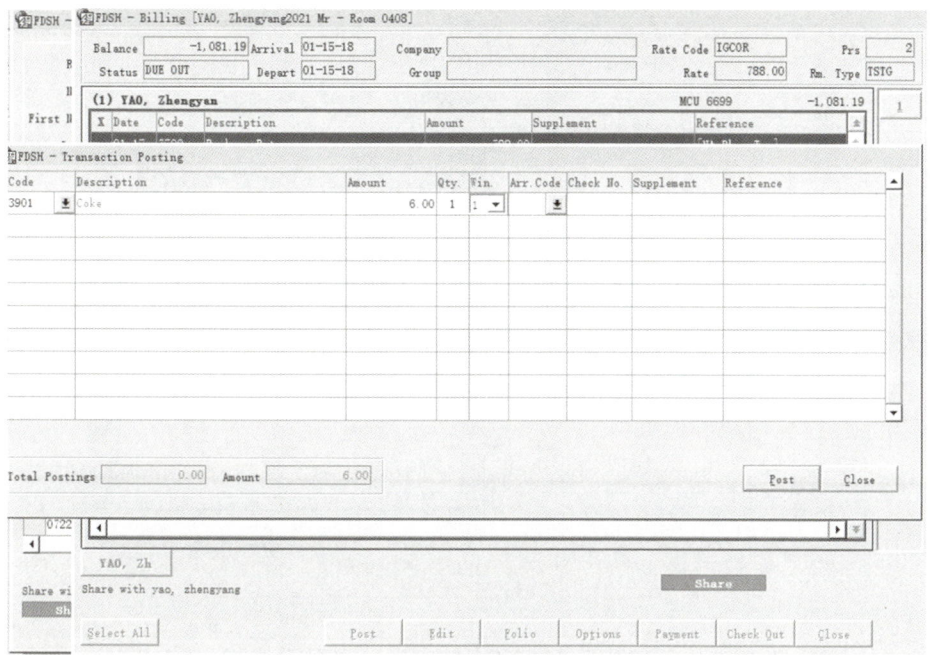

图 5-1-2　Transaction Posting 界面

三、分账及转账

如果要把其中一笔消费分解为两笔，则需要选中该笔消费，通过点击鼠标右键，选择 Split Transaction 分解交易项目。此时，在弹出的对话框中（见图 5-1-3），显示有两个选项，第一个是按照具体的金额来进行分解；第二个是按照比例来进行分解。分账后，税费也会自动分解。分解账单的目的是为转给另外一个房间，通过 Transfer Transaction 转账（见图 5-1-4），系统默认选择就是 Transfer To another Room。在下拉框中选择一个在店的客人，点击 Select 或使用快捷键 Alt+S，点击 Transfer（转账）或使用快捷键 Alt+T，确认费用无误后，点击 OK。此时，可以看到原来的账单已经消失。通过查看转入房间的账单，可以查找到转账来的账单，双击账单可以看到具体的明细，包括转出账单的客人和房间号。

饭店信息系统：OPERA 操作实务

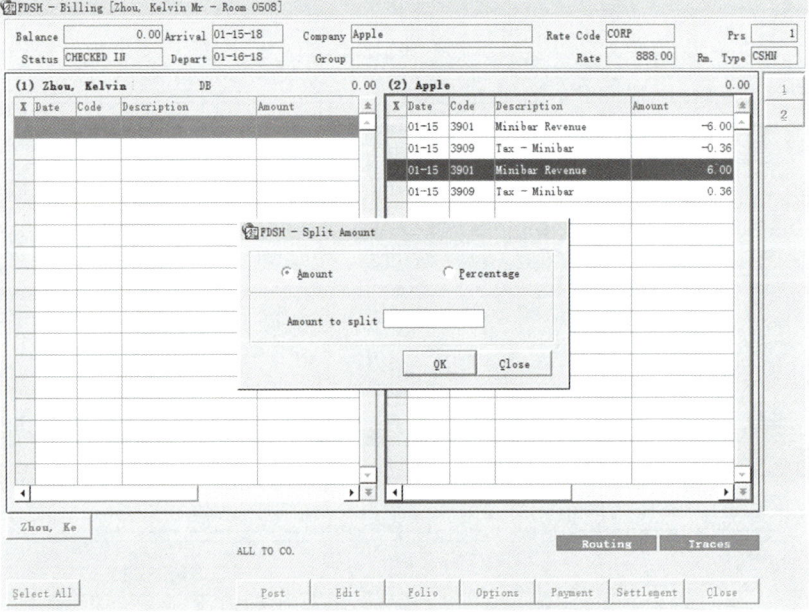

图 5-1-3　Split Amount 界面

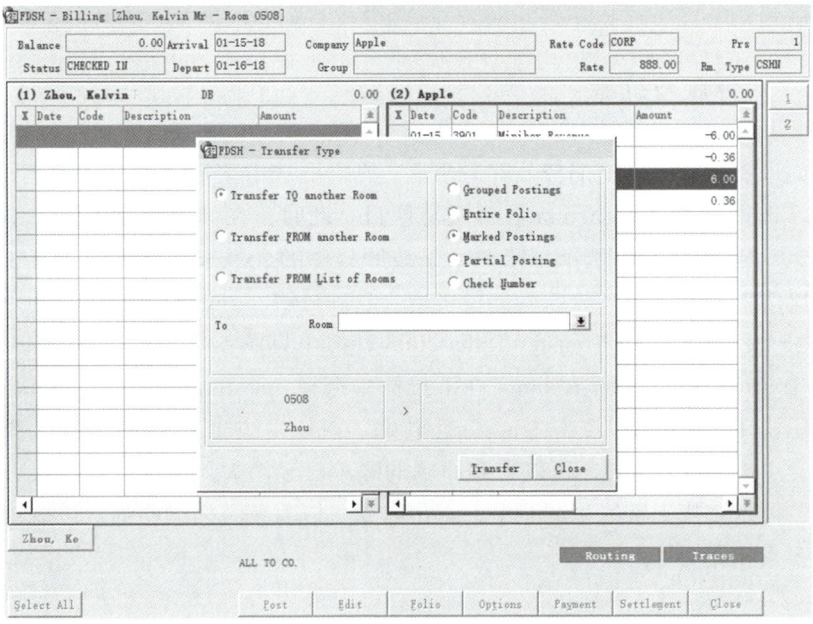

图 5-1-4　Transfer 界面

四、新建收银窗口

在账单中，可以新建不同的窗口，具体操作如下：选中其中一个消费项目，点击鼠标右键，选择 New Window 即新建收银窗口，就会多出一个窗口2。如果再次点击 New Window，可以新建第三个、第四个收银窗口（见图5-1-5），最多可以建立八个收银窗口。通过点击鼠标右键选择 Screen View，选择 Full 全屏显示，那么第一个收银窗口就可以满屏，其他窗口操作也是如此。如果需要重新回到最初的状态，可以点击鼠标右键 Screen View 选择 Split 即对半分，也可以选择 Quad 即四分之一。如果要删除收银窗口，点击鼠标右键，选择 Delete Window，第三个和第四个窗口同时被删除；再点击第二个收银窗口，右键选择 Delete Window，第二个收银窗口也被删除。如果需要将第一个窗口中的消费项目转移到第二个窗口，可以通过右键选择第一个 Transfer to Window，指向第二个窗口，即可实现，也可以用同样的方法转移回去。

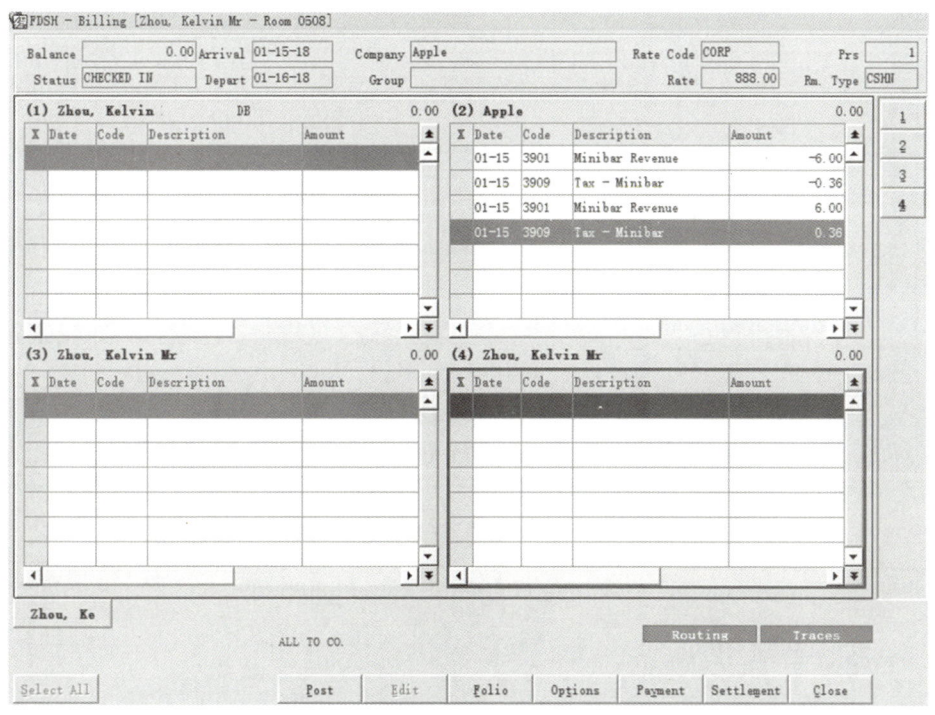

图 5-1-5　New Window 界面

五、增加账单页面

在结账的时候,可能会遇到将账单转移到另外一个房间的情况。此时,就需要把两位客人的账单同时显示在一个页面上,以方便查看和选择。具体操作如下:选中某一个消费项目,点击鼠标右键选择 Add Guest View 或使用快捷键 Alt+G,选中要打开账单的房间,点击 Select 或使用快捷键 Alt+S。此时,可以通过点击左下角标识来切换不同房间的账单(见图 5-1-6)。同时,可通过鼠标右键选择 Remote Guest View 或使用快捷键 Alt+R 删除账单。

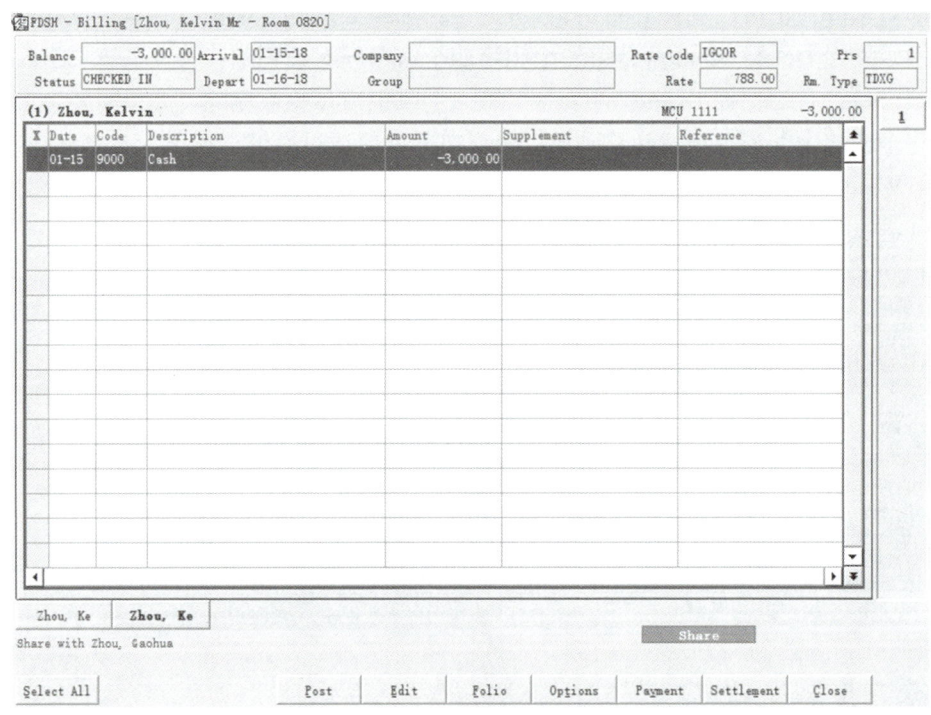

图 5-1-6　Add Guest View 界面

六、客账单

如果客人需要查看账单,那么可以启用 Folio 了解账单明细,具体操作如下:点击界面下端 Folio 或使用快捷键 Alt+F,弹出一个对话框(见图 5-1-7),选择开始和结束的时间,点击 Preview 或使用快捷键 Alt+V 来查看这位客人的账单情况。需要强调的是，客史档案上选择的客人语种将决定账单显示的语种，从而为客人提供个性化的服务。

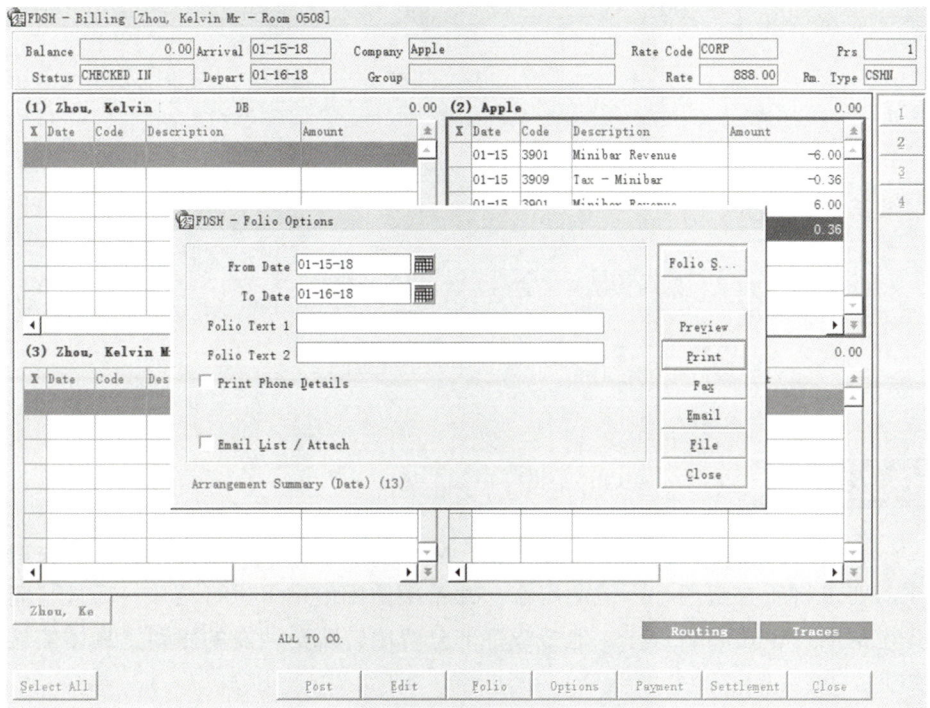

图 5-1-7　Folio 界面

七、押金

如果需要客人补交现金押金的话，就可点击 Payment 付款或使用快捷键 Alt+Y（见图 5-1-8），Payment Code（付款方式）选择 Cash，Currency（货币类别）选择 CNY（人民币），输入押金金额，点击 Post 或使用快捷键 Alt+P 入账。

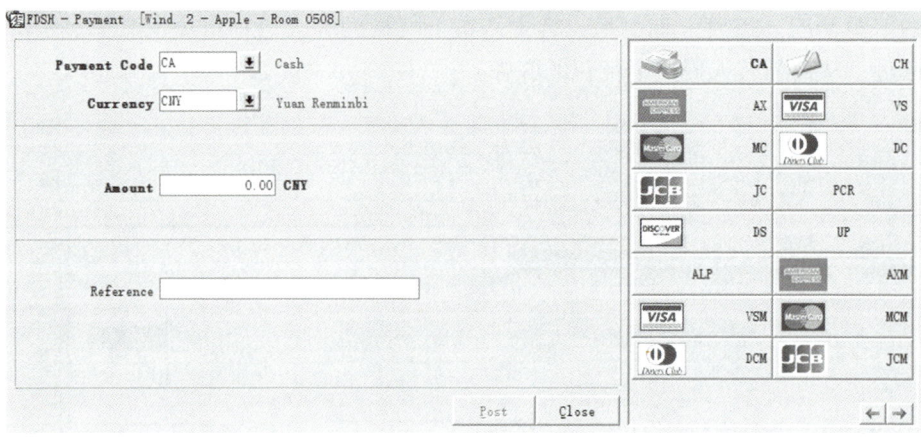

图 5-1-8 Payment 界面

任务实操

客人周先生在酒店入住期间使用了 Minibar，并在酒店餐厅消费。他在退房时要求将所有费用计入他的房账，并希望使用信用卡进行结账。另外，周先生的朋友也在酒店入住，他希望将部分费用转账至朋友的房间。具体信息如下：

房间号：0208

入住日期：5 月 10 日

退房日期：5 月 15 日

Minibar 消费：300 元

餐厅消费：200 元

押金：600 元

朋友房间号：202

转账金额：100 元

作为酒店收银员，请完成以上操作。

 任务二 结账离店

任务导入

客人赵女士在酒店入住期间享用了房间内的 Minibar 和酒店的餐厅服务。她在退房时希望使用信用卡结算所有费用，并在离开酒店前需要了解她的账单详情和余额情况。赵女士的账单余额为正值，但她没有预缴押金，仅有信用卡预授权。具体信息如下：

房间号：0408

入住日期：5 月 12 日

退房日期：5 月 15 日

Minibar 消费：250 元

餐厅消费：300 元

押金：无（有信用卡预授权）

请问，收银员如何在系统中完成以上操作？

任务知识

为客人办理结账离店手续的具体操作如下：点击 Cashiering，再点击 Billing（账单），在此输入收银密码，点击登录。在右上角选择 Due Outs（即将离店的客人），点击 Search 或使用快捷键 Alt+N（搜索），显示系统中当天所有即将离店的客人。需要重点关注 Balance（余额），可以看到有一些客人的账单余额显示为正值，有些客人的账单余额显示为负值。对于 Balance 正值或负值所采用的结账手续是不同的。

一、Balance > 0 时的结账

当 Balance 为正值时，通常情况下，客人是没有缴纳现金押金，但是会有信用卡预授权的。

微课 5-2-1 结账离店：余额大于 0 时

可以通过点击 Options 或使用快捷键 Alt+T → Credit cards 或使用快捷键 Alt+E → Credit Cards History（信用卡的刷卡历史）或使用快捷键 Alt+H 查看预授权情况。

对于 Balance 大于 0 并且已经有信用卡预授权的客人来说，办理离店结账手续是比较简单的。直接点击右下角的 Check Out，选择 Payment（付款方式）、Currency（货币类别）、Amount（金额），点击 Post 入账（见图 5-2-1）。客人离店时，Balance 需为 0、Status 为 Checked Out（见图 5-2-2），点击 Close 关闭这位客人的账单，客人已经从 Due Outs 列表中消失。

把 Due Outs 这个对钩去掉，选中 Checked Out，点击 Search（搜索）就可以找到刚刚离店客人的信息，双击可以打开账单。如果需要具体查看这位客人的账单，点击 Folio，选择 Preview。

图 5-2-1 Payment 界面

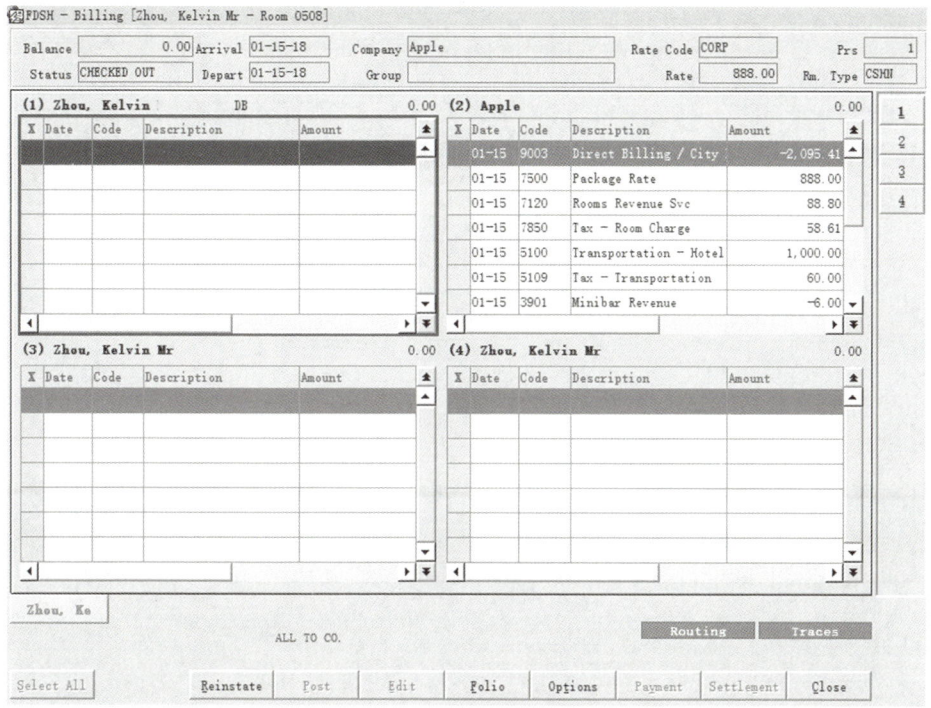

图 5-2-2　Billing 界面

二、Balance ＜ 0 时的结账

当 Balance 小于 0 的时候（见图 5-2-3），通常情况下，客人没有预授权，只有现金押金。

通过查询，如果确实没有预授权，那么结账的具体操作如下：在客人的账单中输入一笔金额，金额恰好是余额的负值，也就是需要输入一笔正的余额。正负相抵，Balance（账户余额）为零，然后完成结账手续。

换言之，需要把剩余的押金以现金的形式退还给客人。

微课 5-2-2　结账离店：余额小于 0 时

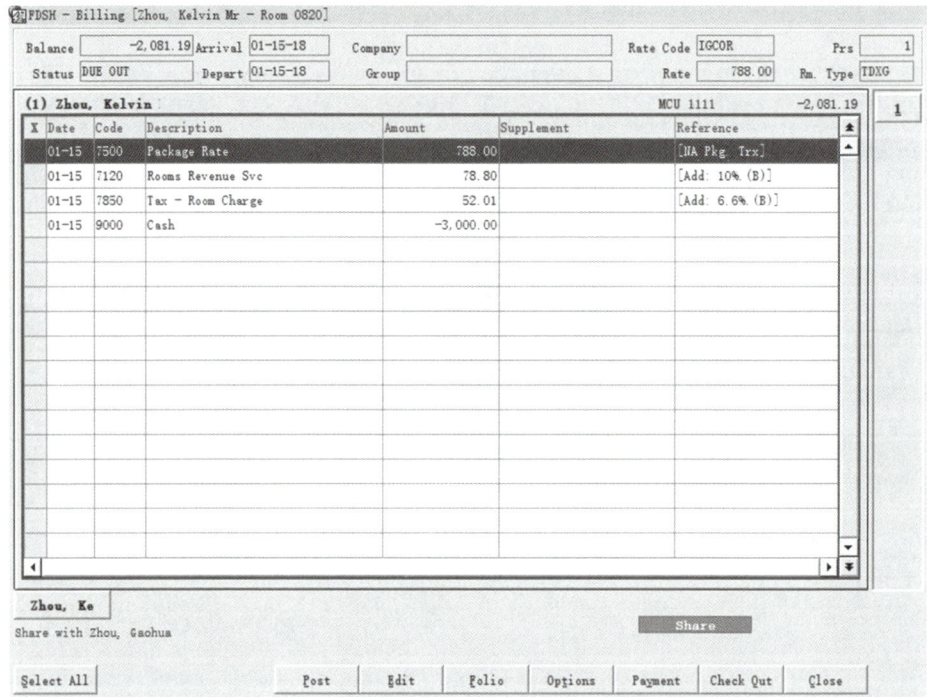

图 5-2-3　Billing 界面

点击左下角的 Post，弹出相应的对话框，在 Code 这里要输入一笔现金退款，Code 交易代码为 8000，然后点击 Tab 键，可以看到 Description（描述）这里会显示 Cash Paid Out，付现金给客人。Amount（金额）这里输入 Balance 对应的正值，并在 Supplement 里输入 Refund（备注给酒店同事看，表明是现金退款），点击 Post 入账（见图 5-2-4）。此时，Refund 退款已出现在收银列表中，右上角的 Balance（余额）显示为 0（见图 5-2-5）。最后点击 Check Out，给客人办理退房手续。

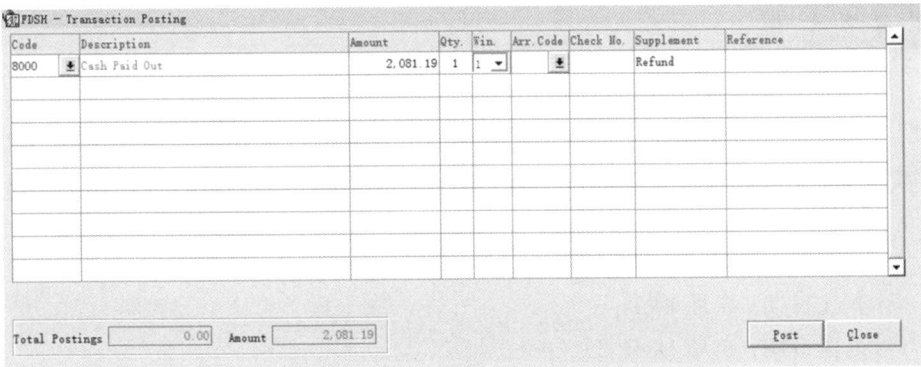

图 5-2-4　Transaction Posting 界面

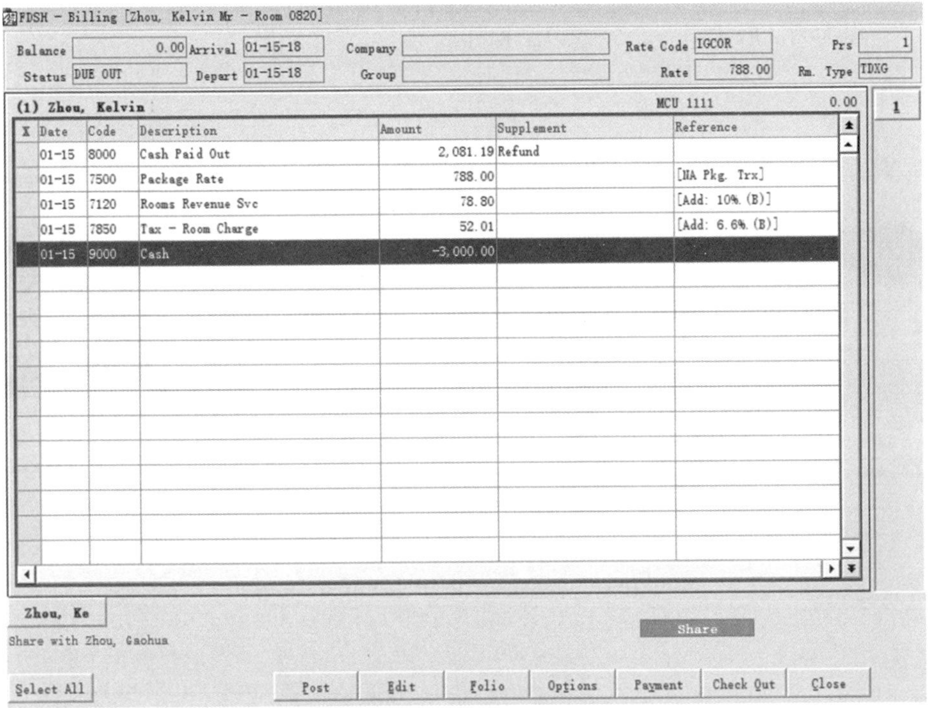

图 5-2-5　Billing 界面

任务实操

客人李先生在酒店入住期间使用了房间内的 Minibar，并在酒店餐厅消费。他在退房时希望使用信用卡结算所有费用，并要了解他的账单详情和余额情况。李先生的账单余额为正值，没有预缴押金，但有信用卡预授权。具体信息如下：

房间号：502

入住日期：5 月 14 日

退房日期：5 月 18 日

Minibar 消费：350 元

餐厅消费：400 元

押金：无（有信用卡预授权）

作为酒店收银员，请完成以上操作。

项目训练

练一练

扫描右侧的二维码，开始做题吧。

随堂练习

项目六 房务管理

项目导读

房务管理（Rooms Management）包含三个功能模块，分别为客房服务（Housekeeping）、大/小维修房（Out of Order/Service）和客房历史（Room History），其中客房服务（Housekeeping）又包括房态管理（Housekeeping Management）、待清洁房间（Queue Rush Rooms）、房间用途（Room Conditions）、房态差异（Room Discrepancies）和派工管理（Task Assignment）。本项目的学习有助于理解 Opera PMS 系统中前台与客房的工作关系。

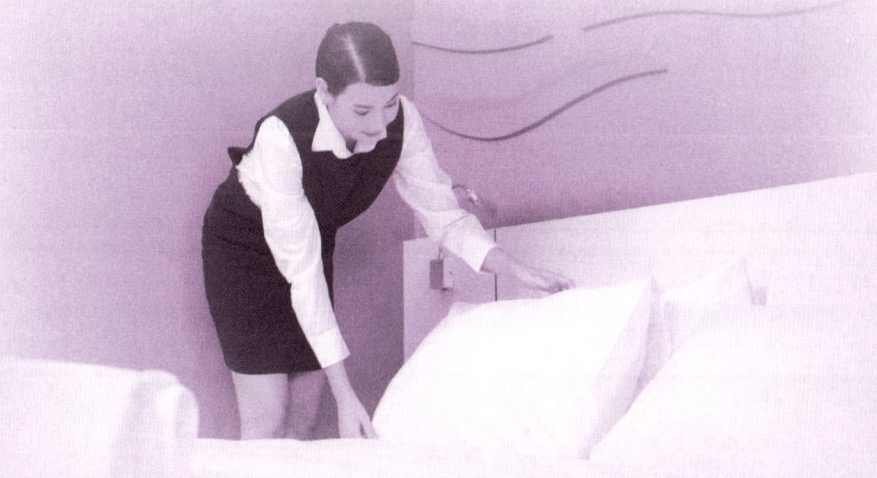

饭店信息系统：OPERA 操作实务

学习目标

知识目标	1. 了解客房房态的概念、种类 2. 了解饭店房态差异的概念及原因
能力目标	1. 能根据营业情况正确进行房态控制 2. 能设置各种房态
素质目标	1. 培养学生爱岗敬业、热情服务的精神 2. 刻苦学习，熟练掌握饭店客房管理操作能力

思维导图

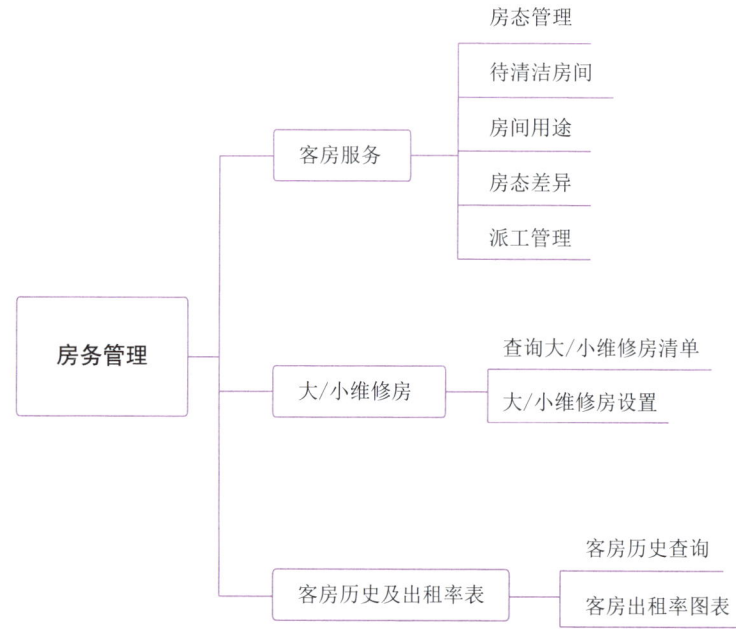

任务一　客房服务

任务导入

一位早班服务员在日常客房清洁过程中，发现客房清洁报表中 0305 房间记录的状态为"Occupied 住客房"，但该房间内却没有客人也没有行李。请问该客房服务员应该怎么做？走访本地 3~4 家酒店，拜访客房部经理或主管，了解该酒店客房房态的设置以及不同房态的变化流程。

任务知识

一、房态管理

通过下拉式菜单 Rooms Management，选择 Housekeeping，再选择 Housekeeping Management，打开房态管理界面（见图 6-1-1）。

微课 6-1-1
房态管理

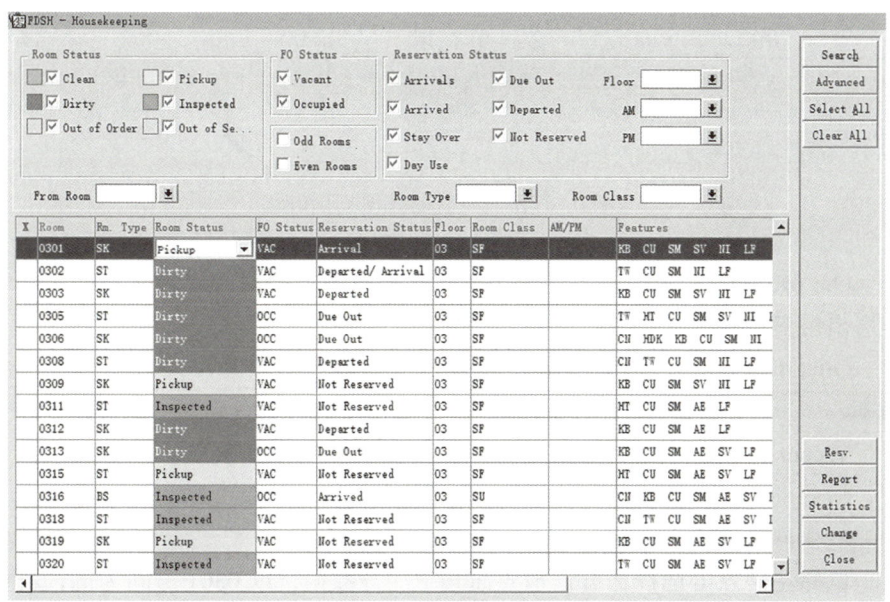

图 6-1-1　房态管理界面

1. 房态基础知识

在房态管理界面的房态栏 Room Status，点击下拉箭头，可以更改房态，系统内设置的房态参数如下：

Clean：已打扫完毕的干净房（见图 6-1-2）

Pickup：需要简单整理的房间

Dirty：已使用的脏房

Inspected：打扫干净且已经过管理人员检查合格的干净房

图 6-1-2　已打扫完毕的干净房

Out of Order：大维修房，客房由于硬件故障需要时间修理，不计入酒店客房出租率

Out of Service：小维修房，客房只是有很小的故障，计入酒店客房出租率

Vacant：空房，暂时未出租的房间

Occupied：住客房，住店客人正在使用的房间

2. 查询房间细节

鼠标左键点击选择房态管理界面其中一行数据，以 0301 房间为例，就可以看到该房间的具体信息（见图 6-1-3）。

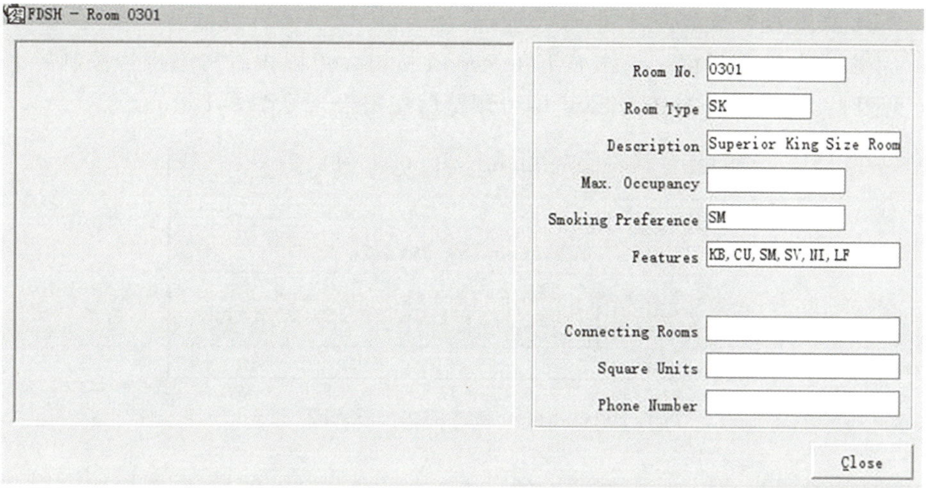

图 6-1-3　房间信息界面

3. 查询预订界面

在房态管理界面，点击右下角 Resv. 按键，就可以查看即将入住 0301 房间客人的预订信息（见图 6-1-4）。

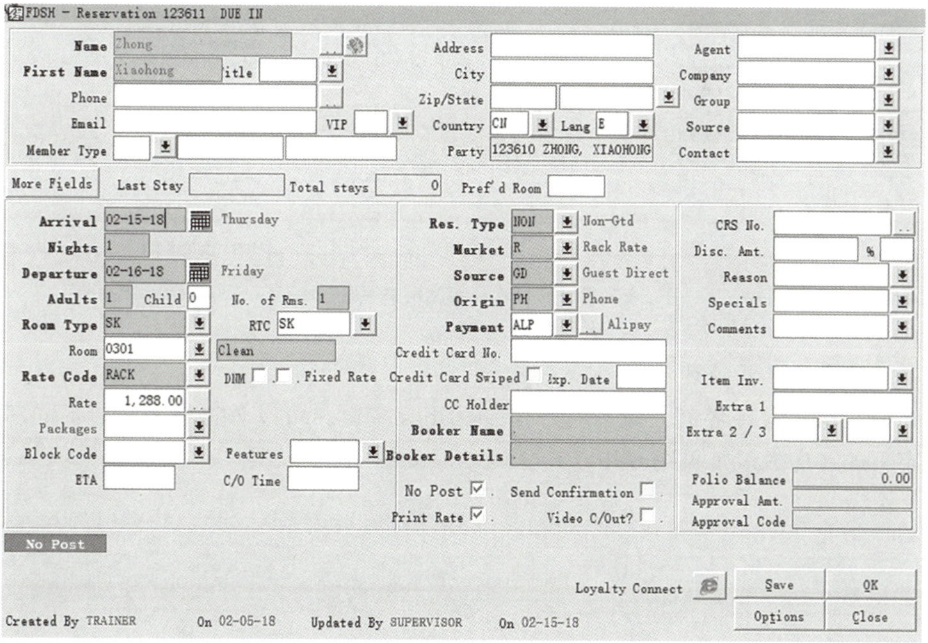

图 6-1-4　预订界面

4. 查看房态报告

在房态管理界面，点击右下角 Report 按键，可以查看房态报告控制界面（见图 6–1–5），点击 Preview，即可预览房态报告（见图 6–1–6）。

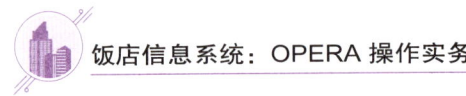

图 6-1-5　房态报告控制界面

micros OPERA

Zhejiang Tourim Academy

Housekeeping Detail Report

02-09-18

13:33

Room No.	Type	Status	AM/PM Section	FO Status	Reservation Status
0301	CSHN	Clean		VAC	Departed
0302	TSTG	Inspected		OCC	Departed/ Arrived
0303	CSHN	Inspected		VAC	Departed/ Arrival
0305	TSTG	Inspected		VAC	Not Reserved
0306	CSHN	Inspected		VAC	Not Reserved
0308	TSTG	Inspected		VAC	Not Reserved
0309	CSHN	Inspected		VAC	Departed/ Arrival
0311	TSTG	Inspected		OCC	Arrived
0312	CSHN	Clean		VAC	Departed
0313	CSHN	Inspected		OCC	Due Out
0315	TSTG	Inspected		OCC	Due Out
0316	CXHN	Inspected		VAC	Departed
0318	TSTG	Inspected		OCC	Due Out
0319	CSHN	Dirty		OCC	Stayover
0320	TSTG	Dirty		OCC	Due Out
0321	TSTG	Inspected		OCC	Departed/ Arrived

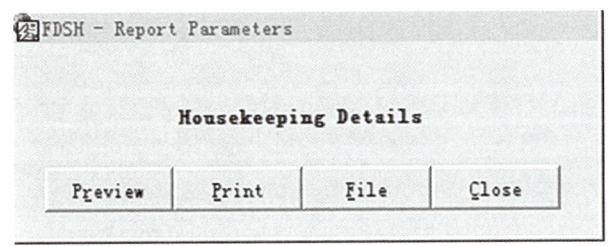

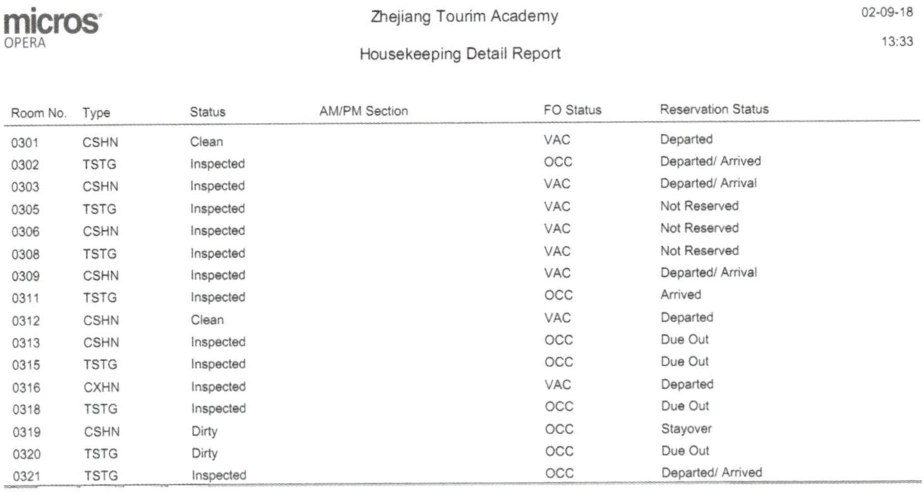

图 6-1-6　房态报告界面

5. 客房数量统计

在房态管理界面，点击右下角 Statistics 按键，可以查看整个酒店不同房态下的客房数量（见图 6–1–7）。

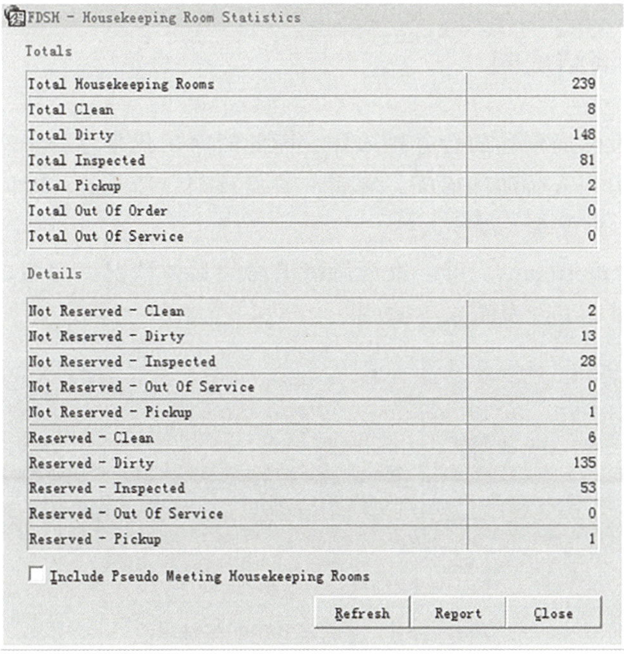

图 6-1-7　客房数量统计界面

6. 变更房态

在房态管理界面，点击右下角 Change 按键，可快速批量变更房态（见图 6-1-8）。

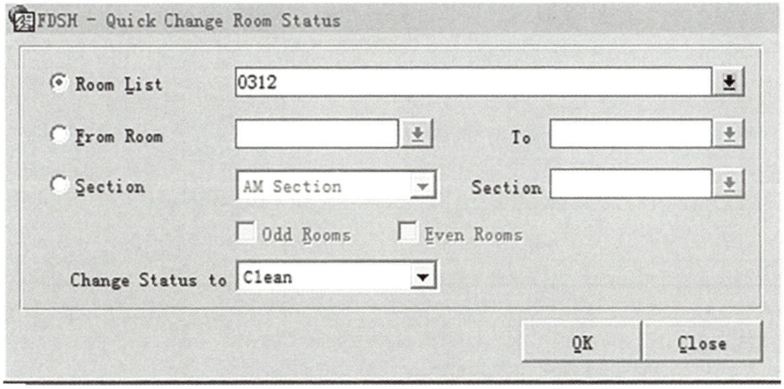

图 6-1-8　批量变更房态界面

二、待清洁房间

如果客人已经到达前台办理入住,而此时客房仍未打扫干净,前台工作人员可将此房列入待清洁房间,客房部看见该消息后会第一时间集中安排员工优先打扫,确保客人尽快入住。

点击 Queue Rooms,可以查看待清洁房间具体情况:房型、房号、等待时间等(见图 6-1-9 及图 6-1-10)。

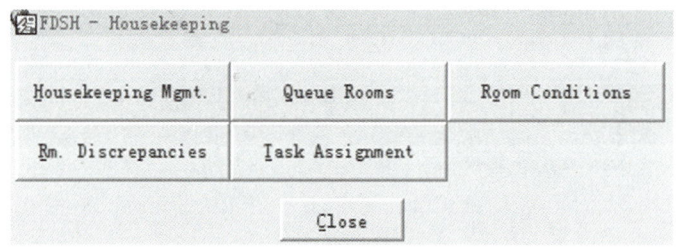

图 6-1-9 客房服务功能按键界面

图 6-1-10 待清洁房间界面

点击右下角 Details 按键,可以查看该房间详细情况(见图 6-1-11)。

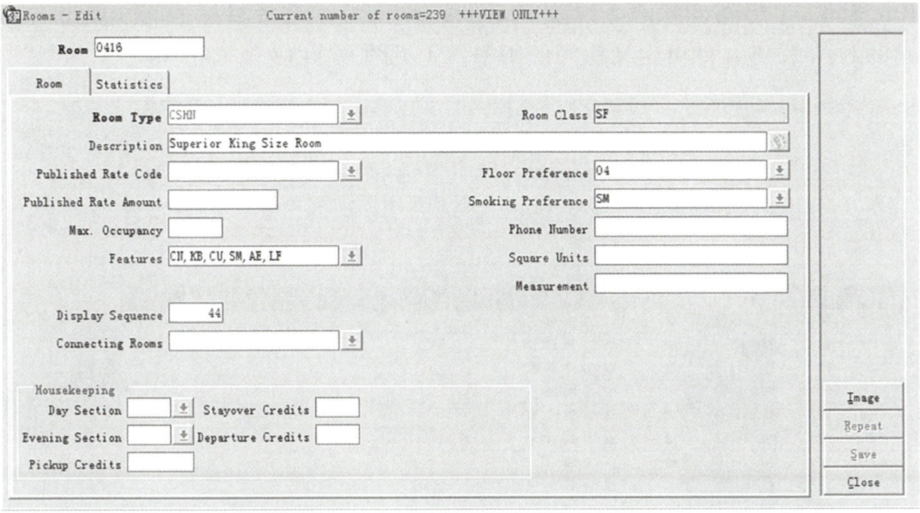

图 6-1-11 待清洁房间详情界面

点击右下角 Report 按键，可以查看待清洁房间报告（见图 6-1-12）。

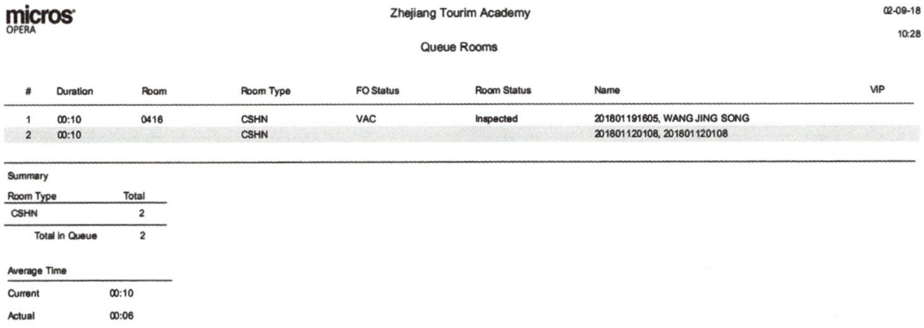

#	Duration	Room	Room Type	FO Status	Room Status	Name	VIP
1	00:10	0416	CSHN	VAC	Inspected	201801191605, WANG JING SONG	
2	00:10		CSHN			201801120108, 201801120108	

Summary

Room Type	Total
CSHN	2
Total in Queue	2

Average Time

Current	00:10
Actual	00:06

图 6-1-12 待清洁房间报告界面

三、房间用途

该设置可以让酒店对某些房间自定义使用条件。比如，供贵宾使用的房间，酒店可以将该房间设置为 VIP；供客人参观的房间，酒店可以将该房间设置为 Show Room，即 SR。

打开 Room Conditions 功能，界面会列出酒店所有房间，清楚地显示出

Rm. Status（房间的状态）以及 Features（特征）。选择目标房间，点击右下角的 New 按键，即可定义房间使用条件（见图 6-1-13 及 6-1-14）。

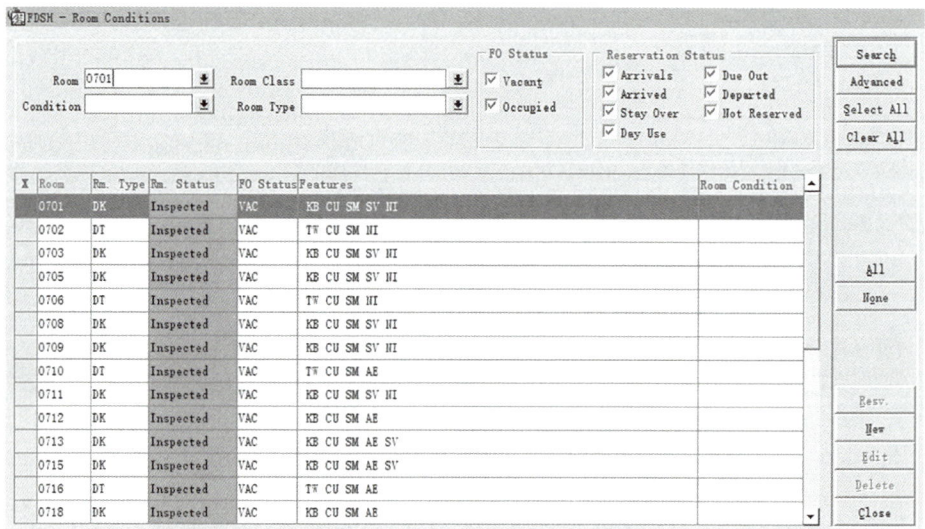

图 6-1-13　房间用途界面

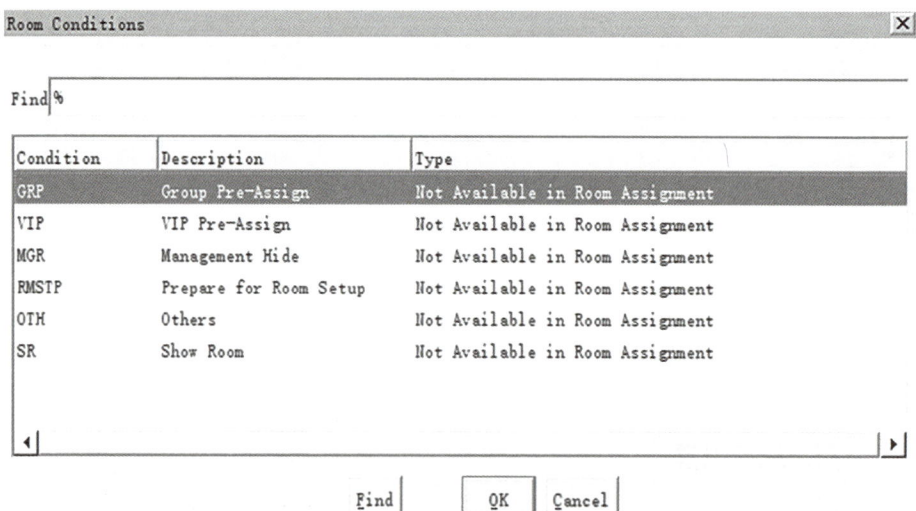

图 6-1-14　定义房间使用条件界面

以 SR 即 Show Room 为例来完成 Room Conditions（房间用途）设置。点击右下角 Edit 按键可以修改设置，点击 Delete 按键可以删除设置（见图 6-1-15）。

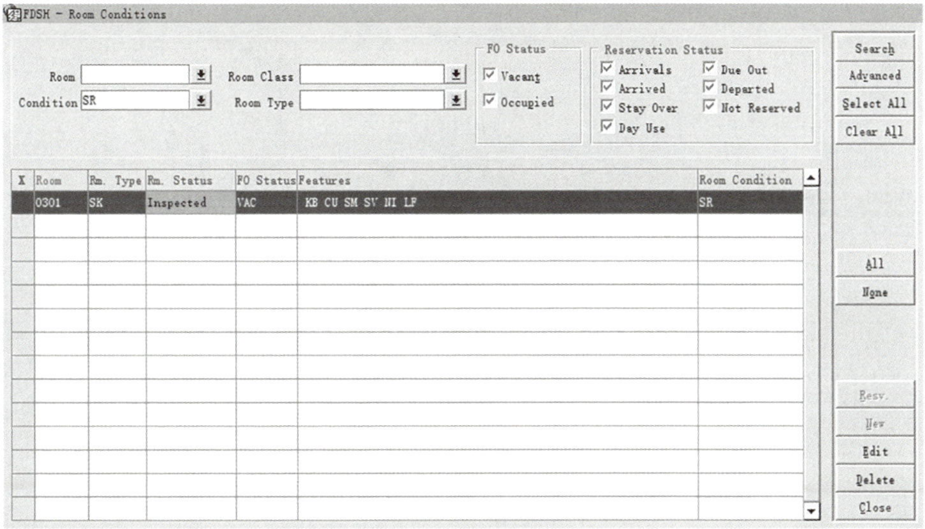

图 6-1-15　房间用途界面

四、房态差异

房态差异，即酒店客房的前台查询房态和客房部实际房态不一致。常见的房态差异有三种：前台查询为住客房而客房部实际房态为空房，此种情况为 Skip（遗漏房）；前台查询为空房而客房部实际房态为住客房，此种情况为 Sleep（沉睡房）；前台查询登记是住 1 人而客房部实际住店人数为 2 人，此种情况为 Person Discrepancy（人数差异房）（见图 6-1-16）。

房态差异产生的原因常见于以下四种：客人已经付清费用，但前台收银尚未做收银处理；客人已经换房，但前台员工尚未及时更新系统记录；客人已经入住酒店，但前台员工尚未及时将客人信息录入系统；客人在店但外宿，客房部查房后定义该房间为空房。

图 6-1-16　房态差异界面

五、派工管理

酒店客房部每天都要对客房进行清洁打扫（见图 6-1-17）或者检查，管理者每天都需将清洁任务分发到每位客房清洁员。系统提供非常便利的清洁任务派工管理功能 Task Assignment，用于为客房清洁员逐个客房派工或批量客房派工（见图 6-1-18）。

图 6-1-17 清扫房间

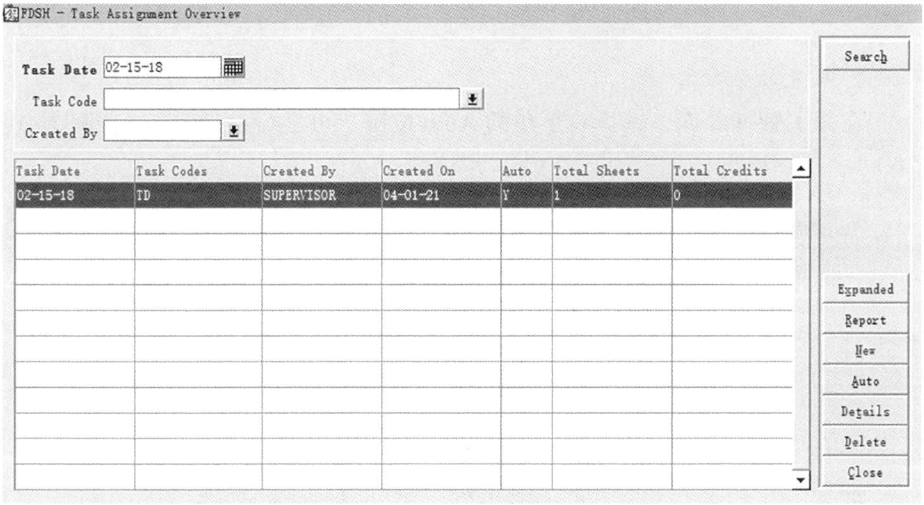

图 6-1-18 派工管理界面

1. 手动逐个客房派工

点击派工管理界面右下角 New 按键，进入手动逐个客房派工界面（见图 6-1-19），点击右下角 New Room 按键，从列表中的下拉框选择目标房间，每次只能选择一间房，可以对已选择的房间录入清洁任务指标 Room Instruction。此方法一般在对个别房间安排特殊任务的时候使用。

完成后，选择保存，返回派工管理界面，然后选择右侧的 Report 按键，可预览并打印派工单（Task Sheet）。

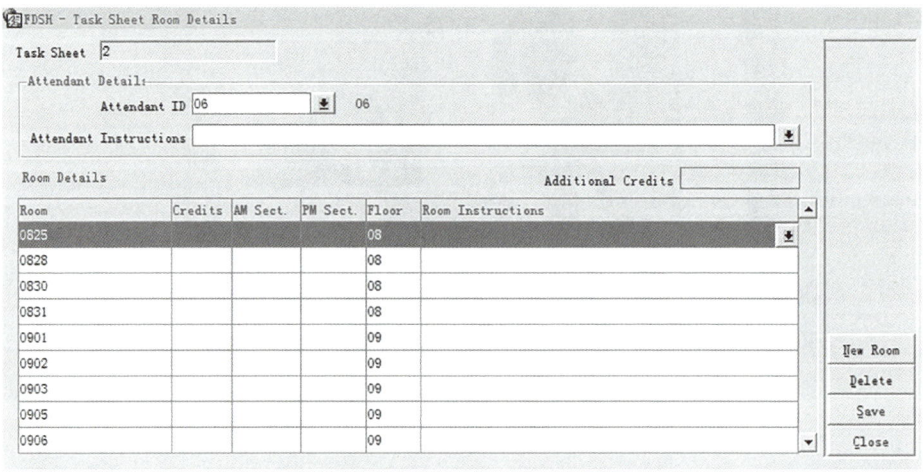

图 6-1-19　手动逐个客房派工界面

2. 批量客房派工

在派工管理界面，选择右下角的 Auto 按键，可进行批量派工（见图 6-1-20）。

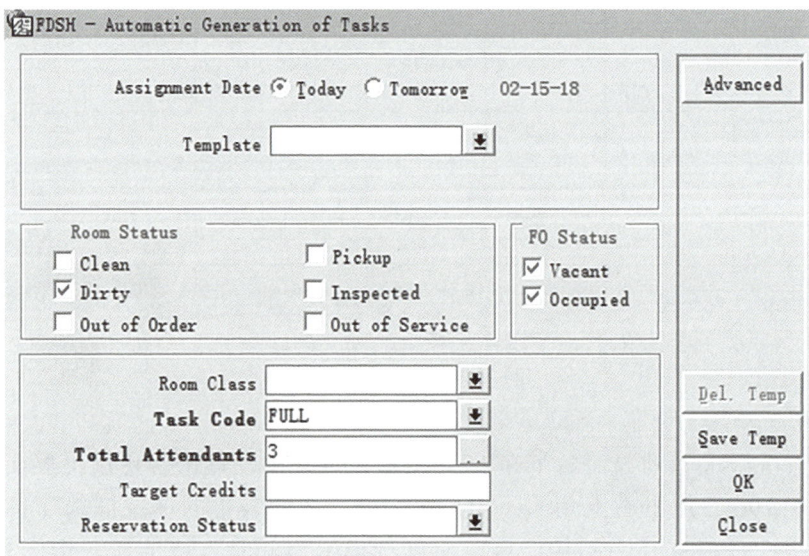

图 6-1-20　批量客房派工界面

完成批量派工的条件录入后，点击 OK 按键，即出现派工单（见图 6-1-21）。

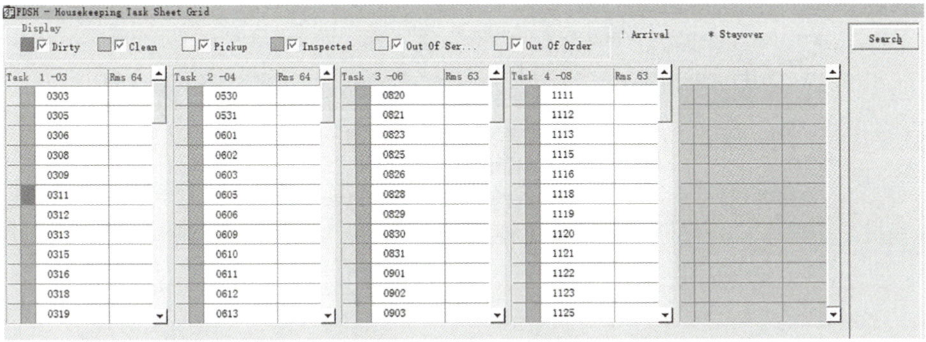

图 6-1-21　派工单界面

点击 Search，可查看为员工分配的工作任务（见图 6-1-22）。

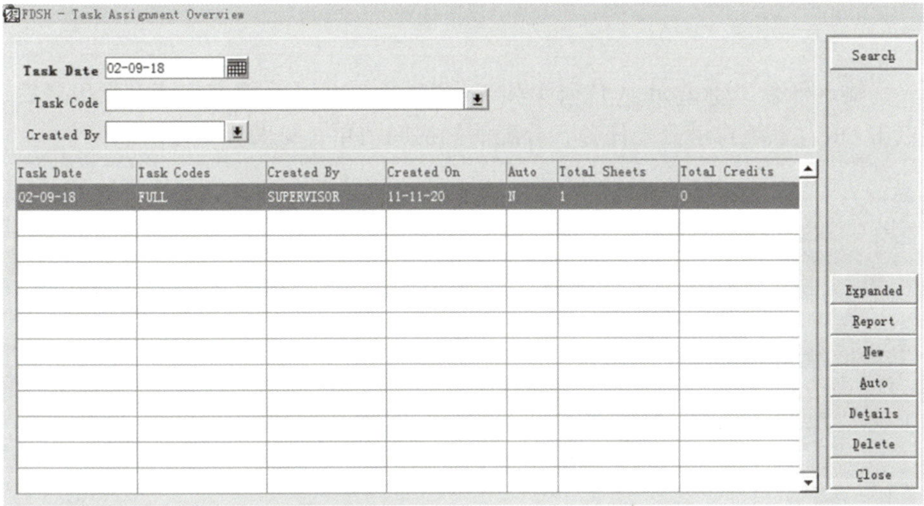

图 6-1-22　员工任务分配界面

点击 New，可以为员工新建任务，点击 Task Code，可以选择任务代码（见图 6-1-23）。

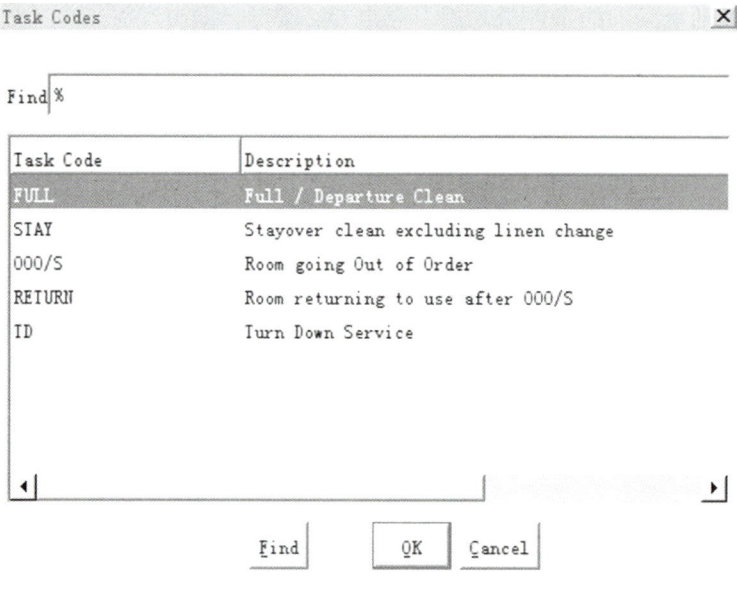

图 6-1-23　员工任务代码界面

输入任务 Task Code（代码）和 Total Attendants（全部客房清扫员）之后，点击 OK，系统自动分配任务，分配清扫房间清单（见图 6-1-24）。

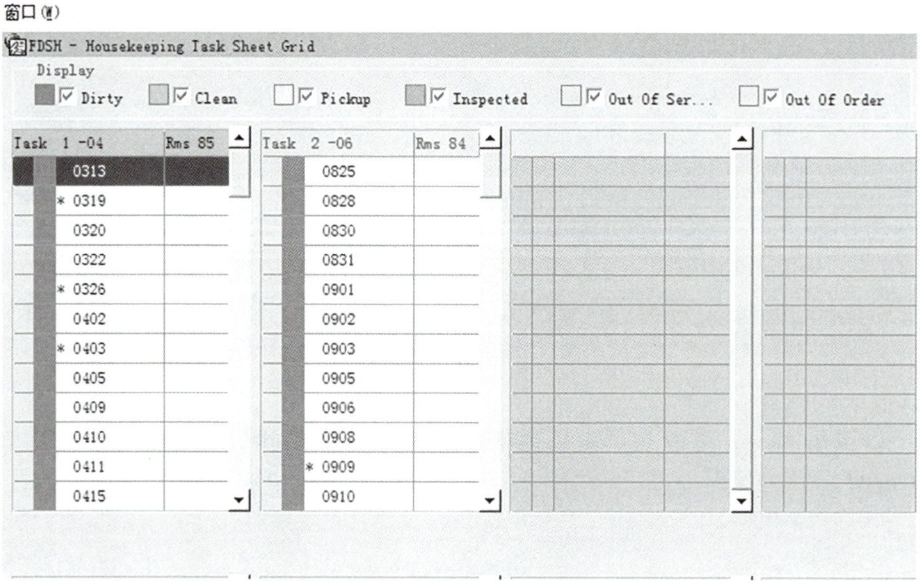

图 6-1-24　房间清扫派工单界面

任务实操

使用快捷键 Ctrl+F（Floor Plan）后点击 All Rooms 查看房间状态表，0315 房间状态为（　　　）。

为上门散客诸葛雨先生办理入住，1 间豪华大床房，房间号为 0315，入住时间为系统中的当日，入住一个间夜，支付方式为支付宝。

为诸葛先生办理好入住之后，房间 0315 的房态由（　　　）转变为（　　　）。

任务二　大/小维修房

任务导入

在旅游淡季，某地区有一家酒店的客房平均出租率已下降为 15% 并且该状态会持续长达三个月。请问该酒店该怎样做以便能更好地节能降耗？走访本地 1~2 家酒店，拜访客房部经理或主管，了解该酒店客房大/小维修房的设置以及常见的原因。

任务知识

选择 Rooms Management，点击 Out of Order/Service，进入设置界面。

一、查询大/小维修房清单

选择好 Date（日期），然后选中 Out of Order 或 Out of Service，点击 Search 进行搜索，查看所有大/小维修房。点击 Edit 按键可以修改设置；点击 Delete 按键可以删除设置（见图 6-2-1）。

微课 6-2-1　大/小维修房

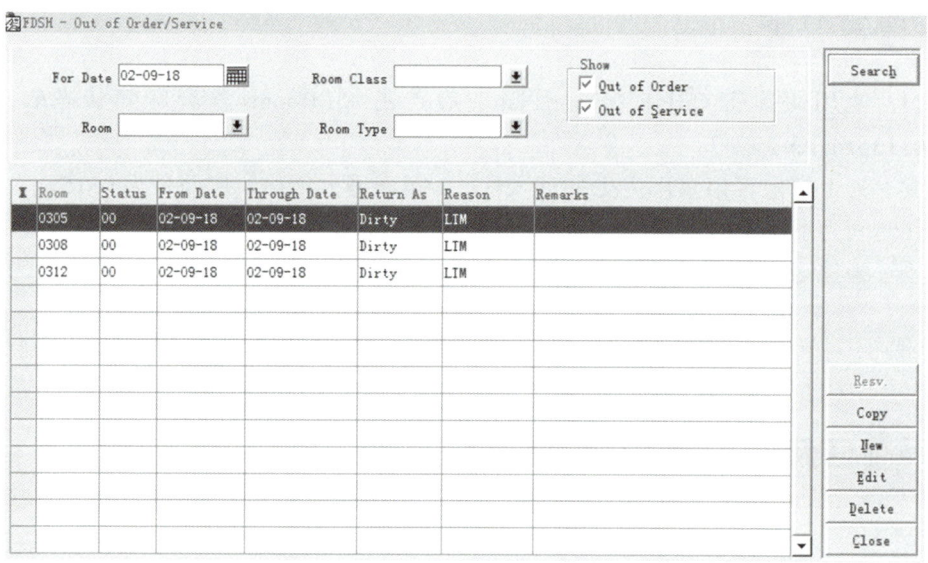

图 6-2-1　大 / 小维修房清单界面

点击 Room Class 下拉框，可查看酒店可提供的所有房间等级（见图 6-2-2）。此对话框内的房间等级可多选，鼠标左键点击表格第一列空格，只有当出现"X"时才表示选中。

　　SF：Superior Room，高级房

　　DF：Deluxe Room，豪华房

　　EF：Executive Room，行政房

　　SU：Business Suite，商务套房

　　ES：Executive Suite，行政套房

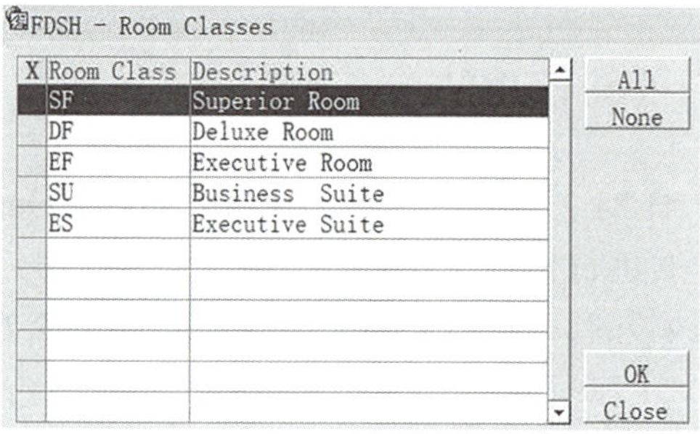

图 6-2-2　房间等级

点击 Room 下拉框，可查看酒店的房间，列表中有房间号以及相对应的

房型，比如 0301 房间为 Superior King Size Room 即高级大床房（见图 6-2-3）。

```
Rooms
Find %

Room   Description
0301   Superior King Size Room
0302   Superior Twin Size Room
0303   Superior King Size Room
0305   Superior Twin Size Room
0306   Superior King Size Room
0308   Superior Twin Size Room
0309   Superior King Size Room
0311   Superior Twin Size Room
0312   Superior King Size Room
0313   Superior King Size Room
0315   Superior Twin Size Room
0316   Business Suite
0318   Superior Twin Size Room
0319   Superior King Size Room
0320   Superior Twin Size Room
0321   Superior Twin Size Room
0322   Superior Twin Size Room
0323   Superior King Size Room

              Find    OK    Cancel
```

图 6-2-3　房间等级

点击 Room Type 下拉框，可查看酒店提供的所有房型（见图 6-2-4）。代码前面四个以大写的英文字母"P"字开头的房型都是假房，即现实中不存在的房型，主要是酒店因数据统计需要而虚拟出来的客房。

PM：Posting Master，团队主账假房

PF：Permanent Folio，非住店客人入账时所使用的假房

PI：Post Interface，第三方接口入账时可使用的假房

PH：House Use，自用房入账时可使用的假房

SK：Superior King Size Room，高级大床房

ST：Superior Twin Size Room，高级双床房

DK：Deluxe King Size Room，豪华大床房

DT：Deluxe Twin Size Room，豪华双床房

EK：Executive King Size Room，行政大床房

ET：Executive Twin Size Room Close，行政双床房

BS：Business Suite，商务套房

ES：Executive Suite，行政套房

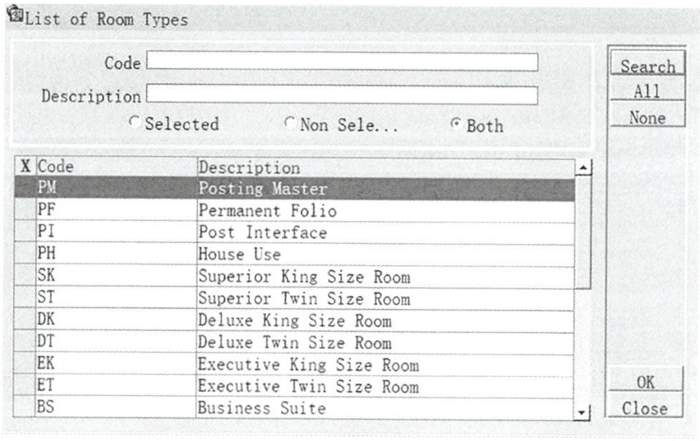

图 6-2-4　房型

二、大/小维修房设置

由于各种原因，房间可能无法分配给客人。系统允许酒店定义因"Out of Order"（大维修房）和"Out of Service"（小维修房）而停止使用的房间，无论是"Out of Order"还是"Out of Service"，都会阻止酒店将这些房间分配给有预订的客人。这两种房间状态的区别在于，"Out of Order"房间不会计入酒店可使用房间，而"Out of Service"房间则会计入酒店可使用房间。"Out of Order"意味着房间因需要维修而不对外销售。如果由于淡季、清洁等原因，酒店想封锁某个楼层，则可以使用"Out of Service"状态。当然，"Out of Service"的房间会继续保留在可用房源中，因为如果有需要，此类客房当日可恢复房态并对客销售。

点击上图右下角 New 按键，可进入大/小维修房设置界面（见图 6-2-5）。

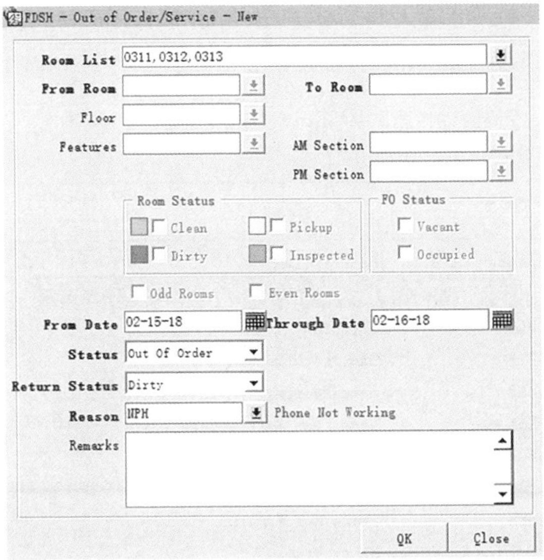

图 6-2-5　大/小维修房设置界面

　　Room List：点击下拉框以选择"Out of Order/Service"的房间

　　From/To Room：点击下拉框显示房间列表，然后选择需要设置"Out of Order/Service"的房间范围

　　Floor：筛选楼层

　　Features：筛选房间特征

　　AM Section：筛选哪个房间属于客房部早班清洁范围

　　PM Section：筛选哪个房间属于客房部中班清洁范围

　　Room Status：筛选不同房态（Clean 干净房、Dirty 脏房、Pickup 需要简单整理的房间、Inspected 已经检查过的房间）

　　FO Status：筛选房间的前台状态（Vacant 空房、Occupied 住客房）

　　Odd/Even Rooms：筛选奇数或偶数房间

　　From/Through Date：开始及结束日期

　　Status：房态

　　Return Status：房间恢复正常使用后的状态，"Clean"显示房间已清洁并可投入使用，"Dirty"提醒房务人员该房间需要清洁，"Pickup"要求对该房间进行最后的清洁检查，以确保其处于可服务状态

　　Reason：点击下拉框选择一个"Out of Order/Service"的原因或直接在空格内输入原因缩写代码

Remarks：备注，可输入与"Out of Order/Service"相关的其他任何信息，在下拉列表中选择设置的原因（见图6-2-6）。

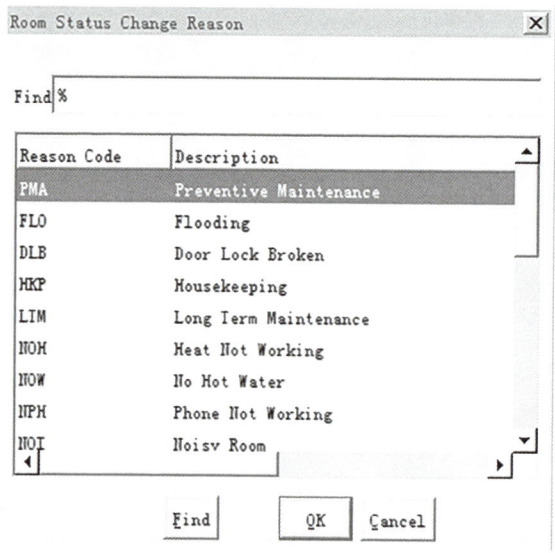

图6-2-6　大/小维修房设置原因

PMA：Preventive Maintenance，维保

FLO：Flooding，漏水

DLB：Door Lock Broken，门锁故障

HKP：Housekeeping，清洁

LIM：Long Term Maintenance，长期维修

NOH：Heat Not Working，暖气不制热

NOW：No Hot Water，没有热水

NPH：Phone Not Working，电话故障

NOI：Noisy Room，房间嘈杂

任务实操

登录系统，查看实时房态，总房间数为（　　　　），其中：OC房间数为（　　　　），OD房间数为（　　　　），VC房间数为（　　　　），VD房间数为（　　　　），OOO房间数为（　　　　），OOS房间数为（　　　　）。

查看0311-0318这8间房间，其房态分别为：_____。

由于时值淡季,饭店决定关闭 5 楼的客房区域,将 5 楼所有客房设置为 OOS 房。

任务三　客房历史及出租率表

任务导入

余先生在酒店前台结账离店时,服务员将装有发票和账单的信封双手递交给余先生并对他说:"真希望第七次再见到您"。请问该服务员是怎样知道余先生本次是第六次入住酒店的? 走访本地 1~2 家酒店,拜访客房部经理或主管,了解该酒店是如何利用好客房历史以针对性对客服务的?

任务知识

客房历史(Room History)功能可以帮助酒店快速查看某间客房的历史入住情况,是前厅部、客房部常用的功能。

一、客房历史查询

客房历史除了可以根据房间号码查询,也可以使用客人的信用卡号码查询(见图 6-3-1)。

在客房历史查询界面可以查看客人的客史档案(Profile)、预订信息(Reservation)、订单收益(Revenue)以及明细消费单(Folio)等(见图 6-3-2、图 6-3-3、图 6-3-4 和图 6-3-5)。

图6-3-1 客房历史查询界面

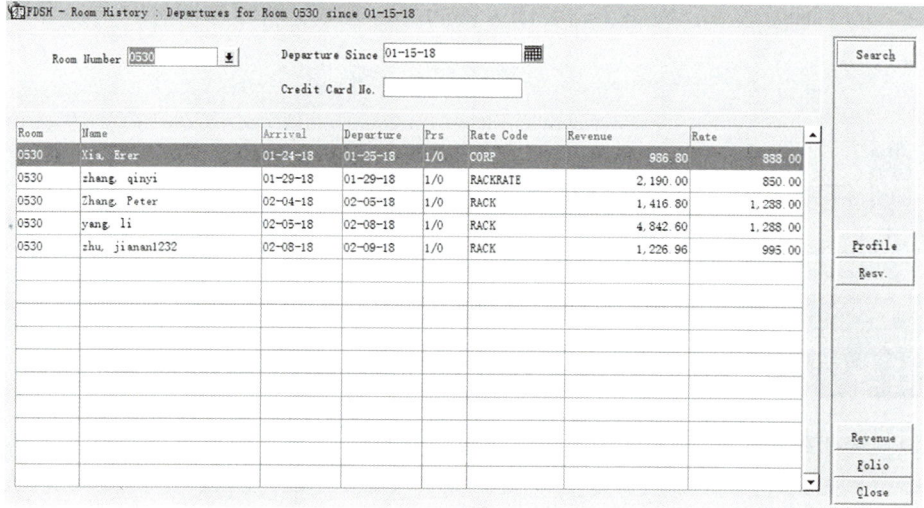

图6-3-2 客史档案界面

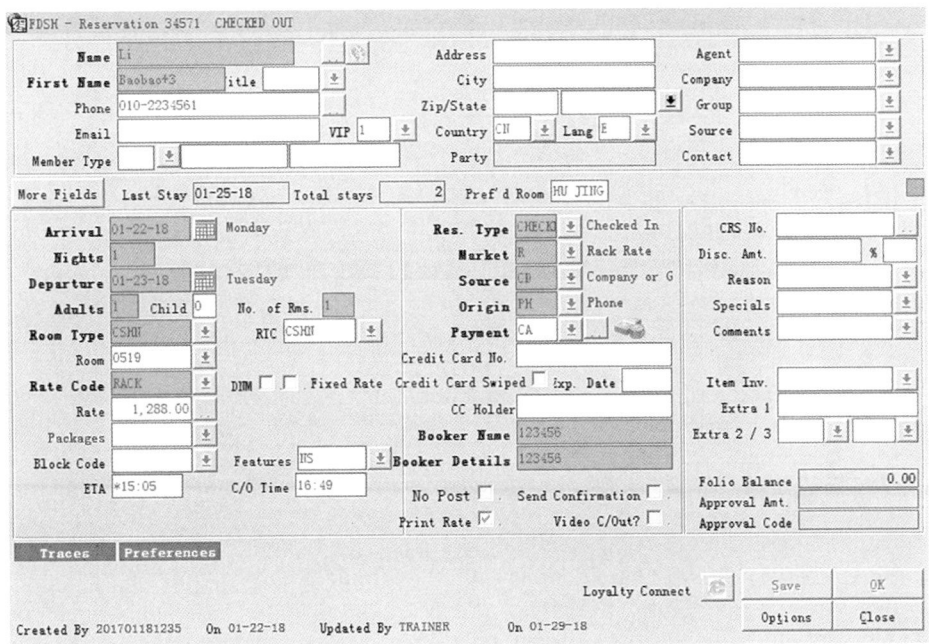

图 6-3-3 预订信息界面

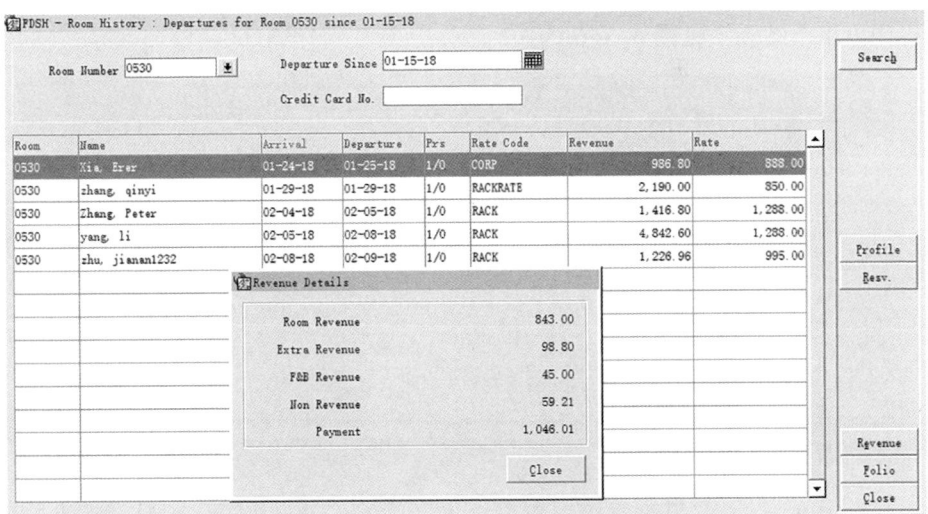

图 6-3-4 订单收益界面

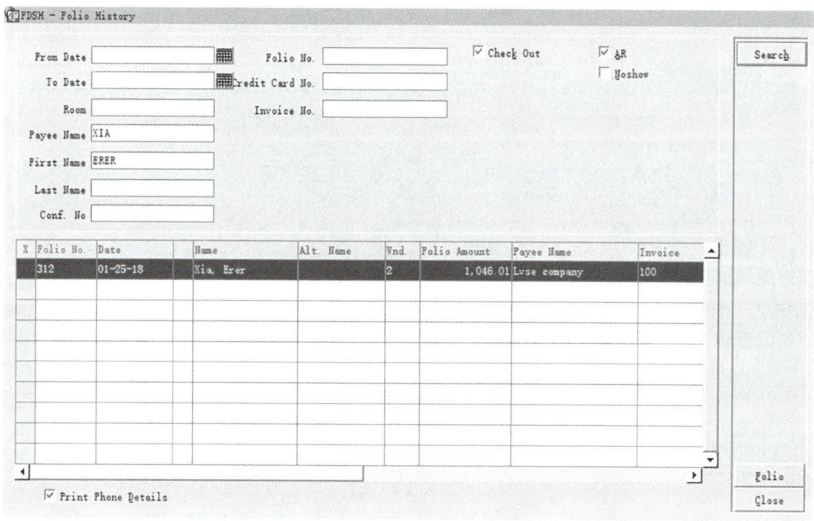

图 6-3-5　明细消费单界面

二、客房出租率图表

输入搜索参数，点击 Search，可查看酒店客房出租状态，点击 Print 可以打印出租率图表（见图 6-3-6）。

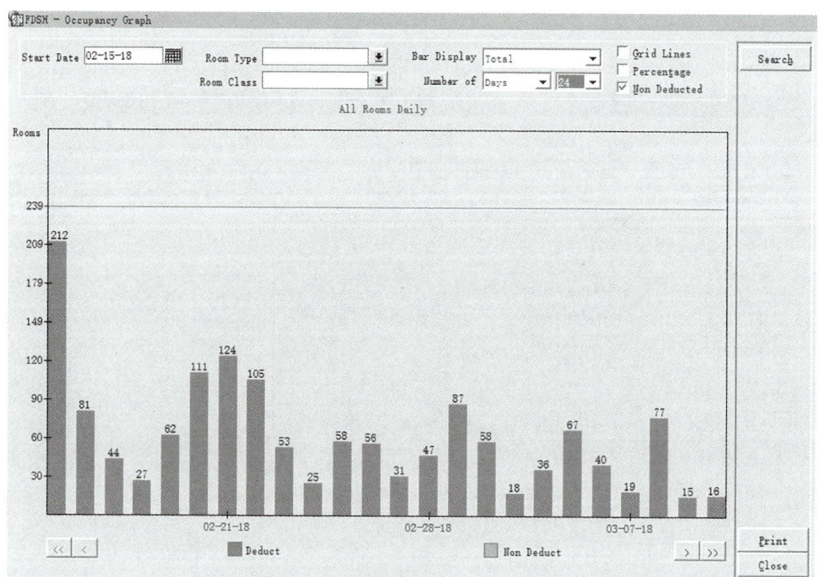

图 6-3-6　客房出租率图表

可以选择设置不同的房型、房型等级、周数等，根据设置会得出不同的数据图表，如将查看日期由 24 天调整为 16 天（见图 6-3-7）。

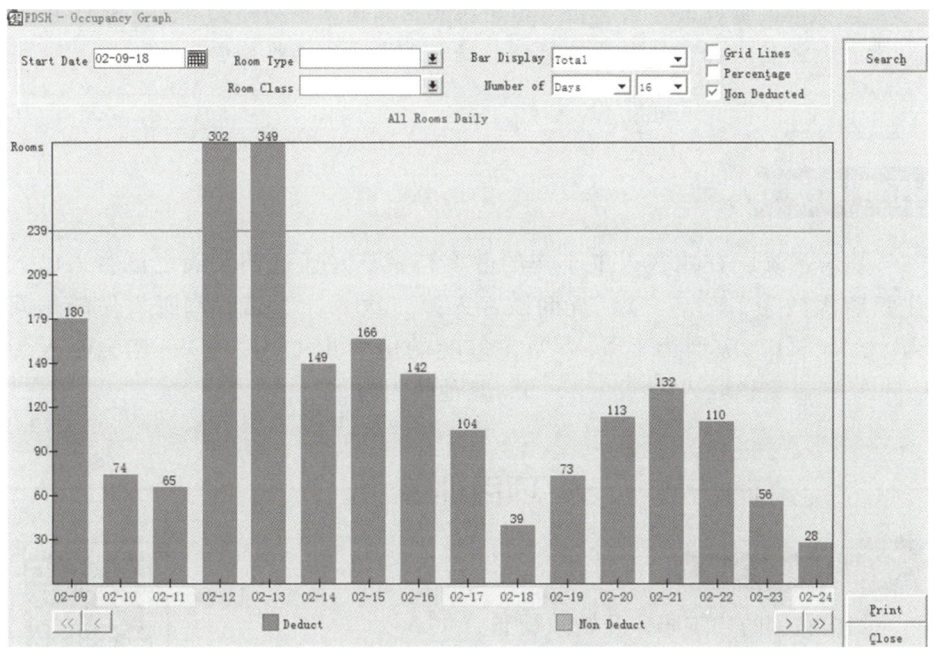

图 6-3-7　调整查询条件后的客房出租率图表界面

> **拓展阅读**
>
> **超越满房的几点做法**
>
> 1. 对市场热度有小高峰的假期，提前上调房价，做好价格预埋，并在后续经营日期中持续关注假期期间的预订情况，灵活平衡量价关系；
>
> 2. 对某些房型，根据需求进行房价调整：对出租率均在 85% 以上的房型，可以适当上调房价。对出租率为 55% 左右的房型，可以适当下调房价，以平衡量价关系；
>
> 3. 前台把握预订节奏，对于预订售出房，需提前打电话确定，尤其是团队房、协议房以及到付订单，应至少提前一天确认到达情况；
>
> 4. 合理调控客房班次，设置客房早班或晚班对于当天退房进行第二次、第三次打扫和售卖，提高客房收益能力。

饭店信息系统：OPERA 操作实务

满房并不意味着收益最大化，特别是过早的满房其实浪费了部分收益能力；在酒店经营过程中，酒店也要根据客人反馈及时提升服务质量，以形成良好的口碑营销效果；同时也应根据市场热度及自身预订情况及时调整房价，做到量价配合，超越满房，达成收益最大化！

任务实操

登录系统，查找客人王小花的散客档案，并通过档案确定该客人已入住饭店次数为（　　　）。查询该客人第二次入住饭店时，所入住的房间为（　　　），房型为（　　　），每晚的房价为（　　　），客房收入为（　　　），餐饮收入为（　　　），其他收入为（　　　）。

项目训练

扫描右侧的二维码，开始做题吧。

随堂练习

项目七 夜间审计

项目导读

酒店利用夜审来结束和平衡每天的经营活动。夜审遵循着预设的流程，审查客账，计算和打印每日的数据，提供应收账户的总额，平衡和结束当天的营业记录，准备和分发一系列的报表。夜审有助于酒店管理层掌握每日的营业状况，并预测即将面对的问题。夜审可以将销售终端和其他利润终端连接，以提供准确、快速的营销组合和自动入账。本项目的学习有助于理解 Opera PMS 系统中夜审与收银之间的关系。

饭店信息系统：OPERA 操作实务

学习目标

知识目标	1. 理解夜审的意义 2. 了解常用报表
能力目标	1. 熟悉夜审准备工作 2. 掌握夜审的主要内容和操作流程
素质目标	1. 理解饭店夜审工作的重要性，树立数字化管理理念 2. 重视饭店夜间审查的重要性，强化质量意识和责任意识

思维导图

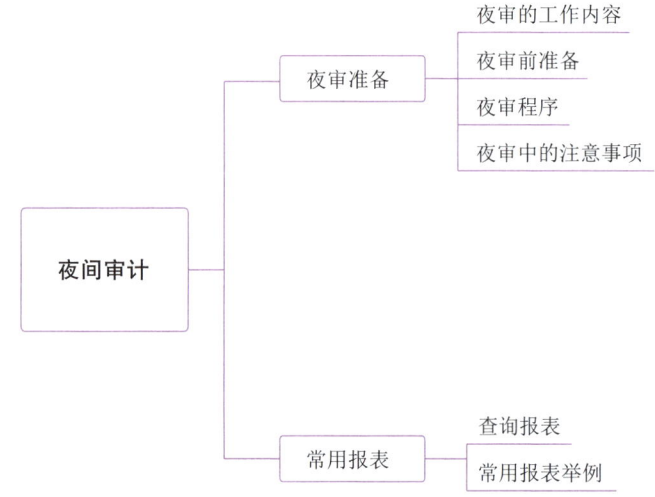

项目七 夜间审计

 任务一 夜审准备

任务导入

在某繁华都市的一家知名五星级饭店,每晚的夜审工作都是一项严谨而细致的任务。今晚,夜审员李明像往常一样,首先来到前台,与值班经理一起核对当天的客房收入。他们逐一检查每一笔房费、服务费等收入记录,确保所有金额都准确无误。在核对过程中,李明发现有一笔房费记录存在疑点,立即与前台员工沟通,最终确认是录入错误,并及时进行了更正。接下来,李明来到餐厅和酒吧区域,与餐饮部门负责人一起核对餐饮收入。他们仔细核对每一笔点餐记录、酒水消费等,确保所有收入都与实际销售相符。在核对过程中,李明还注意到一些潜在的营收增长点,并与餐饮部门负责人进行了深入讨论。完成收入核对后,李明开始检查饭店的各项支出。他仔细审查了各部门的采购单据、维修费用等支出记录,确保每一项支出都符合饭店的财务规定。在审查过程中,李明发现有一笔维修费用存在异常,立即与相关部门负责人联系,了解具体情况并进行核实。最后,李明回到财务部门,将当晚的收支情况录入系统,并生成详细的夜审报告。他仔细核对每一项数据,确保报告的准确性和完整性。完成报告后,他将报告提交给上级领导审阅,并等待进一步的指示。整个夜审工作过程中,李明始终保持着高度的责任心和敬业精神。他认真细致的工作态度,不仅确保了饭店财务的安全和准确,也为饭店的顺利运营提供了有力保障。

任务知识

一、夜审的工作内容

夜间审计,简称夜审,通常在深夜和凌晨时段进行。夜审是在一个营业日结束后,对当天所有发生的数据,包括订单、交易等进行统计、汇总、核对,生成夜审报表,备份数据,跳转新的营业日期的一个过程。夜审意味着结束一个营业日,开启下一个营业日。

尽管从技术层面来看，夜审可以在一天中的任何时间完成，但是一般酒店往往严格限定夜审时间，理由是：选择酒店大部分营业点已经关门的时间，允许夜间审计审查所有部门的收入；恰当而准确的夜审时间有助于形成规范的夜审程序，有助于收银员合理安排工作，也可提高饭店日收入统计的准确度。

二、夜审前准备

夜审是一个过程，尽管在 Opera 系统中只是几分钟的操作，但是在系统执行之前，员工需要做大量的数据核对和准备工作。

1. 准备和有效性检查

（1）检查是否有预订但未到的客人（Due In Guest）

如果有的话，应与客人确认后，根据实际情况对预订进行取消或进行改期到店处理。若不处理，夜审后此部分客人会转成应到未到客人 No Show 的状态。

（2）检查有无预计离店而未离店的客人（Due Out Guest）

如果有的话，应与客人确认后，根据实际情况对预订进行结账退房或进行改期退房处理。若不处理，系统不允许执行夜审。

（3）检查差异房态（Room Discrepancy）

若有，则先执行差异房态的处理。

2. 限制访问

所有收银员在过夜审时必须将其一天的收银工作做一个汇总并在系统中关账。系统在过夜审时要检查每个收银员的账是否已经汇总，并形成相应的关账报表。

微课 7-1-1
关账

3. 值班经理工作

值班经理需要完成房价、房态、收入等信息的审核和统计工作。

夜审是由系统自动运行的。夜审结束后，住店客人的房费自动进入客人的账户，系统营业日时间也更新成新的一天。系统可以打印出部分统计报表，如财务收入报表、入住统计报表。所有夜审报表的数据都是以夜审开始前的统计为准的（见图 7-1-1）。

微课 7-1-2
夜审

图 7-1-1　夜审界面

三、夜审程序

夜审程序共有 8 道（见图 7-1-2）。

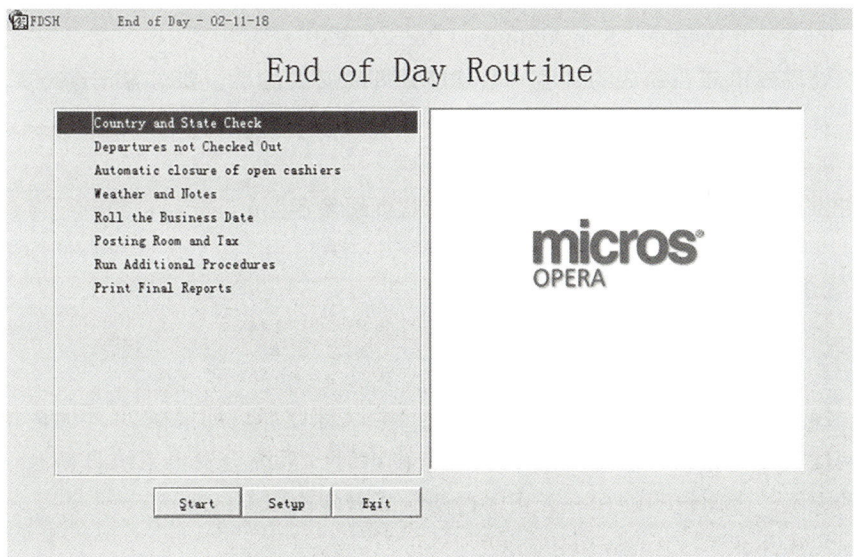

图 7-1-2　夜审程序界面

1. 查询国家和省份信息（Country and State Check）

检查客人档案中是否已填写国家和省份信息。

2. 审核离店未结账（Departures not Checked Out）

检查是否有预离店的客人，如果有的话必须解决，否则系统夜审将会被停止。系统会自动筛查 Due Out 的客人，如果发现有，需要处理才能继续执行夜审。

3. 关闭收银员登录账号（Automatic closure of open cashiers）

一般要求每个收银员在夜审前关账，如果有收银员未关账，则系统此步骤会自动关闭仍未关账的收银员账号。

4. 天气及备注（Weather and Notes）

系统需输入影响本营业日的天气和其他相关信息。例如，要备注造成预计抵店客人取消或预期离店客人推迟离店的原因。

5. 系统日期翻新一天（Roll the Business Date）

在之前所有的检查工作完成以后，就进入下一个营业日。

6. 过租（Post Room and Tax）

将客人的房费计入客人的账户中，除了客人房费，还有其他的一些固定费用会在夜审中直接入账，如客人的固定收费项目（Fix Charge）、包价细项（Package）等。

7. 运行其他程序（Run Additional Procedures）

处理夜审需要完成的其他一些功能，即有必要的话，要对客账进行更正、调账、入账等操作。

8. 打印夜审报表（Print Final Reports）

供第二天酒店总经理以及各部门总监查阅参考。

四、夜审中的注意事项

1. 夜审频次（Frequency）

24 小时之内只能过一次夜审，并且要在关账之后。如果在 24 小时内执行了两次夜审，系统就会发出警告。运行夜审时，系统会发出系统日期已经更新的提示，因此绝不能在一天当中过两次或者两次以上的夜审。

2. 操作权限（Authority）

当值员工都必须退出系统才能开始夜审。如果有员工在夜审过程中没有退出，系统会在进程控制界面将之显示出来。当夜审运行的时候，如果有员工进入系统，系统会对这些员工发出警告。

夜审员工可以使用所有的功能键，包括留言、检查可用房、打印预订确认信，但是不能对账单和预订数据库进行修改。夜审完毕后所有的用户都将恢复使用权限。

3. 数据备份（Backup）

系统建议建立备份，以防数据丢失。如果发生硬件损坏或者其他事故，系统管理人员可以从备份文件中恢复所有或者部分数据。系统可以在运行时同时进行备份，但是夜审的备份必须在所有的员工退出之后才能进行。

4. 夜审中断（Discontinuity）

如果夜审因为一个错误而中断，可以检查一下夜审流程已经完成了多少。当重新开始夜审时，要从中断的步骤重新开始。如果夜审在保存数据过程中失败，系统会使用备份的副本替换当前的数据文件，并覆盖所有的数据。重新进入夜审时，可以查看夜审日志，从中找出夜审中断的原因（见图7-1-3）。

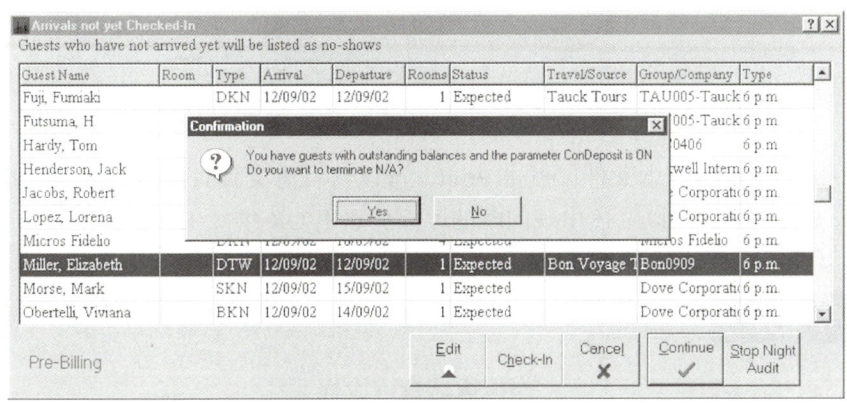

图7-1-3 夜审中断界面

系统会发出提示：是否要阅读日志文件（见图7-1-4）。日志文件中记录了错误信息，它可能会提供夜审中断的原因。

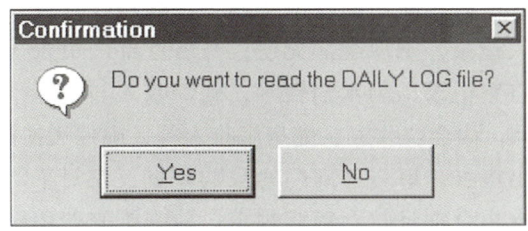

图7-1-4 夜审错误日志界面

点击Yes阅读日志文件并且查看错误信息的日志文件（见图7-1-5）。

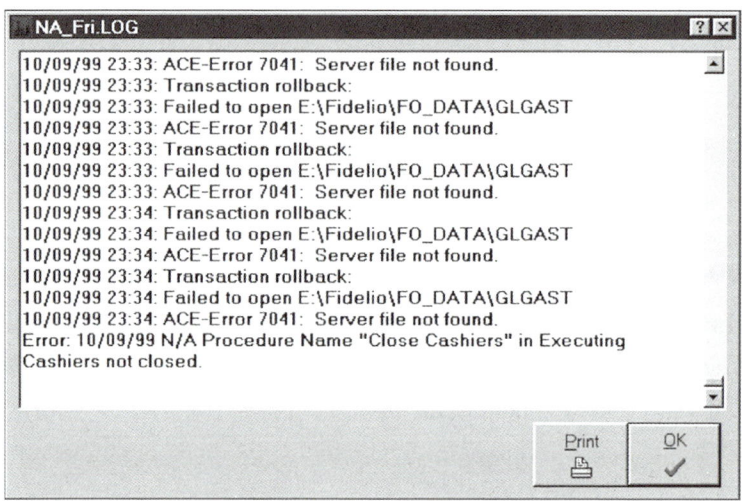

图 7-1-5　夜审错误日志详情界面

如果要打印日志文件，点击 Print，可以将日志文件打印出来并且传送给技术支持人员，用以描述出现问题的原因。点击 OK 继续工作。

任务实操

模拟饭店夜审流程

假设你是一家四星级饭店的夜审员，今晚是你首次独立负责夜审工作。你需要根据饭店的夜审制度和流程，对饭店的各项收入、支出进行核对和审查，并生成夜审报告。

任务要求：

第一步，收入核对。前往前台，获取今日客房收入报表，核对每一笔房费、服务费等收入记录，确保金额无误；与餐饮部门负责人沟通，获取餐饮收入报表，核对点餐记录、酒水消费等，确保收入与实际销售相符；检查其他部门的收入记录，如会议收入、健身房收入等，确保无遗漏或错误。

第二步，支出审查。审查各部门的采购单据，核对采购物品、数量、价格等信息，确保支出合理且符合饭店规定；检查维修费用报销单，了解维修项目的具体情况，确保费用合理并符合预算；审查其他支出项目，如员工工资、水电费等，确保支出无误。

第三步，异常处理。在核对收入和审查支出的过程中，如发现任何异常或疑问，及时与相关部门负责人沟通，了解具体情况并进行核实；对于无法解决的异常问题，做好记录并上报给上级领导，等待进一步指示。

第四步，生成夜审报告。根据核对和审查的结果，录入夜审系统，生成详细的夜审报告；报告中应包含今日收入总额、支出总额、利润等关键数据，并对异常情况进行说明；仔细核对报告数据，确保准确无误后，提交给上级领导审阅。

注意事项：

在实际操作过程中，注意保持严谨细致的工作态度，确保每一步操作都符合饭店规定和流程。

与各部门负责人沟通时，注意礼貌，确保信息准确无误地传递。

在处理异常问题时，保持冷静和客观，及时上报并寻求解决方案。

任务二　常用报表

任务导入

在某知名饭店，财务部门的李经理每天都会仔细查看饭店的日常报表，以便及时了解饭店的运营状况。今天，她像往常一样坐在办公桌前，打开了电脑上的财务报表系统。首先，她查看了客房收入报表。今天的客房入住率比昨天有所提高，尤其是豪华套房的预订量明显增加。同时，部分普通客房的价格有所下调，这是为了应对市场竞争而采取的策略。接着，她查看了餐饮部门的收入报表。今晚的餐厅预订量较往常有所减少，这可能与当地的天气变化有关。为了应对这种情况，她决定与餐饮部门负责人沟通，探讨推出一些促销活动，吸引更多客人前来用餐。此外，她还关注了饭店的其他收入来源，如会议收入、健身房收入等。今天的会议收入较为稳定，但健身房的使用率有所下降。这可能是因为近期饭店推出了一些新的娱乐活动，吸引了客人更多的关注。为了提升健身房的使用率，她考虑在宣传材料中增加健身房的介绍和优惠信息。在查看支出报表时，她重点关注了饭店的采购成本。最近一段时间的采购成本有所上升，这与市场上的物价波动有关。为了控制成本，她决定与采购部门共同探讨，寻找更具性价比的供应商，并优化采购流程。最后，她综合分析了饭店的收入与支出情况，对饭店的运营状况进行了全面评估。虽然面临一些挑战，但饭店的整体运营状况仍然良好。她将继续关注市场动态和客人需求,不断优化饭店的运营策略,为饭店创造更多的价值。

任务知识

一、查询报表

Opera PMS 提供了超过 360 个标准报表,可以根据酒店的需求调整报表设置。同时在系统中提供内置报表模块,可依据酒店要求创建全新格式的报表。打开报表,可点击主菜单中杂项(Miscellaneous)按钮,再点击右边的报表(Reports)按钮,即可查看报表界面(见图 7-2-1)。

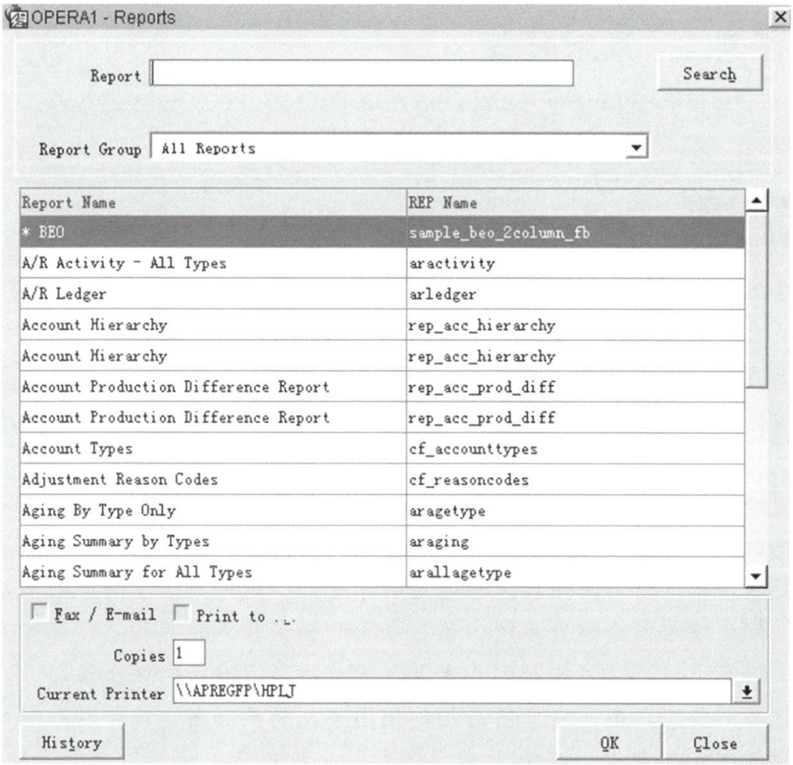

图 7-2-1　报表界面

Opera PMS 系统中的报表具有如下特点:可通过报表名字进行搜索,并根据用户群分组;可以根据报表结果设定所有的参数及选项;可以通过屏幕预览、打印或下载报表到电脑中存档。

酒店前台所有生成的数据都会经过系统处理形成报表，而这些报表也是Opera 系统中最精华的部分。每天各个部门都会根据各自的需要打印出相应的报表。管理层也可以通过系统搜索到自己想要的报表，从而制定相应的决策。例如，失约客人（No Show）报表，反映的是一段时间内有预订但未到店的客人，作为管理层要了解他们的来源，如携程网、去哪儿网、协议单位等。累计数月，失约客人报表的统计数据就会给管理层提供非常有用的信息，可以大约计算出各种渠道的预订数与失约客人的比率。有了这项数据，管理层不仅可以布置适当地进行超额预订，有效地避免因客人失约而给酒店带来的损失，还可以针对性地控制某一渠道的预订，甚至在用房紧缺时关闭它，从而有效地降低失约客人的比率。

二、常用报表举例

Opera PMS 的报表非常丰富，在此以客房管理模块为例列举常用报表。客房管理模块可生成的报表聚焦于可用房、房态以及客房预测，这些报表在管理上被用来辅助排班和分配工作量。

Housekeeping Status：客房状态报表

Room Maintenance Not Resolved：未维修好客房报表

Out of Order by Reason：待修房原因报表

House Status：房态报表

Housekeeping Details：客房打扫明细报表

Housekeeping VIP's by Room No.：重要客人报表（按房号分）

Queue Reservations：等候预订报表

Queue Rooms：排队客房报表

Room Discrepancy：客房差异报表

Vacant Rooms：空房报表

任务实操

分析饭店日常报表

假设你是一家知名饭店的财务部门实习生，你的部门负责人要求你分析饭店的日常报表，以了解饭店的运营状况，并提出相应的优化建议。

操作步骤：

1. 数据收集

登录饭店的财务系统，收集今日的日常报表，包括客房收入、餐饮收入、其他收入以及各项支出等详细数据。

将数据整理成表格或图表形式，以便更直观地进行分析。

2. 收入分析

分析客房收入：比较今日与昨日的入住率、房价、房型销售情况等，了解客房收入的变化趋势及影响因素。

分析餐饮收入：分析不同餐厅、不同时段的销售情况，了解餐饮收入的构成及潜在增长点。

分析其他收入：评估会议、健身房、SPA等其他设施的收入状况，发现可能的增收机会。

3. 支出分析

审查采购成本：分析采购成本的变化趋势，比较不同供应商的价格及质量，提出成本控制建议。

评估运营成本：分析员工工资、水电费、维修费等各项支出，找出可能存在的浪费或不合理支出。

考虑营销投入：评估饭店在市场推广、广告宣传等方面的投入与产出比，提出优化建议。

4. 综合评估与建议

综合分析饭店的收入与支出情况，评估饭店的盈利能力及运营效率。

根据分析结果，提出针对性的优化建议，如调整房价策略、优化采购渠道、提高设施利用率等。

5. 报告撰写

将分析过程、结果及建议整理成一份详细的报告，包括数据分析、图表展示、结论及建议等内容。

报告应逻辑清晰、条理分明，便于您的部门负责人理解和评估你的工作成果。

注意事项：

在分析过程中，注重数据的准确性和完整性，确保分析结果的可靠性。

结合饭店的实际情况和市场环境进行分析，避免过于理论化或脱离实际。

在提出建议时，要充分考虑饭店的长期发展和市场竞争，确保建议的可行性和有效性。

• 项目训练 •

 **练一练**

扫描右侧的二维码，开始做题吧。

随堂练习

参考文献

［1］张胜男，何飞，李宏. 酒店管理信息系统［M］. 武汉：华中科技大学出版社，2019.

［2］陈为新，黄崎，杨荫稚. 酒店管理信息系统教程——Opera系统应用［M］. 北京：中国旅游出版社，2016.

［3］章勇刚，沙绍举. 酒店管理信息系统——Opera应用教程［M］. 北京：中国人民大学出版社，2019.

［4］许鹏，梁铮. 酒店管理信息系统教程实训手册［M］. 北京：中国旅游出版社，2016.

［5］卢静怡，葛米娜. 前厅服务与管理［M］. 北京：中国财政经济出版社，2015.

［6］姜华. 前厅服务与管理［M］. 北京：中国旅游出版社，2018.

［7］陆均良，沈华玉，朱照君，等. 旅游电子商务［M］. 北京：清华大学出版社，2021.

［8］张瑛. 国际旅游研究（第一辑）［M］. 北京：中央民族大学出版社，2020.

［9］叶秀霜. 客房运行与管理教程［M］. 杭州：浙江大学出版社，2021.